महिला उद्यमी

महिला उद्यमी

सफलता की प्रेरणादायक कथाएं

अविनाश किरपाल

SAGE | bhasha

Los Angeles | London | New Delhi
Singapore | Washington DC | Melbourne

Originally Published in 2016 in English by
SAGE Publications India Pvt Ltd as *Womentrepreneurs: Inspiring Stories of Success*

This edition published in 2017 by

SAGE Publications India Pvt Ltd
B1/I-1 Mohan Cooperative Industrial Area
Mathura Road, New Delhi 110 044, India
www.sagepub.in

SAGE Publications Inc
2455 Teller Road
Thousand Oaks, California 91320, USA

SAGE Publications Ltd
1 Oliver's Yard, 55 City Road
London EC1Y 1SP, United Kingdom

SAGE Publications Asia-Pacific Pte Ltd
3 Church Street
#10-04 Samsung Hub
Singapore 049483

Published by Vivek Mehra for SAGE Publications India Pvt Ltd, typeset in 13.5/16 pt Kruti Dev 010 by Diligent Typesetter India Pvt Ltd, Delhi and printed at Repro India Ltd., Mumbai.

ISBN: 978-93-528-0297-5 (PB)

Translator: Kuldeep Seth
SAGE Team: Syed Husain Naqvi, Vinayak Dubey

समर्पित

उन जोशीली एवं प्रतिबद्ध नवयुवतियों को जिनके जीवन का मिशन सामाजिक–सांस्कृतिक चुनौतियों पर काबू पाते हुए हाशिए पर पड़े समुदायों के जीवन की गुणवत्ता में सुधार लाना है।

विषय वस्तु

प्राक्कथन

भारत में परंपरागत परिवारों के द्वारा लड़कियों को शिक्षण अथवा चिकित्सा जैसे पेशों को अपनाने के लिए प्रोत्साहित किया जाता रहा है। उन्हें यह शिक्षा भी प्रदान की जाती रही है कि उन्हें अपना ध्यान घर और परिवार पर केन्द्रित करना चाहिए। ऐसा इस तथ्य के बावजूद है कि अनेकों भारतीय महिलाओं ने समाज के उत्थान के लिए उल्लेखनीय पहल की हैं और निजी तथा सामाजिक दोनों ही स्तरों पर अपनी गहरी छाप छोड़ी है। अन्य महिलाओं के साथ–साथ कमलादेवी चट्टोपाध्याय एवं दुर्गाबाई देशमुख का नाम सहजता से ही हर एक के दिमाग में प्रकट हो जाता है।

समाज में महिलाओं की भूमिका सम्बन्धी धारणा में आज नाटकीय परिवर्तन आ चुका है। विभिन्न पेशों एवं रोजगारों, जैसे पॉयलट, अंतरिक्ष–यात्री, इंजीनियर, शिक्षाविद् तथा बैंकर के साथ–साथ सार्वजनिक जीवन में भी महिलाएं शिखर पर पहुँच चुकी हैं।

प्रस्तुत पुस्तक में सम्मिलित उद्यमियों ने अपने उपक्रमों की सफलता के मापन हेतु अलग–अलग मानदंडों के उपयोग किए हैं। रोचक तौर पर, उनमें से अधिकांश ने लाभदायकता पर जोर नहीं दिया है। उनके लिए, सर्वाधिक महत्वपूर्ण चिंता समाज के विभिन्न वर्गों के सामाजिक उत्थान की है, और निश्चित रूप से पर्यावरण का मुद्दा भी इसमें शामिल है।

यह पुस्तक विस्तृत वर्णक्रम तथा अनेक क्षेत्रों में संलिप्त महिला उद्यमियों के द्वारा किए गए कार्यों को प्रस्तुत करती है। उदाहरणार्थ,

मणिपुर की बीनालक्ष्मी नेपराम उस समय सक्रिय हो उठीं जब उन्होंने अनेक निर्दोष महिलाओं और उनके परिवारों को मणिपुर में प्रचलित बंदूक की संस्कृति के द्वारा तबाह किए जाते हुए देखा। उर्वशी बुटालिया नारीवादी प्रकाशन का प्रतिष्ठित वरिष्ठ व्यक्तित्व हैं जो हाशिए पर खड़ी महिलाओं के मुद्दों को प्रकाश में लाती रही हैं। साथ ही, अन्य महिलाएं भी हैं जिन्होंने अथक रूप से कार्य किए हैं, जैसे, ऑटिज्म के रोग से पीड़ित बच्चों के साथ निपटने हेतु जागरूकता का प्रसार करने में (मेरी बरुआ) अथवा आश्रयविहीन माताओं के द्वारा सामना की जाने वाली समस्याओं का समाधान करने में (लक्ष्मी कृष्णन)। ऐसी अन्य महिलाएं भी हैं जिन्होंने मानवीय सम्बन्धों में परामर्श उपलब्ध कराए जाने, आतिथ्य उद्योग तथा ग्रामीण महिलाओं के लिए रोजगार का सृजन करने जैसे क्षेत्रों में उल्लेखनीय सफलताएं अर्जित की हैं।

ये अनुभव उन युवा आकांक्षियों, जो अपने रोजगार तथा पारिवारिक जीवन के बीच एक संतुलन स्थापित करने के सम्बन्ध में चिन्तित हैं, को मार्गदर्शन प्रदान कर सकते हैं।

अविनाश किरपाल और सेज पब्लिकेशंस एक ऐसे समय पर इस प्रेरणादायक रचना को प्रस्तुत करने सम्बन्धी पहल करने का श्रेय प्राप्त करने के पात्र हैं जब भारत में आर्थिक परिदृश्य के साथ–साथ सामाजिक–सांस्कृतिक वातावरण उन युवा महिलाओं के प्रयासों को समर्थन प्रदान करने हेतु तत्पर है जिनमें महान उद्यमितापूर्ण कार्य करने का साहस एवं दृढ़संकल्प दोनों विद्यमान है।

कपिला वात्स्यायन
चेयरपर्सन, एशिया प्रोजेक्ट,
इंडिया इंटरनेशनल सेंटर

आभारोक्ति

मैं कृतज्ञतापूर्वक उस सहयोग एवं प्रोत्साहन को अभिस्वीकृत करना चाहूँगा जो मुझे उन अनेक लोगों से प्राप्त हुआ है जिन्होंने इस पुस्तक को पूरा करने में प्रत्यक्ष अथवा परोक्ष रूप से मेरी सहायता की है।

सरोजा खन्ना

मेरी मित्र सरोजा की आजीविका प्रकाशन एवं पत्रकारिता रही है जिसके साथ–साथ वे छोटे बच्चों के मनोरंजन के लिए कहानियाँ भी सुनाती रही हैं। उन्होंने न केवल ऐसी जानकारियाँ प्रदान की हैं जिनसे मुझे इस पुस्तक को तैयार करने के विभिन्न चरणों के दौरान अपने विचारों को स्पष्ट करने में सहायता प्राप्त हुई है बल्कि उन्होंने मुझे प्रायः ही विभिन्न प्रदर्शनों, पुस्तकों के विमोचनों एवं नौकरशाहों, राजनायिकों, व्यवसायीजनों एवं शिक्षाविद्‌ों के समक्ष ले जाने (प्रायः मुझे घसीटकर!) के द्वारा उद्यमिता सम्बन्धी व्यवहार की ताजा–तरीन अंतर्दृष्टियों को हासिल करने की मेरी क्षमता में भी वृद्धि की है, जिससे मेरा दृष्टिकोण व्यापक हुआ है और मेरा लेखन समृद्ध हुआ है।

चूंकि किसी भी पांडुलिपि को विभिन्न कंप्यूटर प्रणालियों से होकर गुजरना पड़ता है, अतः किसी भी लेखक से आशा की जाती है कि उसे लोकप्रिय कंप्यूटर भाषाओं के साथ–साथ डाउनलोडिंग, फॉर्मेटिंग,

फाइलिंग इत्यादि जैसी आवश्यकताओं से परिचित होना चाहिए, और इन सबसे मैं पूर्णतः अनभिज्ञ हूँ। सरोजा ने इस इलेक्ट्रॉनिक प्रतिभा के जादू से होकर गुजरने में मेरी सहायता की है ताकि मैं समुचित रूप से एक पेशेवर दिखाई देने वाला दस्तावेज तैयार कर सकूँ।

हिमाद्री दास

मैं अपने भूतपूर्व सहयोगी प्रोफेसर हिमाद्री दास, निदेशक, ग्रेट लेक्स इंस्टीट्यूट ऑफ मैनेजमेंट, गुड़गाँव एवं भूतपूर्व प्रोफेसर, वित्त, इंटरनेशनल मैनेजमेंट इंस्टीट्यूट, नई दिल्ली का ऋणी हूँ जिन्होंने ऐसे व्यक्तित्वों के चयन के मामले में मुझे मार्गदर्शन प्रदान किया है जो मेरी परियोजना का हिस्सा बन सकती थी, इनमें से कुछ को उन्होंने बिजनेस स्कूलों में शिक्षा भी प्रदान की थी। मैं उन्हें उनके द्वारा दिए गए इस परामर्श के लिए भी धन्यवाद देता हूँ कि आकांक्षी महिला उद्यमियों की भावनात्मक तथा मनोवैज्ञानिक आवश्यकताओं के साथ जुड़ी हुई समस्याओं के साथ किस प्रकार निपटा जाना चाहिए जिसे, एक शिक्षक के रूप में, वो भली–भांति समझ चुके थे।

हिमाद्री ने मुझे प्रश्न पूछने के तरीकों को भी स्पष्ट किया था ताकि साक्षात्कारों के दौरान कोई भी अपनी छिपी हुई सच्चाईयों को उजागर कर दे। इससे इस पुस्तक की कहानियों की गहराई में पर्याप्त वृद्धि हो सकी है।

पैट्रीशिया ओरिको

मैं सल्वाडोर की यात्रा करने का निमंत्रण देने तथा उद्यमिता सम्बन्धी परियोजनाओं के विषय पर अंतर्राष्ट्रीय परिप्रेक्ष्य एवं दृष्टिकोण उपलब्ध करवाने हेतु पैट्रीशिया ओरिको, निदेशक, इंटरनेशनल फेडरेशन ऑफ इंडस्ट्रीज, सल्वाडोर, ब्राजील का आभारी हूँ। उन्होंने मेरी भेंट अनेक सफल ब्राजीलियाई महिला उद्यमियों से करवाई जिन्होंने मुझे उन

सामाजिक–सांस्कृतिक चुनौतियों के सम्बन्ध में बताया जिसका सामना उनके द्वारा किया गया था और जिन्होंने, एक प्रश्नोत्तर सत्र के दौरान, इस सूचना के सम्बन्ध में सक्रिय रूप से यह प्रतिक्रिया व्यक्त की कि भारत में उनकी समकक्षियों को कैसे इन चुनौतियों से निपटना चाहिए।

परिचय

महिलाओं के द्वारा स्थापित किए गए व्यावसायिक एवं लोकोपकारी उपक्रमों ने कल्याणकारी कार्यों एवं रोजगार में वृद्धि करने के साथ–साथ स्थानीय एवं निर्यात बाजार के लिए विविधतापूर्ण सामाग्रियों को उपलब्ध कराए जाने के द्वारा अनेक विकासशील देशों के लिए महत्वपूर्ण योगदान किया है। इन मापनीय लाभों के अलावा अर्थव्यवस्था में महिला उद्यमियों की अधिक संलिप्तता के कुछ अन्य लाभ भी रहे हैं: अपनी प्राकृतिक प्रवत्तियों के कारण महिलाएं पर्यावरण से सम्बन्धित मुद्दों, कचरे से बचने तथा साथ–ही–साथ नैतिक एवं शिष्टतापूर्ण व्यवहार को प्रोत्साहित करने जैसे विषयों के प्रति संवेदनशील रही हैं; ये सभी किसी भी समाज को सभ्य बनाने के साथ–साथ संवहनीय विकास प्रदान करने का भी कार्य करते हैं।

यह पुस्तक अलग–अलग पृष्ठभूमियों तथा भारत के अलग–अलग हिस्सों से आने वाली उन 10 महिलाओं की कहानियों को बयान करती है जिन्होंने बड़ी सामाजिक–सांस्कृतिक चुनौतियों पर जीत हासिल करने के बाद उद्यमितापूर्ण व्यवसायों अथवा लोकोपकारी उपक्रमों को प्रारंभ किया है। उदाहरण के लिए, प्रायः यह उल्लेख किया जाता है कि हमारा समाज, जिसमें पुरुषों का प्रभुत्व है, महिलाओं से परिवार और घर पर ध्यान केन्द्रित करने की अपेक्षा करता है और यह कि ऐसी कोई भी अपेक्षा महिला उद्यमियों के लिए उन कार्यों को संपन्न करना कठिन बना देती है जो किसी भी परियोजना को स्थापित करने हेतु आवश्यक होते हैं, जैसे यात्राएं करना और लोगों से मुलाकातें करना। अन्य चुनौतियों में शामिल हैं व्यावसायिक जगत में मौजूद पुरुषों के

द्वारा महिलाओं को अपने स्टार्ट–अप के प्रति पूरी तरह से प्रतिबद्ध होने को न स्वीकार करना, और वास्तव में उन्हें ऐसे प्रवर्तकों के रूप में लिया जाना जो अपने घरेलू मुद्दों की देखभाल करने के लिए शीघ्र ही व्यवसाय को छोड़ देंगी। जब वित्त प्रदाता, आपूर्तिकर्ता, ग्राहक एवं संभावित कर्मचारी सभी इस प्रकार से सोचते हैं तो महिला उद्यमियों के लिए किसी भी उपक्रम को खड़ा करना अत्यंत कठिन हो जाता है।

ये कहानियाँ उदाहरण प्रस्तुत करती हैं कि भूमंडलीकरण तथा नई तकनीकों के साथ–साथ संपूर्ण विश्व तथा संपूर्ण भारत में प्रवाहित हो रहीं उदारवादी सामाजिक विचारधाराओं के कारण महिला उद्यमियों के लिए अवसर कैसे परिवर्तित हो रहे हैं। ये कहानियाँ दर्शाती हैं कि उद्यमितापूर्ण उपक्रमों को प्रारंभ करने वाली महिलाओं के लिए अभिप्रेरणाएं प्रमुख रूप से आय की पूरक बनने की आवश्यकता के रूप में ही नहीं बल्कि सृजनात्मक अभिव्यक्ति तथा निजी विकास के साथ–साथ समाज को लाभान्वित करने की निरंतर बढ़ती हुई इच्छा के कारण भी उत्पन्न हो रही हैं। बालिकाओं के बीच शिक्षा के प्रसार के साथ मिलकर इन परिवर्तनों ने आधुनिक भारतीय महिला उद्यमियों की एक नई प्रजाति को जन्म दे दिया है और साथ ही उनके उपक्रमों के ध्यान को घरेलू उत्पादों से हटाकर ऐसे उत्पादों एवं सेवाओं पर केन्द्रित कर दिया है जो ज्ञान एवं तकनीकों के साथ–साथ मानवता एवं विकास सम्बन्धी गतिविधियों पर आधारित हैं।

इन महिलाओं में से कुछ के पास व्यावसायिक शिक्षा के लाभ उपलब्ध हैं, कुछ अन्य मात्र औपचारिक शिक्षा से संपन्न हैं, जबकि कुछ के पास किसी प्रकार की कोई शिक्षा उपलब्ध नहीं है। व्यवसाय प्रारंभ करने वाली एम.बी.ए. शिक्षित महिलाओं के क्षेत्र विविधतापूर्ण रहे हैं जैसे व्यापार, आतिथ्य, कार्यकारी खोज एवं मानव संसाधन परामर्श। मानवतावादी गैर–सरकारी संगठन (एनजीओ) स्थापित करने वाली महिलाओं की कहानियों में किशोरी अविवाहित माताओं एवं उनके बच्चों की देखभाल, ऑटिज्म से पीड़ित लोगों एवं उनके अभिभावकों की देखभाल, खानाबदोश अनुसूचित जनजातियों के कल्याण, संवहनीय विकास एवं पर्यावरणीय पर्यटन जैसे क्षेत्र शामिल हैं।

यह पुस्तक उन सीखों पर भी विचार करती है जो कहानियों तथा उन मुद्दों से सम्बन्धित विचारों से प्राप्त होती हैं जिनका सामना महिला उद्यमियों के द्वारा बार–बार किया जाता है। यह उद्यमियों की सफलता के कारणों का परीक्षण करने के दौरान उनके व्यक्तित्व सम्बन्धी गुणों पर भी निगाह डालती है। यह महिलाओं के द्वारा अपने उपक्रमों का निर्माण एवं संचालन करने के दौरान की जाने वाली आम गल्तियों पर भी प्रकाश डालती हैः उदाहरण के लिए, अकेले अपने दम पर बहुत सारी गतिविधियों के प्रबंधन कर लेने की प्रवृत्ति, जिसका परिणाम तनाव के रूप में प्राप्त होता है। कुछ महिला उद्यमी यह समझती हैं कि एक समाधान यह है कि जानकार पेशेवरों को नियुक्त कर दिया जाए, किन्तु जैसा कि कुछ कहानियों में दर्शाया गया है, पेशेवरों को नियुक्त करना अपने आपमें एक समस्या है क्योंकि वे महिलाओं के नेतृत्व वाले उद्यमितापूर्ण स्टार्ट–अप उपक्रमों से बचने की प्रवृत्ति रखते हैं। ये कहानियाँ इन एवं ऐसी ही अन्य चुनौतियों पर विजय पाने के लिए महिला उद्यमियों के द्वारा प्रयुक्त किए गए कुछ अनूठे तरीकों को दर्शाती हैं।

ये कहानियाँ निजी साक्षात्कारों के द्वारा संकलित सामग्री पर आधारित हैं। गैर–शैक्षणिक पाठकों को संलिप्त करने के प्रयोजन से यह पुस्तक 'केस–स्टडीज' के बजाए 'कहानियों' वाले प्रारूप का उपयोग करती है। इन कहानियों का चयन इस आधार पर नहीं किया गया है कि उनकी परियोजनाएं विकास अथवा प्रभावोत्पादकता के अर्थों में उत्कृष्ट रूप से सफल रही हैं, बल्कि इस आधार पर किया गया है कि वे उन कल्पनात्मक तरीकों को प्रदर्शित करती हैं जिनके द्वारा सामाजिक–सांस्कृतिक चुनौतियों एवं पूर्वाग्रहों पर जीत हासिल की गई है।

1

शैलजा दत्त

प्रतिभा की खोज

साझा सहयोग और सद्विश्वास पर मजबूत रिश्तों का निर्माण करना शैलजा के व्यवसाय करने की शैली की प्रमुख विशेषता है। उन्हें सदैव से ही लगभग बचकाना सा विश्वास रहा है कि यदि आप किसी दूसरे व्यक्ति की सहायता करने हेतु कोई अच्छा कार्य करते हैं तो

आपका ऐसा कार्य, किसी जादुई तथा रहस्यपूर्ण तरीके से, अंततः प्रतिक्षेपित होगा और आपके लिए कुछ अच्छा परिणाम प्रदान करेगा। उन्होंने लोगों को अपनी आकांक्षाओं को पूरा करने के तरीकों की खोज करने में सहायता कर रिश्तों को विकसित करने की दिशा में भारी प्रयास किए हैं। शैलजा को नृत्य से भी प्यार है। जब वो साल्सा, टैंगो एवं चा–चा–चा जैसे नृत्यों को सीख रही थीं, तभी वो नृत्य एवं व्यवसाय के बीच समानाताओं को भी प्रतिबिंबित कर रही थीं। उन्होंने सोचा, 'दोनों का ही सम्बन्ध जुनून और फुर्ती से है'; और बाद में जब उन्होंने अपने व्यवसाय का संचालन किया तो ये बात उनके मस्तिष्क में बनी हुई थी।

सन् 1998 में जब शैलजा स्टेलर सर्च को स्थापित करने की योजना बना रही थीं तब उनके मस्तिष्क में उस कंपनी, जिसे वो स्थापित करना चाहती थीं, के बारे में कुछ जोशपूर्ण विचार भरे हुए थेः वो ऐसे प्रतिभाशाली प्रबंधन स्नातकों को भर्ती करेंगी जो कॉरपोरेट ग्राहकों के उच्च–स्तरीय सीनियर एक्जक्यूटिव्स (कार्यकारियों) के साथ सहजतापूर्वक अंतःक्रियाएं कर सकेंगे और वो एक सुसज्जित आफिस स्थापित करेंगी जो आधुनिक संचार सुविधाओं से लैस होगा जिससे 'स्टेलर' अंतर्राष्ट्रीय आधार पर एक्जीक्यूटिव खोज के व्यवसाय को संपन्न करेगी। परंतु इसमें कुछ हिचकिचाहटें थीं। पहली, उनके पास धन बिल्कुल भी नहीं था। इसके अलावा, इस बात की संभावना बहुत कम थी कि कोई युवा प्रतिभाशाली प्रबंधन स्नातक उनके स्टार्ट–अप उद्यम को ऐसे समय पर अपनाएगा जब पहले से सुस्थापित अच्छे वेतन देने वाली कंपनियाँ सुरक्षित नौकरियाँ प्रदान कर रहीं हों; आफिस के लिए जगह प्राप्त करना कठिन था और आफिस के उपकरण अत्यंत महँगे थे; बड़े ग्राहकों के द्वारा अपनी प्रमुख नियुक्तियों के लिए खोज करने का कार्य एक नई संस्था के द्वारा करवाए जाने में हिचकिचाहट भरा था। अतः, अपनी सपनों की कंपनी को मूर्त रूप देना उन्हें सहज नहीं प्रतीत हो रहा था।

आज, सन् 2016 में, स्टेलर सर्च ने एक लंबी दूरी तय कर ली है और यह अग्रणी भारतीय एवं विदेशी बहुराष्ट्रीय कंपनियों के लिए एक्जीक्यूटिव्स की खोज सम्बन्धी सेवा प्रदान करने वाली एक प्रमुख कंपनी के रूप में जानी जाने लगी है। इसके द्वारा विविध प्रकार के

उद्योगों, कार्यात्मक क्षेत्रों तथा भौगोलिक स्थानों पर एक हजार से भी अधिक संख्या में वरिष्ठ प्रबंधन नियुक्तियों की व्यवस्था की जा चुकी है। आज स्टेलर भारत के साथ–साथ दुबई, सिंगापुर, मलेशिया, फिलिप्पीन्स, थाईलैंड, दक्षिण अफ्रीका तथा चीन में व्यवसाय संचालित कर रही है। इसके ग्राहकों में नाइक, एडीडास, मारुति, बॉश एंड लाम्ब, जॉन्सन एंड जॉन्सन तथा जिलेट जैसे अग्रणी नामों के साथ–साथ टाटा, एस्सार, बिड़ला, महिन्द्रा एवं आईटीसी समूह की विभिन्न कंपनियाँ भी शामिल हैं। स्टेलर के कुल व्यवसाय का 60 प्रतिशत से भी अधिक भाग इसके मौजूदा ग्राहकों से प्राप्त हो रहा है, जो इसके प्रदर्शन की एक कसौटी है। इसके द्वारा 40 से भी अधिक लोगों को रोजगार प्रदान किया गया है तथा इसका वार्षिक राजस्व लगभग ₹10 करोड़ का है। दो वर्षों कें अंदर, शैलजा की योजना इस आँकड़े को ऐसा रूप प्रदान करने की है जो राजस्व का प्रदर्शन लाभदायक आँकड़ों के रूप में करते हों। जब ऐसा होगा, स्टेलर के पास बाजार में लगभग ₹200 करोड़ मूल्य का हिस्सा होगा।

प्रारंभिक वर्ष

शैलजा का सम्बन्ध एक मारवाड़ी परिवार से है जो स्वतंत्रताप्राप्ति के पूर्व ही राजस्थान से कोलकाता आ चुका था। (मारवाड़ी पृष्ठभूमि उनके रोजगार में बाद में प्रदर्शित होती है जब उनके निर्णयों ने यह प्रदर्शित कर दिया कि उनकी आनुवांशिक प्रोग्रामिंग व्यावसायिक कौशल का समर्थन करती है!)। उन्होंने अपना बचपन अपने दादा–दादी के घर में व्यतीत किया था। उनके दादाजी कोलकाता स्टॉक एक्सचेंज के समृद्धि के उत्कर्ष के दिनों के दौरान इसके अध्यक्ष थे, परंतु वो एक राष्ट्रवादी, एक स्वतंत्रता सेनानी और एक गाँधीवादी भी थे, जिन्होंने सूट–बूट को सहजतापूर्वक त्याग कर खादी को अपना लिया था। उनकी दादी का सम्बन्ध कोलकाता के विशिष्ट रूप से परिष्कृत *भद्र लोक* (संपत्तिजीवी समाज) से था। इस वातावरण में शैलजा का बचपन खुशियों और प्रेरणाओं से भरा हुआ था। हालांकि, 1971 में, शैलजा के माता–पिता ने कोलकाता छोड़कर दिल्ली आने का निर्णय कर लिया। दिल्ली आने

का कदम एक सुखी परिवार का परिणाम नहीं दे सका। घरेलू झगड़े होने लगे और शीघ्र ही उनके माता–पिता अलग हो गए। तब शैलजा का पालन–पोषण उसकी माँ के द्वारा किया गया जो उस समय उससे मात्र 17 वर्ष बड़ी थीं और बड़ा बाजार के एक साधारण से स्कूल से पढ़ी हुई थीं।

माता–पिता के अलगाव ने शैलजा के जीवन में भारी परिवर्तन ला दिए थे। उदाहरण के लिए, परिवार अचानक से एक गंभीर आर्थिक संकट में फंस गया था, यद्यपि कि पहले यह आर्थिक रूप से काफी सहज था। वास्तव में, घर के खर्चों को पूरा करने तथा शैलजा एवं अपने दो पुत्रों का पालन–पोषण करने के लिए शैलजा की माँ को अपने जेवरों को बेच देना पड़ा था। जीवनयापन अत्यंत किफायती बन चुका था। शैलजा याद करती हैं वो कॉलेज प्रायः बिना टिकट लिए ही बस से जाया करती थीं और कई बार बस कंडक्टर को धोखा देने के लिए बसें बदल लिया करती थीं। प्रायः कैंटीन में खर्च करने के लिए पैसे उपलब्ध नहीं होते थे और वे उन मित्रों के साथ से बचा करती थीं जो प्रायः ही रेस्तराओं में जाते रहते थे। इस प्रकार से जीवनयापन ने उनके अंदर कुछ व्यक्तित्व सम्बन्धी गुणों को जन्म दे दिया था जो बाद में उनके लिए उपयोगी सिद्ध हुए; वो आत्मनिर्भर, साहसी एवं अपना बचाव करने में सक्षम बन चुकी थीं।

अपने बचपन से ही शैलजा एक डॉक्टर बनने की इच्छुक रही थीं, और दिल्ली में मेडिकल कॉलेज में प्रवेश न प्राप्त कर पाना उनके लिए यह घोर निराशा की बात सिद्ध हुई थी। हालांकि, स्कूल छोड़ते समय अर्जित किए गए उच्च प्राप्तांकों के आधार पर उन्हें दिल्ली विश्वविद्यालय के लेडी श्रीराम कॉलेज फॉर वूमेन में प्रवेश मिल गया और वहाँ उन्होंने अर्थशास्त्र का अध्ययन किया।

शैलजा को अर्थशास्त्र का अध्ययन अच्छा नहीं लगा। यह किसी ऐसे व्यक्ति के लिए अनुकूल विषय नहीं प्रतीत हुआ जो एक डॉक्टर बनने का सपना देख चुका हो। कॉलेज में, अध्ययन के प्रति उनके उदासीन रवैये के कारण उन्हें असामान्य माना जाता था। जहाँ छात्राएं क्लासरूम में आगे की दोनों पंक्तियों में बैठने का प्रयास करती रहती थीं, वहीं

शैलजा अंतिम पंक्ति में बैठकर संतुष्ट रहा करती थी जहाँ वो चुपचाप उपन्यास पढ़ा करती थीं। जहाँ अन्य छात्राएं किताबों और लेक्चरों में डूबी रहती थी और उनके दिमागों में कैट और आईआईएम के लिए योजनाएं भरी रहा करती थीं, वहीं शैलजा कॉलेज के बगीचों में उपन्यास पढ़कर समय व्यतीत किया करती थीं। ऐसा मात्र परीक्षाओं के नजदीक आने पर ही होता था कि वो अपने अध्ययन में कुछ रुचि ले लिया करती थीं। स्वयं सहित हर किसी को आश्चर्यचकित करते हुए शैलजा ने परीक्षाओं में बहुत अच्छा प्रदर्शन किया था और प्रथम श्रेणी प्राप्त कर ली थी। वास्तव में, अपने संपूर्ण छात्र–जीवन के दौरान, स्कूल तथा कॉलेज दोनों में, वार्षिक परीक्षाओं में वो सदैव ही अपनी कक्षा के कुछ शीर्ष छात्राओं के बीच रहती आई थीं।

अपनी डिग्री हासिल कर लेने के बाद उन्होंने बचत किए गए कुछ पैसों को एकत्रित किया और लंदन का एक सस्ता टिकट खरीद लिया। इस यात्रा का मुख्य उद्देश्य बचपन के एक प्रेमी के साथ किए गए रोमांस की स्थिति की जाँच करना था जो उस समय लंदन में अध्ययनरत् था। जब वो लंदन पहुँची तो उन्होंने पाया कि वो जादू गायब हो चुका है। हालांकि, वो यात्राएं करते हुए, उल्टी–सीधी नौकरियाँ करते हुए और जीवन का अनुभव हासिल करते हुए एक वर्ष तक लंदन में रुकी रहीं। भारत में इस सबको लेकर पारिवारिक दायरे में हो–हल्ले मच रहे थे, और इस बात को लेकर गंभीर आशंकाएं व्यक्त की जा रही थीं कि उनका ऐसा आचरण उनके जीवन में एक उपयुक्त पति प्राप्त करने में बाधक न बन जाए। किन्तु शैलजा ने निर्णय कर लिया था और वहीं किया जो उन्होंने अपने लिए उचित समझा।

शैलजा 1992 में भारत वापस आ गईं और यह अनुभव किया कि उन्हें अपना एक करियर बनाना है। उन्होंने कार्य करने का कुछ अनुभव प्राप्त करने का निर्णय किया और स्ट्रैटेजिक मैनेजमेंट ग्रुप तथा मॅककिन्से नालेज सेंटर के साथ परामर्शदात्री के रूप में कार्य करने लगीं। परामर्शदात्री के रूप में कार्य करने के दौरान ही शैलजा ने नई दिल्ली स्थित इंटरनेशनल मैनेजमेंट इंस्टीट्यूट (आईएमआई) के पार्ट–टाइम पोस्ट–ग्रेजुएट डिप्लोमा कार्यक्रम में प्रवेश ले लिया। एक

कठिन पाठ्यक्रम है जिसे ऐसे कार्यरत् कार्यकारियों हेतु डिजाइन किया गया है जो अपनी नौकरियाँ छोड़े बिना ही प्रबंधन की शिक्षा एवं योग्यता प्राप्त करने के इच्छुक हों। तीन वर्षों तक, वे सब दिन के समय काम करते हैं और रात के समय अध्ययन करते हैं। इसके लिए कठोर परिश्रम और समर्पण की आवश्यकता होती है। जो कुछ भी आईएमआई में सीखा उसके बारे में शैलजा कहती हैं: 'सर्वाधिक उपयोग सबक समकक्षियों से प्राप्त हुआ जिनमें अलग–अलग पृष्ठभूमियों तथा भारत के अलग–अलग भागों से आए हुए लोग शामिल थे, जिनके अनुभव और आकांक्षाएं भी अलग–अलग थे।' आईएमआई में, उन्हें अध्ययन में गहन रुचि जाग्रत हो चुकी थी।

आईएमआई में ज्ञान हासिल करने के अलावा उन्होंने अपने लिए एक पति भी खोज लिया था। आईएमआई के पाठ्यक्रम के तीसरे वर्ष के दौरान शैलजा ने अपने सहपाठी सुनीर दत्त से विवाह कर लिया था। वो सदैव से ही अपनी कक्षा में शीर्ष छात्रों के बीच रहती आई थीं, जबकि सुनीर सामान्य तौर पर नीचे की ओर ही रहते रहे थे। उन्होंने सुनीर की अध्ययन में भी काफी मदद की। वास्तव में, उन्होंने दो छात्रों के होमवर्कों को पूरा किया था। (बाद में जीवन में, सुनीर का उनकी उद्यमिता सम्बन्धी योग्यताओं में अटल विश्वास उनके व्यावसायिक उपक्रम के लिए भावनात्मक एवं नैतिक समर्थन का एक महान स्रोत सिद्ध हुआ।)

अपना व्यवसाय प्रारंभ करना

सन् 1993 में आईएमआई का पाठ्यक्रम पूरा करने के उपरांत शैलजा ने 'एमरॉप' नामक अग्रणी अंतर्राष्ट्रीय एक्जीक्यूटिव खोज संस्था से संपर्क स्थापित किया, जो उस समय भारत में व्यवसाय प्रारंभ कर रही थी ताकि अर्थव्यवस्था में आ रहे उदारीकरण का लाभ उठाया जा सके। जब वो एमरॉप के प्रबंधन से मिलीं तो एक अनूठी घटना घटित हुई: उन्होंने उनके लिए एक नौकरी ढूँढने के स्थान पर उन्हें एमरॉप में ही नौकरी करने का प्रस्ताव दे दिया। उन्होंने तुरंत ही इस प्रस्ताव को स्वीकार कर लिया क्योंकि उन्हें लगा कि उनमें प्रतिभा की पहचान

करने का एक हुनर मौजूद है और यह कि उनका व्यक्तित्व इस क्षेत्र के अनुकूल है। शैलजा ने साढ़े तीन वर्षों तक एमरॉप के साथ काम किया और अपने काम में बेहद आनंद प्राप्त किया। उन्होंने बहुत कुछ सीखा और संगठन में तीव्र गति से तरक्की प्राप्त कर ली। उन्होंने एक असिस्टेंट के रूप में प्रारंभ किया था और शीघ्र ही वो एक परामर्शदात्री साझेदार बन चुकी थीं। हालांकि, कुछ समय के बाद, वो बेचैनी का अनुभव करने लगीं और उन्हें एक परिवर्तन की आवश्यकता अनुभव होने लगी। उन्होंने कुछ महीनों का अवकाश ले लिया ताकि वे भविष्य की अपनी योजनाओं पर आत्मचिंतन कर सकें। एक्जीक्यूटिव खोज के व्यवसाय को अंदर से देख चुके होने के बाद उन्हें विश्वास हो चुका था कि खोज की प्रक्रिया में अनेक तरीकों से सुधार लाया जा सकता है। उन्होंने भारत में खुलते हुए एक ऐसे वृहदाकार बाजार का भी पूर्वानुमान लगा लिया था जिसकी सेवा किसी ऐसी खोजी संस्था के द्वारा की जा सकती थी जो एमरॉप जैसी बड़ी संस्थाअनों के कठोर विनियमनों में उलझी हुई न हो।

शैलजा ने पहली संतान को 1997 में जन्म दिया था। उस समय वह अपने समय की मालकिन खुद बनना चाहती थी ताकि वो घर पर अपनी संतान के साथ अधिक समय व्यतीत कर सकें। ऐसा करना एमरॉप के साथ काम करते रहने के दौरान कठिन था। सुनीर ने उन्हें अपना खुद का व्यवसाय प्रारंभ करने हेतु प्रोत्साहित किया क्योंकि वो समझ चुके थे कि शैलजा जैसे किसी व्यक्ति को घर पर रुके रहने के बजाए काम करते रहने की आवश्यकता होती है। 1998 में शैलजा एमरॉप से अलग हो गईं और उन्होंने अपनी खुद की एक्जीक्यूटिव खोज करने वाली संस्था 'स्टेलर सर्च' की स्थापना कर ली। उस समय तक, उन्होंने इस सम्बन्ध में अपनी योजना तैयार कर ली थी कि आईएमआई में उनके द्वारा सीखी गई संगठनात्मक व्यवहार सम्बन्धी अवधारणा के साथ–साथ आधुनिक सूचना एवं संचार तकनीक का उपयोग करते हुए एक्जीक्यूटिव खोज को कैसे कुशलतापूर्वक संपन्न करना है।

शैलजा ने अपना खुद का व्यवसाय करने का निर्णय क्यों किया? वो स्पष्ट करती हैं: 'मैं कुछ अलग हट कर एक्जीक्यूटिव खोज का

व्यवसाय संचालित करना चाहती थी और मैं चाहती थी कि यह मेरा खुद का सृजन हो। हमारे साथ खोज का अर्थ सही व्यक्ति को सही नौकरी में स्थापित करना अधिक होगा, यह एक सकारात्मक संगठनात्मक परिवर्तन को कार्यान्वित करने तथा स्थाई सम्बन्धों का निर्माण करने का एक अवसर होगा। हम साझेदार होंगे और अपने ग्राहकों के व्यवसायों में जोशपूर्वक संलिप्त होंगे।' सन् 1990 के दशक के मध्य में एक्जीक्यूटिव खोज उद्योग के फलने–फूलने के साथ ही भारत में कॉरपोरेट भर्तियाँ परंपरागत आँकड़ों / विज्ञापन आधारित विधियों, जिन्हें पहले ही अकुशल माना जाने लगा था, के बजाए अग्रसक्रिय विधियों की ओर व्यावहारिक रूप से परिवर्तित हो चुकी थीं। शीर्षस्थ ग्राहकों को ऐसी खोजी संस्थाओं की आवश्यकता थी जो विज्ञापन के प्रत्युत्तर में लोगों के द्वारा आवेदन करने (सामान्यतः दूसरे दर्जे के लोग) की प्रतीक्षा करने अथवा आँकड़ों के संग्रह (पुनः दूसरे दर्जे के लोगों) में से खोद कर नाम बाहर निकालने के बजाए स्वयं बाहर निकलें और रोजगार के लिए सही व्यक्तियों की तलाश करें। इसके अलावा, 'सतर्क' ग्राहकों ने ऐसी एक्जीक्यूटिव खोज संस्थाओं की माँग की जो उनके शीर्ष प्रबंधन के साथ घनिष्ठ रूप से मिलकर कार्य कर सकती हों तथा परिचालन के स्तर पर योगदान प्रदान करने के साथ–साथ रणनीतिक स्तर पर भी योगदान प्रदान कर सकती हों। यह एक नया अवसर था जिसमें शैलजा स्टेलर को स्थापित करना चाहती थीं। साथ ही, वो चाहती थी कि स्टेलर एक बुटीक खोज संस्था बने और मात्र वरिष्ठ एवं शीर्ष–स्तरीय खोजों पर ही ध्यान केन्द्रित करे; वो कनिष्ठ स्तर के प्रबंधकों अथवा प्रबंधन प्रशिक्षुओं की खोज में संलिप्त होने के द्वारा अपनी ब्राँड के महत्व को कम नहीं करना चाहती थीं क्योंकि वे इसे एक अलग प्रकार का खेल मानती हैं जिसमें अलग प्रकार का कौशल संलिप्त होता है।

स्टेलर के लिए शैलजा का मिशन 'विशिष्ट व्यावसायिक जरुरतों हेतु उत्कृष्ट पेशेवर लोगों की पहचान कर एक्जीक्यूटिव खोज के माध्यम से प्रबंधन में श्रेष्ठता उत्पन्न करना' था। यह मिशन से सम्बन्धित एक विस्तृत कथन था, और स्टेलर की संस्कृति, रणनीतियों, शैली एवं कार्य के प्रति दृष्टिकोण को इसी से हासिल किया गया था। शैलजा कहती हैं: 'अपने

ग्राहकों के साथ हम संगठनात्मक आवश्यकताओं को परिभाषित करते हैं और प्रत्येक खोज के लिए रणनीति को डिजाइन करते हैं। हम नियत समय–सीमा एवं लागत के अंदर कार्य करते हैं। हम ग्राहक को प्रक्रिया सम्बन्धी परिप्रेक्ष्य प्रदान करते हैं ताकि वे तदनुसार ही अपेक्षित तैयारी कर सकें। 'हम शार्टकट को प्रोत्साहित नहीं करते।' स्टेलर पहले साक्षात्कार तथा अनुक्रमिक वार्तालापों में सहायता प्रदान करने के साथ–साथ कंपनी में अभ्यर्थी के प्रवेश कराए जाने की सुविधा भी प्रदान करती है। यह सहयोग प्रत्येक संलिप्तता के मामले में किया जाता है, और प्रत्येक खोज के साथ एक समयबद्ध प्रतिस्थापन गारंटी प्रदान की जाती है। ग्राहकों एवं अभ्यर्थियों को अधिकतम कार्य–स्वतंत्रता एवं गोपनीयता की गारंटी प्रदान की जाती है।

चुनौतियों से निपटना

स्टेलर सर्च की स्थापना एवं संचालन के साथ अनेक चुनौतियाँ जुड़ी हुई थीं। एक ऐसा मुद्दा, जो प्रायः महिला उद्यमियों के सामने खड़ा हो जाता है, यह है कि लोग ऐसा मानते हैं कि महिलाएं अपने स्टार्ट–अप (नए व्यवसाय) के प्रति पूर्णतः प्रतिबद्ध नहीं होतीं और वे शीघ्र ही घर एवं परिवार को समय प्रदान करने के लिए इसे बंद कर देंगी। जब वित्त–प्रदाता, आपूर्तिकर्ता, ग्राहक तथा अन्य व्यावसायिक सहयोगियों के साथ–साथ संभावित कर्मचारी भी इसी प्रकार से सोचना प्रारंभ कर देते हैं तो यह मामले को अत्यंत कठिन बना देता है। शैलजा ने ऐसी बड़ी चुनौतियों में से कुछ का सामना किस प्रकार किया, इसपर आगे चर्चा की जा रही है।

सबसे पहली चुनौती, जिसका सामना शैलजा ने किया, थी एक टीम एकत्रित करना। प्रतिभाशाली एमबीए लोग, जिन्हें वो अपनी टीम में शामिल करना चाहती थीं, एक नए–नए स्टार्ट–अप के साथ जुड़ने के सम्बन्ध में दुविधाग्रस्त थे। शैलजा ने एक नई रणनीति के बारे में सोचाः उन्होंने व्यावसायिक स्कूलों में शिक्षण प्रारंभ कर दिया, और वो इस अवसर का उपयोग छात्रों को एक्जीक्यूटिव खोज में रोजगार के

सम्बन्ध में बताने के साथ–साथ उन्हें ऐसे रोजगार के लिए तैयार करने हेतु भी करने लगीं। 'मुझे अब युवा प्रतिभावान एमबीए लोगों की आवश्यकता नहीं रह गई थी, और उनतक पहुँचने का यह एक अच्छा तरीका प्रतीत हुआ था।' स्टेलर के पास आज शिक्षित और प्रशिक्षित पेशेवर लोगों की एक शक्तिशाली टीम मौजूद है जिसे शैलजा के द्वारा चुना और प्रशिक्षित किया गया है। अलग–अलग लाइनों पर ध्यान केन्द्रित करने वाले विशेषज्ञ मौजूद हैं जो अंतर–कार्यात्मक परामर्शदाता एवं बैक–ऑफिस स्टाफ को सहयोग प्रदान करते हैं। स्वयं शैलजा भी कंपनियों को भर्ती सम्बन्धी रणनीतियों और संगठनात्मक पुनर्गठन के सम्बन्ध में परामर्श प्रदान करती हैं। संयोगवश, जहाँ मानव संसाधन सेवाओं में संलिप्त अनेक मध्यम आकार वाली संस्थाएं पेशेवर लोगों को अंशकालिक तौर पर नियुक्त करती हैं, जिनका संस्था के साथ लगाव मामूली होता है, वहीं स्टेलर ऐसे पूर्णकालिक पेशेवर लोगों को नियुक्त करती है जो मात्र स्टेलर के हाजिरी रजिस्टर में ही शामिल होते हैं।

सन् 2002 में शैलजा की दूसरी संतान का होना एक कठिन प्रसव था क्योंकि अपेक्षित जुड़वाँ बच्चों में से एक का गर्भपात करना था। शैलजा बिस्तर से बंध गई थीं और व्यथित थीं; उन्होंने अपने व्यवसाय को बंद करने का सोच लिया था, लेकिन सुनीर ने उन्हें इसे जारी रखने हेतु मना लिया। उन्होंने धीरे–धीरे काम पर वापस आने हेतु सहमति दे दी। उनकी लंबी अनुपस्थिति के कारण स्टेलर को व्यवसाय में हानि होती जा रही थी, और यह स्पष्ट था कि उन्हें संगठनात्मक विकास के लिए समय देने की आवश्यकता है। शैलजा ने अपने स्टाफ को सामाजिक कार्यों में संलिप्त होने हेतु प्रोत्साहित किया। इससे उनके कर्मचारियों की अभिप्रेरणा, प्रतिबद्धता तथा मनोबल को बढ़ाने में सहायता प्राप्त हुई। स्टेलर के कॉरपोरेट सामाजिक दायित्व सम्बन्धी प्रयासों की शुरुआत कुछ कंपनियों के उन कर्मचारियों के शिक्षण एवं व्यावसायिक प्रशिक्षण के साथ हुई जो वंचित पृष्ठभूमियों से आते थे तथा इसमें कंप्यूटर साक्षरता में सुधार करना एवं स्टेलर के दक्ष कर्मचारियों की अंग्रेजी भाषा सम्बन्धी योग्यता के साथ–साथ कर्मचारियों की घरेलू सहायता में भी सुधार करना शामिल था।

एक बड़े परिप्रेक्ष्य में, इन प्रयासों में प्राकृतिक आपदाओं के प्रति त्वरित प्रतिक्रिया को भी शामिल किया गया था–स्टेलर उन कुछ संगठनों में से एक था जिन्होंने सूनामी पीड़ितों की सहायता हेतु रेडक्रॉस द्वारा किए गए आह्वाहन पर सबसे पहले प्रत्युत्तर दिया था। इन परोपकारी गतिविधियों को संस्थागत एवं औपचारिक बनाए जाने हेतु स्टेलर फाउंडेशन का सृजन किया गया। इसने वंचित पृष्ठभूमियों से आने वाले बच्चों को प्राथमिक शिक्षा उपलब्ध करवाई। साथ ही, इस फाउंडेशन ने ग्राहकों से जरुरतमंद लोगों के लिए वाटर–प्यूरीफायर्स और कंबल जैसी सामग्रियों को हासिल करने तथा उनके द्वारा गंभीर रोगों की चिकित्सा का उत्तरदायित्व ग्रहण करने जैसे योगदान प्राप्त करने हेतु शैलजा की प्रेरक शक्तियों का भी उपयोग किया। स्टेलर के कर्मचारियों ने इन गतिविधियों पर समय लगाया जिससे कंपनी की कॉरपोरेट पहचान परिभाषित करने तथा स्टेलर के दूसरों का भला करने के आदर्श से युक्त एक दल का गठन करने में योगदान प्राप्त हुआ।

जहाँ तक मार्केटिंग का सम्बन्ध है, शैलजा स्वीकार करती हैं कि प्रारंभिक वर्षों में वो अनाड़ी थीं। उन्होंने मान लिया था कि यदि एक बार वो सबको जानकारी दे देती हैं कि उन्होंने एक खोजी संस्था प्रारंभ की है तो उनकी जाने–माने रेकार्ड के कारण ग्राहक उनके पास आने लगेंगे। परंतु ऐसा नहीं हुआ। वही लोग, जो उनके एमरॉप में रहते हुए उनसे बातें कर के प्रसन्नता का अनुभव करते थे, उनके द्वारा अपनी खुद की खोज कंपनी स्थापित कर लेने पर उनसे संपर्क करने के पहले दो बार सोचने लगे थे। बाद में, उन्होंने एक अग्रसक्रिय मार्केटिंग अभियान को विकसित किया और उसे कार्यान्वित कर डाला। उन्होंने उन प्रबंधकों से व्यक्तिगत तौर पर संपर्क किया जिन्हें उन्होंने वरिष्ठ पदों पर नियुक्त करवाया था–और वे लोग उनके कौशल को याद रखे हुए थे। धीरे–धीरे, खोज सम्बन्धी निवेदनों के साथ वे उनके पास आना शुरु हो गए और फिर एक से दूसरी कंपनी में जाते हुए स्टेलर के साथ बने रहे। शैलजा ने हमेशा से ही दीर्घकालिक सम्बन्धों का निर्माण करने में विश्वास रखा है, और इस विश्वास ने उनके निजीकृत मार्केटिंग अभियान में एक महत्वपूर्ण भूमिका अदा की है। एक बार, एक अभ्यर्थी,

जिसे उन्होंने एक निवेश बैंक में नियुक्त करवाया था, ने अपनी नौकरी गवाँ दी क्योंकि वित्तीय संकट के चलते बैंक ही बंद हो गया था। शैलजा ने उसे अपने आफिस में आने और बैठने हेतु आमंत्रित कर उसे उसका आत्मविश्वास वापस पाने में सहायता की। जब वो उनके आफिस में बैठ रहा था, उस दौरान वो अनजाने में ही एक ऐसे व्यक्ति का परिचय करवाने का उत्तरदायी बन गया जो बाद में स्टेलर के सर्वाधिक महत्वपूर्ण व्यावसायिक संपर्कों में से एक बन गया।

आधुनिक एक्जीक्यूटिव खोज कंपनियों की सेवाएं निश्चित रूप से परंपरागत रोजगार एजेन्सियों की सेवाओं की तुलना में बहुत महँगी होती हैं। आधुनिक कंपनियाँ पाँच महीनों तक का वेतन अपने शुल्क के रूप में वसूल सकती हैं जबकि परंपरागत एजेन्सियाँ मात्र एक महीने का वेतन ही शुल्क के रूप में वसूलती हैं। भारतीय ग्राहक परंपरागत रोजगार एजेन्सियों द्वारा वसूले जाने वाले शुल्कों के आदी थे, और इसीलिए शैलजा को एक्जीक्यूटिव खोज सेवाओं के मूल्यांकन को परिवर्तित करने में कठिन समय का सामना करना पड़ा था। सौभाग्यवश, डॉट.काम के प्रसार और अर्थव्यवस्था के उदारीकरण के परिणाम भारत में अनेक वृहदाकार विदेशी कंपनियों के आगमन के रूप में प्रकट हो रहे थे। ये कंपनियाँ आधुनिक एक्जीक्यूटिव खोज के लाभों एवं लागतों से भली–भांति अवगत थीं और उन्होंने स्टेलर के द्वारा प्रस्तावित मूल्यों की प्रशंसा की और इसके शुल्क ढाँचे को स्वीकार कर लिया।

प्रतिस्पर्धियों से स्टेलर को अलग बनाने के लिए शैलजा ने आधुनिक सूचना एवं संचार तकनीक के उपयोग पर भी जोर दिया। स्टेलर की ज्ञान प्रबंधन प्रणाली आँकड़ों का संग्रहण एवं सूचनाओं का प्रसंस्करण नियमित आधार पर करती है। शैलजा कहती हैः 'एक्जीक्यूटिव खोज हेतु ज्ञान प्रबंधन के अग्रणियों के रूप में हम अपने खुद के सॉफ्टवेयर के साथ–साथ अन्य प्रोग्रामों का उपयोग भी करते हैं। हम हर तरीके से संवाद करते हैं। हमारे पास एक विस्तृत वेबसाइट है और हम पेशेवर एवं सोशल नेटवर्कों पर भी उपलब्ध हैं। हम वॉयस–ओवर–इंटरनेट का उपयोग करते हैं। हम स्काइप करते हैं, डाक का इस्तेमाल करते हैं, हम एसएमएस करते हैं, हम ब्लॉब और ट्वीट भी करते हैं।'

तकनीक के साथ संलिप्तता ने स्टेलर को दूसरे देशों में स्थित ग्राहकों को एक्जीक्यूटिव खोज सेवाएं प्रदान करने में सक्षम बना दिया। उदाहरण के लिए, स्टेलर चीन की संस्थाओं को प्रबंधकों को खोजने एवं भर्ती करने में सहायता प्रदान करती है, जिसमें स्थानीय चीनी अभ्यर्थी भी शामिल होते हैं, और यह दक्षिण अफ्रीकी संस्थाओं को स्थानीय दक्षिण अफ्रीकी अभ्यर्थियों सहित प्रबंधकों की खोज करने और भर्ती करने में भी सहायता प्रदान करती है। नई दिल्ली स्थित अपने हाई–टेक सुसज्जित बैक–ऑफिस का उपयोग करते हुए स्टेलर विदेशों में अपना कार्य इस प्रकार संपन्न करती है जैसे वो वहाँ साक्षात रूप में उपस्थित हो।

वित्तपोषण महिला उद्यमियों के द्वारा सामना की जाने वाली एक चिरस्थाई समस्या है। जब शैलजा ने अपने व्यवसाय को प्रारंभ किया था तब उनके पास सीमित मात्रा में ही धन उपलब्ध था। उन्होंने अपने पति से ₹50,000 उधार लिए थे ताकि वे आफिस के लिए एक जगह ले सकें। अंततः, उन्होंने ₹5,000 प्रतिमाह के किराए पर एक बेसमेंट में एक स्थान किराए पर ले लिया और वहीं से अपना कार्य प्रारंभ कर दिया। उन्होंने कंप्यूटर एवं स्टेशनरी आदि मासिक किस्तों पर खरीदीं! उन्होंने अपने लिए एक सेक्रेटरी नियुक्त करने की विलासिता मात्र इसलिए अपनाई क्योंकि उनको ऐसा लगा कि ग्राहकों की फोन कॉल का उत्तर यदि किसी सेक्रेटरी के द्वारा दिया जाता है तो वे अधिक प्रभावित होते हैं। अपने परिचालन के पहले वर्ष में स्टेलर ने ₹24 लाख का राजस्व अर्जित किया, जो कि ₹12 लाख के अपेक्षित राजस्व की तुलना में बहुत अधिक था। अगले वर्ष, यह आँकड़ा ₹60 लाख तक पहुँच चुका था। उन्होंने अपने ऋण चुका दिए थे, और शीघ्र ही स्टेलर के पास इतना पर्याप्त धन उपलब्ध हो गया था कि वह एक रिसेप्शनिश्ट और एक सेक्रेटरी के साथ–साथ बैक–आफिस कार्य के लिए दो और लोगों को नियुक्त कर सके। इसके बाद तो पीछे मुड़कर देखने की आवश्यकता ही नहीं पड़ी। स्टेलर की प्रगति की एक उल्लेखनीय विशेषता यह रही है कि स्टेलर का वित्तपोषण पूरी तरह से आंतरिक उपार्जनों के द्वारा किया गया है। इसके बाद शैलजा ने कभी कोई ऋण नहीं लिया और न ही कभी इक्विटी की साझेदारी प्राप्त की। उन्होंने

कंपनी के संचालन और प्रगति के लिए अपने खर्चों की योजना तैयार की, और आवश्यक धन की व्यवस्था व्यवसाय के अंदर से ही की गई।

भारत में महिला उद्यमियों के द्वारा सामना करने वाला एक बड़ा मुद्दा होता है नौकरशाही सम्बन्धी बाधाओं से निपटना ताकि किसी भी व्यवसाय को प्रारंभ करने के लिए आवश्यक रजिस्ट्रेशन, लाइसेंस एवं अनुमति आदि प्राप्त की जा सकें। बहुत सारे लोग इन बाधाओं के कारण ही हिम्मत हार जाते हैं। प्रेस, इलेक्ट्रॉनिक मीडिया और इंटरनेट सहित विभिन्न मंचों पर शैलजा ने उद्यमिता को प्रोत्साहित करने के लिए कुशल एवं पारदर्शी प्रशासन की वकालत की है। वो आगे कहती हैं: 'हमारे स्कूलों एवं कॉलेजों में हमारे छात्रों में जोखिम उठाने और व्यवसायों का प्रारंभ करने की भावना विकसित करने हेतु पर्याप्त कार्य नहीं किया जाता। सरकार महिलाओं सम्बन्धी कुछ ऐसे मुद्दों पर बहुत अधिक ध्यान केन्द्रित करती है जिनके द्वारा महिलाओं के कमजोर पीड़िता होने वाले तथा संरक्षण की आवश्यकता वाले रुढ़िवादी स्वरूप का प्रचार किया जाता है।'

निजी मामले

शैलजा का व्यक्तित्व एक्जीक्यूटिव खोज के अनुकूल है। वो बहुत सहजता से मित्र बना लेती हैं और लोगों को प्रभावित कर लेती हैं। कोई भी ग्राहक, अभ्यर्थी, सेवा–प्रदाता अथवा कोई अन्य व्यावसायिक सहयोगी शैलजा की ईमानदारी, सहायतापूर्ण व्यवहार एवं आकर्षण के समक्ष शीघ्र ही पराजित हो जाता है। साक्षात्कार लेते समय वो अभ्यर्थियों को राहत प्रदान करती हैं और खुलकर बात करने देती हैं। जब वो किसी व्यावसायिक प्रस्ताव को प्रस्तुत कर रही होती हैं तो वो प्रबोधक बन जाती हैं क्योंकि इसके बदले में जो कुछ प्राप्त होता है वह मूलभूत सत्यनिष्ठा होती है। शैलजा की शैली का वर्णन करते समय मेरे दिमाग में जो प्रमुख शब्द आते हैं वो हैं गैरपरंपरागत एवं जोशपूर्ण। अपनी सोच एवं व्यवहार में वो आधुनिक हैं लेकिन घर पर वो भारतीय परंपराए निभाती हैं। इस प्रकार हमें उनमें आधुनिकता और परंपरा का

एक मिश्रण प्राप्त होता है जो उन्हें सभी प्रकार के लोगों के साथ भली–भांति कार्य करने में सक्षम बना देता है। डॉमिनिक मेलोइन, निदेशक, मानव संसाधन, एक्सपेडिया इन्का. (यूके) शैलजा का वर्णन इस प्रकार करते हैं: 'वो अपने दृष्टिकोण में पाश्चात्य हैं और जो कुछ भी करती हैं उसके बारे में पूरे जोश से भरी होती हैं।' विभिन्न प्रकार के लोगों के साथ तारतम्य स्थापित करने की उनकी योग्यता उनके लिए अनेक दरवाजों को खोल देने में सहायक होती है। उनके पास निजी निष्ठा, निष्पक्षता, सम्मान एवं दूसरों के लिए मूल्यों पर आधारित एक शक्तिशाली आचार संहिता मौजूद है। वो गपशप और ढोंग से अपना काम पूरा कर लेती हैं।

जब शैलजा स्टेलर सर्च को गठित कर रही थीं, उनके पति, सुनीर, जनरल इलेक्ट्रिक के साथ एक वरिष्ठ एक्जीक्यूटिव बन चुके थे। वो चीन के गुआंगझाउ में रह और कार्य कर रहे थे। उनके अनुबंध ने हर महीने दिल्ली यात्रा करने की सुविधा प्रदान कर दी थी और शैलजा हर वर्ष 6 या 7 बार चीन में उनसे मिल आती थीं। उन्होंने इस व्यवस्था का लाभ अच्छी तरह से उठाया है।

शैलजा को लगता है कि इस व्यवस्था ने उनकी शादी को समृद्ध बनाया है क्योंकि वे एक साथ मिलकर बहुत अच्छा समय गुजार लेते हैं। उनके दो बेटे शैलजा के साथ रहते और दिल्ली के स्कूलों में पढ़ाई करते रहे हैं। सुनीर के माता–पिता भी शैलजा के साथ ही रहते हैं, और उनकी अपनी माँ भी पास में ही रहती हैं। अब सुनीर का स्थानान्तरण चीन से सिंगापुर हो चुका है, और शैलजा ने अपना घर दिल्ली के बजाए सिंगापुर बना लिया है। हालांकि, स्टेलर के परिचालन का केन्द्रीय स्थान दिल्ली ही बना हुआ है।

उद्यमिता सम्बन्धी साहित्य में प्रायः यह उल्लेख किया जाता है कि शादी और बच्चे महिलाओं के लिए उद्यमितापूर्ण करियर को जारी रखना कठिन बना देते हैं। हालांकि, शैलजा के मामले में, इन कारकों ने विपरीत परिणाम प्रस्तुत किए हैं। उनकी शादी ने उनके व्यवसाय को प्रारंभ करने और सतत् रूप से इसके साथ बने रहने में महत्वपूर्ण योगदान किया है। उनके बच्चों के जन्म ने उनके लिए किसी और की

नौकरी में बने रहना कठिन बना दिया था क्योंकि उन्हें अपने समय की मालकिन खुद ही बनने की आवश्यकता थी। अतः, अपना स्वयं का व्यवसाय करना किसी समस्या के बजाए एक समाधान सिद्ध हुआ था।

शैलजा के पास उभरते हुए उद्यमियों के लिए एक रोचक परामर्श है: 'एक स्पष्ट लक्ष्य और व्यावसायिक योजना बनाइए। जब आप छोटे, प्राप्य, अल्पकालिक उद्देश्यों को निर्धारित कर अल्पकालिक योजनाओं में सुधार कर रहे हों, तब दीर्घकालिक योजनाओं को मस्तिष्क में रखिए। बोर्ड की सभाओं, डेन्टिस्ट के साथ समय दिए जाने, बीमार बच्चों, बड़बड़ाने वाली सासों, पतियों के बॉस के डिनर हेतु घर पर आने इत्यादि के बीच प्राथमिकताओं को निर्धारित कीजिए; इनमें से प्रत्येक को एक बार में एक–एक करके निपटाइए। ईमानदार बनिए; अल्पकालिक लाभों के लिए समझौता मत कीजिए। रिश्तों का पोषण कीजिए, लोगों का सम्मान कीजिए और एक भावनात्मक बैंक बैलेंस खड़ा कीजिए। नवप्रवर्तन और परिवर्तन करते रहिए।'

शैलजा का विश्वास है कि उद्यमिता का मार्ग गुलाबों की सेज नहीं है, परंतु वो इस सुझाव को भी दरकिनार कर देती हैं कि 'कोई भी बड़ी सफलता बिना बड़ी कुर्बानी के हासिल कर ली जाती है'। उनकी राय में, कुछ समझौते और अनुकूलता के एक स्तर की आवश्यकता होती है, परंतु निश्चित रूप से ये 'बड़ी कुर्बानियाँ' नहीं होते।

शैलजा स्टेलज के आकार में वृद्धि मात्र की इच्छुक नहीं हैं। उनके लिए, सफलता का मापन उस सेवा की गुणवत्ता से होता है जो उनकी कंपनी प्रदान करती है। अतः, उनके लिए सफलता में उच्च–स्तरीय भर्तियों के साथ–साथ कॉरपोरेट रणनीति निर्धारण को प्रभावित करने की योग्यता को शामिल करना चाहिए। इसके अलावा, स्टेलर की आमदनी तथा इसके ग्राहकों के द्वारा व्यवस्था किए गए दान की राशियों से धर्मादा कार्यों का वित्तपोषण भी किया जाता है। शैलजा के लिए, ये 'समाज को कुछ वापस दिए जाने' जैसा है जो उस समाज से ही अर्जित लाभों का एक भाग है और स्टेलर सर्च के लिए सफलता का एक महत्वपूर्ण माध्यम रहा है।

2

मेरी बरुआ

ऑटिज्म (स्वलीनता) हेतु कार्य

मेरी बरुआ नेशनल सेंटर फॉर ऑटिज्म की संस्थापिका और अध्यक्षा हैं। यह एक ऐसा अग्रणी संस्थान है जिसने ऑटिज्म से पीड़ित बच्चों की देखभाल करने, उनके माता–पिता को राहत प्रदान करने तथा इस तनावपूर्ण स्थिति के बारे में सामान्य समझ को बढ़ावा दिए जाने के सम्बन्ध में इस क्षेत्र में भारत को एक अग्रणी देश बना दिया

है। इसके पहले सन् 1980 के दशक तक मेरी एक पत्रकार तथा कोलकाता में कॉरपोरेट दुनिया की एक मार्केटिंग एक्जीक्यूटिव रही रह चुकी हैं; उसी दौरान उनके शैशवावस्था वाले बेटे ने उग्र व्यवहार का प्रदर्शन करना प्रारंभ कर दिया था। बाद में इसका निदान ऑटिज्म के रूप में किया गया। उस समय तक, भारत में ऑटिज्म के बारे में बहुत कम जानकारी उपलब्ध थी और जानकारी के अभाव में माता–पिता को अत्यधिक कष्ट झेलना पड़ता था।

ऑटिज्म मस्तिष्क का एक ऐसा विकार है जो शिशुओं के विकसित होते समय ही दिखाई देने लगता है। यह उनके असाधारण व्यवहार, विशेषतौर पर संवाद एवं सामाजिक व्यवहार के सम्बन्ध में, से प्रकट होता है। यह मस्तिष्क की उन प्रणालियों को अव्यवस्थित कर देता है जिनके द्वारा मस्तिष्क में सूचनाओं का प्रसंस्करण होता है तथा यह पीड़ितों को देखने, सुनने और अनुभव करने से प्राप्त होने वाली समझ को बाधित कर देता है। ऑटिज्म के कई मिलेजुले कारण हो सकते हैं, जिसमें जैव–रासायनिक एवं आनुवांशिक कारकों के साथ–साथ मस्तिष्क के संरचनात्मक परिवर्तन भी शामिल होते हैं। ऑटिज्म का कोई भी चिकित्सकीय उपचार उपलब्ध नहीं है, हालांकि विशिष्ट लक्षणों के उपचार हेतु कतिपय औषधियों का उपयोग किया जा सकता है। यद्यपि ऑटिज्म किसी भी बच्चे के सामाजिक एवं संवादात्मक कौशल को बाधित कर देता है, किन्तु यह संवेदी अनुभूति में वृद्धि कर देता है। चूंकि ऑटिज्म पीड़ित लोग दुनिया की कल्पना अलग तरीके से करते हैं, इसीलिए उनके संवाद और प्रतिक्रियाएं भी भिन्न होती हैं। उन्हें लोगों के साथ संवाद करने तथा सम्बन्ध स्थापित करने के तरीकों को सीखना पड़ता है, और जब तक उन्हें यह नहीं सिखाया जाता, वे प्रायः अपनी आवश्यकताओं को व्यक्त करने के लिए उद्दण्डतापूर्वक व्यवहार करते हैं। शोधकर्ताओं का विश्वास है कि भारत में ऑटिज्म से पीड़ित बच्चों की एक बड़ी संख्या मौजूद है, यद्यपि उनमें से अधिकांश का समुचित निदान नहीं किया गया है अथवा उन्हें समुचित मार्गदर्शन नहीं दिया गया है, विशेषतौर पर गरीब लोगों के बीच में ऐसा ही है।

भारत में ऑटिज्म के सम्बन्ध में अज्ञानता

सन् 2000 के आसपास तक भारत में ऑटिज्म के सम्बन्ध जागरूकता बहुत ही कम थी। कुछ गिने–चुने डॉक्टरों ने ही इसके बारे में सुन रखा था, और उनमें से मात्र कुछ ही इसकी जानकारी रखते थे। ऑटिज्म के बारे में जानकारी प्राप्त करने का प्रयास करने वाले लोगों के पास मात्र कुछ ही विकल्प उपलब्ध थेः एक था बड़े शहरों की अमेरिकी अथवा ब्रिटिश लाइब्रेरियों में मेडिकल किताबों में खोज करना, और ऐसे लोगों, जिनके पास ऐसी लाइब्रेरियों तक पहुँच हासिल नहीं थी, के पास अधिक विकल्प उपलब्ध नहीं थे।

सन् 1980 में मेरी ने अपने बेटे नीरज को जन्म दिया, और जैसे–जैसे वो बड़ा हुआ, वह चुनौतीपूर्ण व्यवहार का प्रदर्शन प्रारंभ करने लगा। एक के बाद दूसरे अस्पताल में लगभग दो वर्ष से अधिक समय व्यतीत करने और डॉक्टरों के द्वारा नीरज के रोग का गलत निदान करते रहने के बाद अंततः सन् 1984 में कोलकाता की एक महिला मनोवैज्ञानिक सुश्री रत्ना कुमार ने नीरज का परीक्षण किया और कहा कि वो ऑटिस्टिक है। माता–पिता को इसका कोई ज्ञान नहीं था कि यह क्या होता है और इससे किस प्रकार निपटा जाए।

उन दिनों में, भारत में अधिकांश चिकित्सकीय पेशेवर लोग ऑटिज्म को 'मानसिक रोग' मानते हुए भ्रमित थे, और ऑटिज्म पीड़ित बच्चों के उपचार के तौर पर बच्चों को सामान्य तौर मंदबुद्धि बच्चों के स्कूल में डाल दिया जाना शामिल था जहाँ उनके लिए उन्हीं शिक्षण विधियों का उपयोग किया जाता था जो अन्य सभी बच्चों के लिए होता था और इस बात पर कोई विचार नहीं किया जाता था कि ऑटिस्टिक बच्चों की देखभाल पूर्णतः अलग तरीके, वास्तव में व्यक्तिगत तौर पर की जानी होती है। ऑटिज्म के बारे में पर्याप्त समझ के अभाव में समुचित हस्तक्षेप नहीं किए जा सकते और ऑटिस्टिक बच्चों में शायद ही कोई सुधार आ पाता है।

ऑटिज्म के निदान का सामना करना

मेरी अपने बेटे के ऑटिस्टिक होने का पता लगने पर हुए अनुभव का वर्णन करती हैं: 'जब नीरज एक शिशु मात्र था, मैं एक अनुभवहीन माँ थी क्योंकि यह मातृत्व का मेरा पहला अनुभव था। मैंने देखा कि जब भी मैं उसे छाती से लगाने का प्रयास करती, वो शोकातुर होकर मुझे धक्का देकर दूर कर देता था। अपने पालने में, वो सिर के ऊपर घूमने वाले खिलौनों को बिना पलक झपकाए देखता रहता था। वो बहुत कम सोता था। और मैं भी नहीं सो पाती थी। वो बहुत कम खाता था, और भोजन का समय तनावपूर्ण हुआ करता था; वो सदा के लिए खा चुका होता था, और चम्मचों से खिलाया गया अधिकांश भोजन थूक दिया करता था। उसने अधिकांश खिलौनों को तोड़फोड़ दिया था, और उसकी पसंदीदा गतिविधि थी किसी भी ऐसी चीज को खिड़की से बाहर फेंक देना जो उसके हाथ में आ जाए। मेरी प्रारंभिक स्मृतियों में से एक नीरज के अजनबी से सामाजिक व्यवहार से जुड़ी है जब हम एक रिश्तेदार के यहाँ मिलने गए थे; नीरज मात्र उनकी पुत्री की खिलौना बत्तख लेने का इच्छुक था, और उस पूरी मुलाकात के दौरान वो फर्श पर लेट कर इसके हिस्से–पुर्जों को इधर–उधर करता रहा था। इसके बाद एक बार फिर एक जन्मदिन पार्टी में उसने अपने आसपास हो रही गतिविधियों से अनजान रहते हुए दो घंटे फर्श पर लेटकर एक खिलौना ट्रक को आगे–पीछे ढकेलते हुए बिताए। नीरज का बचपन अस्तव्यस्त था, किन्तु उस समय मैंने सोचा कि शायद बच्चों को पालन–पोषण शायद ऐसे ही होता है–एक थका देने वाला किन्तु सामान्य अनुभव जिसका सामना हर माँ को करना होता है। मैंने स्वयं को इस विचार के साथ सहज बना लिया था कि समय के साथ सबकुछ ठीक हो जाएगा। अतः उस समय मेरा भावनात्मक भरोसा यह आशा थी कि ये अव्यवस्थित अनुभव अस्थाई हैं और यह समय गुजर जाएगा। हालांकि, जैसे–जैसे नीरज 6 वर्ष का होने लगा, उसका व्यवहार और अधिक उद्दण्डतापूर्ण होने लगा, और उसी समय डॉ. रत्ना कुमार के द्वारा उसके ऑटिज्म पीड़ित होने का निदान किया गया, जिससे मेरी सारी आशाएं छिन्न–भिन्न हो गईं कि यह एक गुजर जाने

वाला समय था। यह स्पष्ट हो चुका था कि नीरज के साथ की कठिनाईयाँ, चीख–पुकार, नखरे और तनावपूर्ण दृश्य समाप्त नहीं होंगे। उन्हें बने रहना था। यह स्वीकार कर पाना कठिन था।'

> किसी भी माता–पिता के लिए ऑटिज्म का निदान करना एक बहुत प्यारे बच्चे को खो देने और फिर दूसरे का स्वागत करने के समान होता है। हम दिवंगत हो चुके बच्चे के लिए शोक मना लेते हैं। परंतु हमें शोक संक्षेप में ही मनाना चाहिए ताकि हम स्वयं को उस बच्चे के लिए तैयार कर सकें जो दुनिया में आ चुका है।

निदान से लगे प्रारंभिक आघात के बावजूद, मेरी ने अपने बेटे के ऑटिज्म को शीघ्रता से स्वीकार कर लिया था। परंतु इसके साथ कुछ अन्य मुद्दे भी जुड़े हुए थे, विशेषतौर पर उसका 'अजीबोगरीब' व्यवहार जो ऑटिज्म के साथ आता है, और नीरज के पास इस व्यवहार का अपने से कहीं बड़ा हिस्सा मौजूद था। चूंकि वो 'सामान्य' दिखाई देता था, अतः प्रायः ही लोगों को यह माँ से जुड़ा मामला दिखाई देता था। खराब पालन–पोषण एक आम धारणा हुआ करती थी जिसका सामना उन दिनों ऑटिस्टिक बच्चों की माताओं को लगातार ही करना होता था; यद्यपि वैज्ञानिक शोधों ने मजबूती से यह स्थापित कर दिया है कि ऑटिज्म रोग होने तथा अनुचित पालन–पोषण के बीच किसी भी प्रकार का सम्बन्ध नहीं होता। साथ ही, अवज्ञा तथा गैर–अनुपालन जैसे कारक भी मौजूद थे। ऑटिज्म पीड़ित किसी भी व्यक्ति से कोई माँग करना निरर्थक प्रतीत होता है, जो अनुपालन करने की अनिच्छा का कारण होता है, और प्रकट अवज्ञा देखने वालों को झटका प्रदान करती है।

मेरी का विश्वास और जानकारी की खोज

उस समय पर, मेरी का धार्मिक विश्वास कट्टर नहीं था। उनकी आध्यात्मिक शक्ति की उत्पत्ति उनके स्वयं में तथा मस्तिष्क की शक्ति में उनके विश्वास से हुई थी। बचपन से ही उनके अंदर यह गुण

विद्यमान था कि वे विपरीत परिस्थितियों को अपने मानसिक तनाव का कारण नहीं बनने देती थीं। उनका विश्वास था कि प्रसन्नता व्यक्ति के अंदर मौजूद होती है और इस तक पहुँचने की आवश्यकता होती है। उनका यह भी विश्वास था कि किसी भी व्यक्ति का स्वयं तथा दूसरों के प्रति एक कर्तव्य होता है तथा उसे एक सकारात्मक एवं आशावादी दृष्टिकोण उत्पन्न करने की दिशा में कार्य करना चाहिए। इस विश्वास ने उन्हें विपरीत परिस्थितियों का सामना करने में सहायता प्रदान की और दूसरों को प्रेरित भी किया।

मेरी ने कोलकाता में लोरेटो कॉन्वेंट में पढ़ाई की थी। मदर टेरेसा वहाँ एक नन रह चुकी थीं और, एक शिक्षिका के रूप में, उन्होंने गरीबों और रोगियों के साथ काम करने के लिए एक आरामदायक जीवन का परित्याग कर दिया था, जिसने उन्हें वास्तविक खुशी एवं गहन संतुष्टि प्रदान की थी। उनके उदाहरण ने मेरी को सिखाया कि भौतिकता की पूजा करने वाली दुनिया में रहने के बावजूद कोई व्यक्ति बिना संपत्ति के भी प्रसन्न रह सकता है।

ऑटिज्म का निदान होने ने मेरी को अस्थाई रूप से एक सदमे और सुन्न निष्क्रियता की स्थिति में डाल दिया था। वो इस मानसिक सदमे की स्थिति में लगभग एक महीने तक डूबी रहीं किन्तु अंततः इससे बाहर निकल आईं और स्वयं को प्रेरित करना प्रारंभ कर दिया। उन्होंने महसूस किया कि उन्हें इस मामले को संभालना होगा और अपना उद्देश्य पूरा करना होगा। उन्होंने एकमात्र वहीं काम किया जो वो जानती थीं कि कठिन परिस्थितियों में करना चाहिए, अर्थात्–कार्यवाही करना। उन्होंने विदेशी पत्रिकाओं के चंदे दिए तथा पुस्तकों का आयात कर ऑटिज्म के बारे में जानकारी जुटाना प्रारंभ कर दिया। उन्होंने यह भी सूचनाएं एकत्रित की कि ऑटिज्म के सम्बन्ध में भारत तथा अन्य देशों में क्या कुछ हो रहा है।

ऑटिज्म के सम्बन्ध में सूचनाओं की खोज के दौरान मेरी का ध्यान वेल्लोर स्थित क्रिश्चियन मेडिकल कॉलेज में नाम्बिक्काई निलयन नामक विशेष आवश्यकता स्कूल में किए जा रहे कार्य की ओर आकर्षित हुआ। वो अवगत थीं कि, जैसा कि देश में अन्य स्थानों पर होता है,

वहाँ पर भी डॉक्टर तथा शिक्षक अभी भी ऑटिज्म के मामले में अंधकार में खोज कर रहे थे और उनके पास कोई वास्तविक समाधान उपलब्ध नहीं था, परंतु उन्होंने पाया कि इस संदर्भ में वे गंभीर और समर्पित थे तथा सीखने हेतु कठोर प्रयास कर रहे थे। नाम्बिक्काई में करने वाले उपचार में माँ और ऑटिस्टिक बच्चे को एक छोटे से अपार्टमेंट में एक साथ रहना और बहुत सारा समय एक साथ व्यतीत करना होता है ताकि एक उपचारात्मक प्रक्रिया के अंतर्गत माँ की प्राकृतिक प्रवृत्तियों का उपयोग किया जा सके।

मितव्ययी जीवन तथा समतावाद नाम्बिक्काई में करने वाले उपचार का एक पहलू था, जिसने मेरी पर गहरा प्रभाव डाला था। अमीर अथवा गरीब, सभी परिवारों के साथ समान व्यवहार किया जाता था, फर्क सिर्फ इतना था कि गरीबों से शुल्क कम लिया जाता था। इस प्रकार एक अमीर माँ और उसकी ऑटिस्टिक संतान किसी गरीब परिवार के बगल में रहती हो सकती थी। मेरी ने नाम्बिक्काई की संस्कृति से बहुत अधिक ज्ञान प्राप्त किया था और उन्होंने इसे अपनी भविष्य की योजनाओं के लिए सहेज लिया था।

सन् 1985 में, मेरी ने नीरज को कोलकाता के नर्सरी स्कूल से निकालने और उसे वेल्लोर ले जाने का निर्णय कर लिया था जहाँ माँ एवं बेटे को नाम्बिक्काई में प्रवेश दे दिया गया था।

मेरी की मंशा वहाँ तीन महीनों का समय गुजारने की थी परंतु अंततः वो वहा नीरज के साथ गहन रूप से कार्य करते हुए छह महीनों तक रुकी रहीं। नीरज के व्यवहार में देखे जा सकने योग्य सुधार हो रहे थे। मेरी ने भी अत्यंत उपयोगी ज्ञान हासिल कर लिया था। सन् 1986 के आखिर तक माँ और बेटे के वापस कोलकाता आने पर नीरज को उसके पुराने नर्सरी स्कूल में भर्ती करा दिया गया था और बाद में विकलांग बच्चों के एक विशेष स्कूल में। हालांकि, उसमें कोई सुधार नहीं हो रहा था क्योंकि शिक्षकों के पास ऑटिज्म के सम्बन्ध में जानकारियों का अभाव था और कभी–कभी वे नीरज के 'पथभ्रष्ट' व्यवहार के प्रति निष्प्रभावी दंड दिए जाने जैसी प्रतिक्रिया करते थे जिसके कारण वो हिंसक हो उठता था।

एक रणनीति विकसित करना

मई 1987 में, मेरी के पति का स्थानान्तरण दिल्ली हो गया था तथा बरुआ परिवार कोलकाता से बाहर आ चुका था। दिल्ली में, मेरी ने ऑटिस्टिक बच्चों के माता–पिताओं के एक समूह के गठन करने को प्रोत्साहित किया। इस समूह का प्रारंभ तीन माताओं और उनके ऑटिस्टिक बच्चों के साथ हुआ था। एक दूसरे की सहायता करने तथा अपने बच्चों में सामाजिक कौशल का निर्माण करने हेतु इस लघु समूह ने सभाएं एवं भ्रमण आयोजित किए। इसी के साथ–साथ, मेरी ने लोकप्रिय प्रकाशनों में ऑटिज्म के सम्बन्ध में लेख लिखने प्रारंभ कर दिए। इन लेखों ने ऑटिस्टिक बच्चों के माता–पिताओं की ओर से ढेरों प्रतिक्रियाओं को जन्म दिया जो परामर्श एवं सहायता की माँग कर रहे थे। माता–पिताओं से ऐसे ढेरों पत्र प्राप्त करने के उपरांत मेरी को यह स्पष्ट हो चुका था कि ऑटिज्म से जुड़े हुए परिवारों के एक व्यापक नेटवर्क का गठन कर इस आवश्यकता की पूर्ति करने का यही समय है जिसके द्वारा विचारों को साझा किया जा सकता है, सूचनाओं का प्रसार किया जा सकता है तथा साझा सहयोग उपलब्ध करवाया जा सकता है। अतः, ऑटिज्म पीड़ितों और उनके परिवारों को सहायता प्रदान करने हेतु एक राष्ट्रीय संगठन का गठन करने के विचार ने आकार ग्रहण करना प्रारंभ कर दिया। अंततः, यह एक्शन फॉर ऑटिज्म (ए.एफ.ए.) नामक एक समिति के गठन का आधार बना जिसकी स्थापना एवं निर्देशन मेरी के द्वारा किया जा रहा था ताकि ऑटिज्म पीड़ितों एवं उनके माता–पिताओं को सहयोग प्रदान किया जा सके। अन्य बातों के साथ–साथ ए.एफ.ए. ने ऑटिस्टिक बच्चों को जैसे वे थे वैसे ही स्वीकार करने की वकालत की और फिर उन्हें सीखने और प्रगति करने में सहायता प्रदान की, जबकि साथ–साथ एक ऐसा सामाजिक वातावरण भी तैयार किया गया जिसने ऑटिज्म पीड़ित लोगों को अपनी समस्त क्षमताओं को विकसित करने में सहायता प्रदान की। ए.एफ.ए. की जड़ें माता–पिताओं के सशक्तीकरण में निहित हैं। सन् 1991 में इसका पंजीकरण एक गैर–सरकारी संगठन समिति के रूप में करवा लिया गया था।

दुनिया के दूसरे हिस्सों में ऑटिज्म से किस प्रकार निपटा जा रहा है इस सम्बन्ध में मेरी की खोज ने इशारा किया कि उनके लिए यह उपयोगी होगा कि वे अमेरिका के मैसाचुसेट्स में स्थित ऑप्शंस इंस्टीट्यूट में संपन्न किए जा रहे माता–पिताओं के लिए एक पाठ्यक्रम में भाग लें। 5 दिनों तक चलने वाला यह गहन पाठ्यक्रम अत्यंत खर्चीला था, किन्तु मेरी ने निर्णय किया कि इसमें भाग लेना उपयुक्त रहेगा, और सन् 1992 में वो नीरज के साथ अमेरिका चली गईं। अपनी बचत के एक बड़े भाग को निवेश कर चुके होने के बाद मेरी इस पाठ्यक्रम से संभावित प्रत्येक लाभ को हासिल कर लेने हेतु दृढ़संकल्पित थीं: कक्षाओं में, उन्होंने प्रचुर मात्रा में नोट्स प्राप्त किए और यहाँ तक कि जो कुछ भी घटित हो रहा था उसे रेकार्ड करने के लिए एक डिक्टाफोन भी खरीद डाला। मैसाचुसेट्स का पाठ्यक्रम मेरी के लिए जीवन का एक महत्वपूर्ण बिन्दु सिद्ध हुआ। इसने उनकी सोच को स्पष्ट करने में सहायता प्रदान की जो अतीत की उथल–पुथल के कारण बहुत अधिक भ्रमित हो चुकी थी। ऑटिज्म से निपटने सम्बन्धी उनके विचारों में भारी परिवर्तन आ चुके थे। उदाहरण के लिए, उन्हें इस बात की पुनः पुष्टि प्राप्त करते हुए राहत मिली कि नीरज का घृणित व्यवहार जानबूझकर की जाने वाली अस्वीकृति नहीं था बल्कि उसके भ्रम का एक लक्षण था–ऑटिज्म से जुड़ा एक मुद्दा जिसे समझे जाने की आवश्यकता थी।

हालांकि, मैसाचुसेट्स का पाठ्यक्रम नीरज की स्थिति से जुड़ी हुई तथा मेरी के द्वारा सामना की जाने वाली कठिनाईयों का कोई समाधान नहीं प्रदान कर सका। नीरज जब अपनी किशोरावस्था में था तब कुछ गूढ़ कारणोंवश उसका व्यवहार और तेजी से खराब होने लगा। छह महीनों से भी अधिक की अवधि के लिए नीरज ने ऐसे रोष, अवसाद और क्रोध का अनुभव किया जिसपर उसका नियंत्रण नहीं होता था, और यह सब उसके अपवादी चुनौतीपूर्ण व्यवहार के द्वारा व्यक्त किया जाता था। मेरी बताती हैं: 'ये पिंजड़े में बंद एक बाघ के साथ रहने के समान था। मैं उसे उस छोटे से अपार्टमेंट, जिसमें हम रह रहे थे, के बाहर ले जाने का साहस नहीं कर पाती थी। वह अपार्टमेंट एक भग्नावशेष में बदल गया था क्योंकि वो अपनी भावनाओं को निकालने के लिए एक दरवाजा पाने का प्रयास कर रहा था। मैंने उसके अंदर

रोष उत्पन्न कर रही उसकी भावनाओं से निपटने में उसकी सहायता करने का प्रयास किया था लेकिन सफलता बहुत कम ही मिली थी।'

ऑटिज्म हेतु प्रेरक कार्यवाही

ऐसा लगभग इसी समय हुआ था कि मेरी आश्वस्त हो चुकी थीं कि ऑटिज्म के साथ निपटने के सम्बन्ध में परिवर्तन करने हेतु स्वयं उन्हें शीघ्र ही कुछ–न–कुछ करना होगा, ताकि अन्य माताओं को उस भ्रम और अकेलेपन का सामना न करना पड़े जिससे वो पीड़ित रही हैं। उन्होने ऐसे परिवर्तन लाए जाने में एक अग्रणी भूमिका को अपना लिया जिससे यह सुनिश्चित किया जा सकता था कि ऑटिज्म के बारे में सूचनाएं और सहायता भारत में तैयारशुदा रूप से उपलब्ध हैं। उन्होंने ऑटिज्म से सम्बन्धित अन्य सभी लोगों तक पहुँचने के अथक प्रयास किए। उन्होंने विज्ञापन एवं पत्रकारिता के अपने अतीत के अनुभव से प्राप्त ज्ञान एवं कौशल का उपयोग ऑटिज्म के बारे में जागरूकता का प्रसार करने के लिए किया। उन्होंने *ऑटिज्म नेटवर्क* शीर्षक से एक पत्रिका प्रारंभ की, जिसमें उन्होंने लेखन एवं मुद्रण भी स्वयं ही किया; उन्होंने माता–पिताओं के लिए परामर्श प्रदान करने के साथ–साथ गहन घरेलू कार्यक्रमों को भी प्रारंभ कर दिया। उन्होंने नई दिल्ली के डिफेन्स कालोनी इलाके में स्थित अपने घर में ही एक छोटा सा स्कूल भी प्रारंभ कर दिया ताकि ऑटिस्टिक बच्चों की सहायता की जा सके।

धीरे–धीरे, नीरज के संवाद करने में सुधार आ चुका था और क्रोधपूर्ण व्यवहार के झटके नाममात्र के रह गए थे। शीघ्र ही ऑटिज्म पीड़ित कई अन्य बच्चे मैरी के स्कूल में प्रवेश ले चुके थे। इससे सन् 1994 में नई दिल्ली में ओपन डोर स्कूल की स्थापना को आधार प्राप्त हुआ। इस स्कूल ने राष्ट्रीय प्रतिष्ठा अर्जित कर ली और भारत का पहला ऐसा स्कूल बन गया जो ऑटिज्म पीड़ित बच्चों के साथ–साथ उनके माता–पिताओं की भी सहायता करने में विशेषज्ञता रखता था (ऐसे माता–पिता, जो प्रारंभ में अपने ऑटिस्टिक बच्चों को एक बोझ समझते थे, ने भी अपने बच्चों का आनंद प्राप्त करना सीख लिया था)।

मेरी के पहुँच सम्बन्धी प्रयासों में से कुछ तो बहुत छोटे पैमाने पर किए गए थे जबकि अन्य राष्ट्रीय, यहाँ तक कि अंतर्राष्ट्रीय पैमाने पर भी किए गए थे। सर्वाधिक आधुनिक प्रयासों में शामिल था ऑटिज्म के बारे में व्याप्त मिथकों को दूर करने के लिए एक लेख लिखा जाना और इसे वीडियो लाइब्रेरी के द *रेन मैन* के कैसटों पर चिपकाया जाना जिसमें डस्टिन हॉफमैन ने एक आटिस्ट की भूमिका निभाई थी।

मेरी के पहुँच सम्बन्धी अपेक्षाकृत बड़े प्रयासों में ए.एफ.ए. की गतिविधियों का विस्तार करना और इसके आधार पर नेशनल सेंटर फॉर ऑटिज्म (एनसीए) की स्थापना करना शामिल था। यह संस्था किसी स्थान विशेष के ऑटिज्म पीड़ित लोगों के साथ–साथ उनके माता–पिताओं, पेशेवर लोगों तथा शोधकर्ताओं को एकसाथ एकत्रित करती है। सन् 2005 से एनसीए नई दिल्ली के जसोला में अपनी खुद की चार–मंजिली इमारत में स्थित है। यह एक अग्रणी संस्थान है जो यह प्रदर्शित करता है कि, सन् 1980 के दशक के विपरीत, आज भारत में ऑटिज्म के प्रति समझ, देखभाल और सहयोग उपलब्ध है। मेरी ने नई दिल्ली में एक संस्थान, जो भले ही परोपकारी रहा हो, की स्थापना करने से जुड़ी सभी कठिन नौकरशाही, कानूनी और विनियामक बाधाओं पर विजय प्राप्त करने के लिए प्रसंशनीय कठोर परिश्रम किया है।

ऐसी सभी सेवाएं एवं सुविधाएं, जिन्हें भारत में मेरी तथा अन्य ऑटिस्टिक बच्चों के माता–पिताओं के द्वारा अपने ऑटिस्टिक बच्चों का पालन–पोषण करने के दौरान कष्टपूर्वक हासिल नहीं किया जा सका था, आज एनसीए में उपलब्ध हैं। इनमें नैदानिक आकलन, परामर्श, शिक्षा एवं प्रशिक्षण सभी कुछ शामिल हैं। आकलन, जो कि प्रत्येक बच्चे के लिए एक योजना निर्धारित करने का प्रारंभिक बिन्दु होता है, चिकित्सक मनोवैज्ञानिकों के द्वारा अंतर्राष्ट्रीय रूप से मानकीकृत मानदंडों का उपयोग करते हुए किए गए व्यापक पर्यवेक्षण के माध्यम से संपन्न किया जाता है। अन्य आकलनों में कार्यकारी कौशलों के साथ–साथ व्यावसायिक एवं संवेदनात्मक गुणों को भी शामिल किया जाता है। सहायता सम्बन्धी सेवाओं में ऐसे सामाजिक संवाद कार्यक्रमों को शामिल किया जाता है जो ऑटिस्टिक बच्चों को मुख्यधारा के स्कूलों के साथ–साथ सह–पाठ्यक्रम

सम्बन्धी गतिविधियों जैसे कंप्यूटर प्रशिक्षण, पॉटरी तथा गृह प्रबंधन आदि में प्रवेश की सुविधा प्रदान करवाते हैं जो ऑटिस्ट बच्चों को समुदाय में पूर्णतः भागीदारी करने वाला सदस्य बनाने में सहायक होते हैं। माता–पिताओं के लिए विशेष कार्यक्रमों में परामर्श एवं प्रशिक्षण को शामिल किया जाता है, जैसे 10–सप्ताह का 'माँ एवं संतान प्रशिक्षण कार्यक्रम' जिसे लगभग 20 माता–पिताओं एवं उनके बच्चों के लिए एनसीए के प्रशिक्षित उपचारकर्ताओं के द्वारा नियमित आधार पर संपन्न किया जाता रहता है।

वो दिन अब लद चुके हैं जब माता–पिता को ऑटिज्म पर सूचनाएं प्राप्त करने हेतु अमेरिकी और ब्रिटिश लाइब्रेरियों में जाना पड़ता था। एनसीए के पास एक व्यापक संसाधन केन्द्र है जिसमें भारत का ऑटिज्म पर किताबों, पत्रिकाओं और अन्य सामग्रियों का सबसे बड़ा संग्रह मौजूद है। इसकी एक सुस्पष्ट वेबसाइट है। इसके प्रकाशनों में मासिक पत्रिका *ऑटिज्म नेटवर्क* शामिल है जो भारतीय संदर्भ में ऑटिज्म पर ध्यान केन्द्रित करती है तथा गत 20 वर्षों से नियमित रूप से प्रकाशित होती रही है, तथा इसके साथ–साथ अनेक अन्य प्रकार के मार्गदर्शक एवं प्रशिक्षण सम्बन्धी नियमवलियाँ भी प्रकाशित होते हैं। द ओपन डोर स्कूल, जिसकी विनम्र शुरूआत 1994 में की गई थी और जो बाद में भारत का ऑटिस्टिक बच्चों की शिक्षा का अग्रणी संस्थान बन चुका है, एनसीए का ही एक भाग है। यह भारत में ऑटिज्म के लिए एक आदर्श स्कूल बन चुका है। यह न केवल शिक्षा एवं प्रशिक्षण प्रदान करता है वरन् शोधकार्य भी संपन्न करता है। एक प्रयोगशाला की भांति, यह शिक्षण एवं प्रशिक्षण तकनीकों का परीक्षण करता है, अनुकूलन करता है और उनमें संशोधन भी करता है। वर्तमान समय में, इस स्कूल के पास 3 से 18 वर्ष की आयु के बीच लगभग 70 बच्चे हैं जिन्हें उनकी आवश्यकताओं एवं योग्यताओं के अनुसार सात अलग–अलग वर्गों में रखा गया है। यह अन्य स्कूलों में पढ़ने वाले ऑटिस्टिक बच्चों को भी सहयोग प्रदान करता है। इस केन्द्र में शहर से बाहर रहने वाले परिवारों के लिए विशेष गहन कार्यक्रम संचालित किए जाते हैं ताकि वे एनसीए के शिक्षकों, उपचारकर्ताओं एवं मनोवैज्ञानिकों के साथ परामर्श से लाभान्वित हो सकें। यह केन्द्र प्रतिवर्ष

एक हजार से भी अधिक लाभार्थियों तक पहुँच बनाता है। मेरी एनसीए की सुविधाओं का विस्तार करने का प्रयास कर रही हैं ताकि शहर से बाहर के आगन्तुकों को अस्थाई आवासीय सुविधा प्रदान की जा सके।

एनसीए में, ऑटिज्म को एक दुखद विकलांगता नहीं माना जाता बल्कि इसे एक अलग प्रकार का प्राणी होना माना जाता है। अतः, एनसीए के शिक्षक एवं प्रशिक्षक अपनी सीखों को गैर–आलोचनात्मक स्वीकृति तथा लोगों के प्रति सम्मान पर आधारित करते हैं। एनसीए अवकाश शिविर और संगीत सम्मेलनों जैसे कार्यक्रम भी आयोजित करता है ताकि सभी प्रकार के अनुभव प्रदान किए जा सकें। यह भारत तथा विदेश में ऑटिज्म से सम्बन्धित अन्य संगठनों के साथ नेटवर्क भी स्थापित करता है। उदाहरणार्थ, एनसीए सर्वशिक्षा अभियान के साथ घनिष्ठ रूप से कार्य करता है जो एक ऐसी सरकारी एजेन्सी है जो सरकारी स्कूलों में ऑटिस्टिक बच्चों को मार्गदर्शन उपलब्ध करवाती है। यह ऑटिज्म के सम्बन्ध में परामर्श दिए जाने तथा जागरूकता का प्रसार करने में भी संलिप्त है। यह दक्षिण एशिया के दूसरे देशों में ऑटिस्ट लोगों और उनके परिवारों के लिए सेवाओं को विकसित करने के साथ–साथ उनके लिए ऑटिज्म को कानूनी मान्यता प्राप्त करवाने में सहायता प्रदान करती है।

एनसीए की गतिविधियों के लिए धन संग्रह का कार्य एक सतत् कार्यवाही बना रहता है। धनराशियाँ दान, जो मुख्य रूप से कॉरपोरेट के द्वारा अपने सामाजिक उत्तरदायित्व कार्यक्रमों के अंतर्गत प्रदान किए जाते हैं, के माध्यम से तथा धन–संग्रह सम्बन्धी आयोजनों के द्वारा एकत्रित की जाती हैं, तथा केन्द्र के द्वारा अपने कुछ कार्यक्रमों के लिए आय–आधारित सामान्य शुल्क के रूप में भी प्राप्त किया जाता है।

चुनौतियाँ एवं भविष्य

एक ऑटिस्टिक बच्चे के साथ अपने जीवन और भविष्य पर निगाह डालते हुए मेरी कहती हैं: 'जीवन चुनौतीपूर्ण रहा है, परंतु मैंने आश्चर्यजनक सबक हासिल किए हैं। उदाहरण के लिए, मैंने सीखा कि

ऐसा कोई बच्चा नहीं होता जो सीख नहीं सकता और प्रगति नहीं कर सकता, किन्तु किसी को भी समारोह मनाने के लिए बजाए एक बड़ी छलांग लगाने के आगे की ओर सबसे छोटा कदम उठाना सीखना होता है। आज जब लोग नीरज को देखते हैं तो उन्हें हर उस काम पर आश्चर्य होता है जो वो करने में सक्षम है। संपूर्ण अयोग्यता से स्वयं को नियंत्रित करने वाला नीरज अब आत्म–नियंत्रण का उपयोग करता है। परंतु एक समय था जब छह लोग एकसाथ मिलकर नीरज को एक इंजेक्शन देने के लिए नियंत्रित नहीं कर पाते थे। नीरज का जीवन अभी भी सहज नहीं है। यह सुनिश्चित करने के लिए मेरे संसाधनों की प्रत्येक बूँद की आवश्यकता होगी कि वह एक संपूर्ण जीवन जी ले, यहाँ तक कि तब भी जब मैं इस दुनिया में न रहूँ। क्या नीरज ने एक व्यक्ति के रूप में मुझे परिवर्तित कर दिया है? निःसंदेह, और बेहतरी के लिए। एक बड़ा सबक था अपेक्षाओं का परित्याग करना। मैंने संवेदनशीलता, धैर्य और सम्मान के सम्बन्ध में ऐसी सीख हासिल की जिसे मैं अन्यथा रूप से नहीं प्राप्त कर सकती थी। मेरे बेटे ने मुझे ''गैर–सापेक्षता'' शब्द का सही अर्थ स्वीकार करना सिखा दिया। मैं अपने बच्चे से यह कह सकने में समर्थ थीः ''मैं अपनी ताकत के अनुसार तुम्हें सीखने और बढ़ने के लिए सबकुछ करूँगी; परंतु जो कुछ भी तुम हो, जो कुछ भी तुम करते हो, जो कुछ भी तुम बनो, मैं तुम्हें प्यार करती हूँ और तुम्हें स्वीकार करती हूँ ठीक वैसे ही जैसे कि तुम हो। यदि मुझे अपना जीवन दोबारा जीना पड़े तो क्या मैं नीरज को इससे अलग होना चाहूँगीं? क्या मैं उसका ऑटिस्टिक होना नहीं चाहूँगीं? दोनों ही प्रश्नों के मेरे दृढ़ उत्तर हैं ''नहीं''। जीवन में खुशियाँ और गम हैं, उन्नतियाँ और अवनतियाँ हैं, चुनौतियाँ हैं और प्रतिदिन जीत भी मिलती है! मैंने एक प्रयासपूर्ण जीवन जिया है। परंतु मैं किसी भी चीज के बदले इसे बदलना नहीं चाहूँगीं। मेरे न रहने के बाद नीरज का क्या होगा? मुझे पता नहीं है। मैं जो कुछ सबसे अच्छा कर सकती हूँ कर रही हूँ, ऐसी सेवाएं स्थापित करने हेतु कार्यवाही करते हुए जो हमारे बाद हमारे बच्चों का ध्यान रखेंगी। मैं नहीं जानती कि मैं अपने जीवनकाल में ही यह सबकुछ हासिल कर पाऊँगीं अथवा नहीं। परंतु

मैं यह जानती हूँ कि मैं अभी इसके बारे में चिंता करते हुए स्वयं को दुखी नहीं करूँगी।'

ऑटिस्ट और उनके परिवारों की सहायता करने के लिए जो कुछ भी उन्होंने किया है उसके लिए मेरी को राष्ट्रीय एवं अंतर्राष्ट्रीय मान्यता प्राप्त हो चुकी है। वो स्पष्ट करती हैं: 'मैं यह कार्य इसलिए करती हूँ क्योंकि मैं नहीं चाहती कि दूसरे माता–पिता उस अनुभव से गुजरे जिससे नीरज का निदान होने के बाद मैं गुजर चुकी हूँ: अनिश्चितता, भ्रामक सूचनाएं और सेवाओं का अभाव। यह मेरा विशेषाधिकार रहा है कि मैंने बड़ी संख्या में परिवारों की सहायता की है।' किन्तु मेरी महसूस करती हैं कि उनका मिशन पूरा होने से अभी कोसों दूर है। विगत 20 वर्षों के दौरान किए गए कार्य के बावजूद ऑटिज्म का चिकित्सक समुदाय के द्वारा अभी भी समुचित उपचार नहीं किया जा रहा है। प्रायः डॉक्टर इसके सम्बन्ध में जागरूकता तथा समझ के अभाव का ही प्रदर्शन करते हैं। वो स्थिति का निदान गलत अथवा उल्टा–सीधा करते हैं, कभी–कभी माता–पिता को कह देते हैं कि उनका बच्चा अपने आप इसपर नियंत्रण प्राप्त कर लेगा, जबकि वास्तव में शुरुआती हस्तक्षेप ही महत्वपूर्ण होता है, अथवा वे बच्चे के भविष्य को लेकर अत्यधिक निराशाजनक राय दे देते हैं। साथ ही, सामान्य जनता के द्वारा ऑटिज्म को अभी तक समुचित तरीके से नहीं समझा जा सका है, जो प्रायः ही इसे 'पाश्चात्य' मूल्यों से उत्पन्न हुआ ऐसा विकार मानकर खारिज कर देती है जो मुख्य रूप से अमीरों को दुष्प्रभावित करता है और गलत पालन–पोषण के कारण उत्पन्न होता है। ऐसे विचार ऑटिज्म पीड़ित व्यक्तियों के हितों को हानि पहुँचाते हैं।

अतः, भारत तथा पड़ोसी देशों में ऑटिज्म से सम्बन्धित मुद्दों को सम्बोधित करने हेतु अभी भी बहुत कुछ करने की आवश्यकता है। भविष्य के लिए मेरी का मिशन शोधकार्य पर आधारित है जो इंगित करता है कि ऑटिज्म पीड़ित लोगों को संवाद एवं सामाजिक समझ के लिए औषधियों के बजाए विशिष्ट शिक्षण की आवश्यकता अधिक होती है, और यह कि सर्वाधिक प्रभावी शिक्षक ऑटिस्टिक बच्चों के माता–पिता ही हो सकते हैं। चुनौती उन तरीकों की खोज करने की है जिनके

द्वारा माता–पिताओं को शिक्षकों, प्रशिक्षकों, आकलनकर्ताओं इत्यादि के रूप में पुनर्वास प्रक्रिया में प्रविष्ट किया जा सके ताकि वे ऑटिस्टिक बच्चों, अपने और दूसरों के, को सहयोग प्रदान कर सकें।

जिस बात की आवश्यकता है वह है ऐसे समर्पित और प्रशिक्षित माता–पिता रूपी विशेषज्ञों की जो देश के छितरे हुए भागों में ऑटिज्म को सहयोग प्रदान करने की इकाईयों को स्थापित करें और उनका प्रबंधन करें। माता–पिताओं द्वारा प्रबंधित इन सहयोग इकाईयों को एनसीए से सहयोग प्राप्त होगा, जो ऑटिज्म से निपटने के लिए आजमाई गई और परीक्षित तकनीकों और विधियों के स्रोत के रूप में सेवा प्रदान करेगा। ऐसे एक वृहदाकार एवं विविधीकृत अंतर्राष्ट्रीय संगठन का गठन करना एक बड़ी चुनौती है जो ऑटिस्ट लोगों तथा उनके देखभाल करने वालों के साथ–साथ व्यापक समाज को भारी लाभ प्रदान करेगा। यह मेरी को सुयोग्य कार्य भी प्रदान करेगा जो उन्हें एक ऐसे समाज का निर्माण करने के उनके सपने को पूरा करने का आधार प्रदान करेगा जो सभी के लिए समान अवसर प्रदान करते हुए हर प्रकार की योग्यता वाले लोगों की परस्पर निर्भरता को मूल्यवान होने के रूप में मान्यता प्रदान करता हो।

3

लक्ष्मी कृष्णन

महिला सशक्तीकरण हेतु गैर–सरकारी संगठन

भारत के अनेक भागों में, आज भी, यदि कोई किशोरी बिना विवाह के संतान को जन्म दे दे तो उसके अपने रिश्तेदार ही उसे त्याग देते हैं और कलंक और शर्म के साथ उसकी निंदा की जाती है, जिससे प्रायः उसके समक्ष बच्चे को त्याग देने के अतिरिक्त और कोई

विकल्प नहीं बचता, जो उसके दुखों में आगे और वृद्धि कर देता है। एक संवेदनशील सामाजिक कार्यकर्ता लक्ष्मी कृष्णन, जो हमारे समाज के ऐसे बर्बरतापूर्ण व्यवहार से अवगत थीं, के लिए एक सामान्य कार्यकारी जीवन जारी रखना असंभव हो गया था। विशेषतौर पर तब से, जब से वे एक ऐसी नवयुवती के संपर्क में आई थीं जिसने एक अवैध संतान को जन्म देकर कहीं छोड़ दिया था और सहायता के लिए उनसे संपर्क किया था। इस नवयुवती को इस बात का कतई ज्ञान नहीं था कि नवजात शिशु की देखभाल कैसे की जाती है अथवा स्वयं अपने जीवन को किस प्रकार संभाला जाता है, और यह सब उसके लिए एक भयावह अनुभव बन चुका था। जब उसने अपना अनुभव लक्ष्मी के साथ साझा किया तो उन्हें उसके साथ जुल्म होने का आभास हुआ और वो समझ गईं कि उन्हें ऐसी बालिकाओं और उनकी संतानों के लिए कुछ–न–कुछ करना होगा। उनके जीवन का मिशन बन गया कि एक ऐसा सामाजिक कल्याण संस्था स्थापित की जाए जो किशोरी अविवाहित माताओं एवं उनकी संतानों की सहायता कर सके। भारी चुनौतियों पर विजय पाने के बाद उनका मिशन पूरा हुआः द सोसाइटी फॉर द प्रोटेक्शन ऑफ वूमेन एंड चिल्ड्रेन (SPOWAC अथवा स्पोवैक) का गठन 1998 में कर लिया गया। लक्ष्मी कृष्णन समिति की संस्थापक अध्यक्षा हैं; बोर्ड के अन्य सदस्यों में सामाजिक कार्य के क्षेत्र से जुड़े अन्य प्रतिष्ठित एवं सम्मानित लोग शामिल हैं।

लक्ष्मी कृष्णन ने अपने कामकाजी जीवन का अधिकांश भाग निराश्रित बच्चों की देखभाल में व्यतीत किया है। चूंकि बच्चों ने सदैव उन्हें मोहित किया है, अतः उन्होंने बाल मनोविज्ञान को मुख्य विषय बनाते हुए गृहविज्ञान में स्नातक की पढ़ाई की थी। उन्होंने 1979 में दिल्ली स्कूल ऑफ सोशल वर्क से सामाजिक कार्य में मास्टर्स की डिग्री हासिल की और वहाँ अध्ययन करते रहने के दौरान ही स्कूल की चाइल्ड गाइडेंस क्लीनिक में सहायता प्रदान कर अपना करियर प्रारंभ कर दिया था। अपनी मास्टर्स डिग्री प्राप्त कर लेने के उपरांत लक्ष्मी कॉन्वेंट ऑफ जीसस एंड मैरी स्कूल की ख्रिस्ट राजा फैमिली हेल्पर प्रोजेक्ट के साथ जुड़ गईं जहाँ उनकी जिम्मेदारियों में समाज के वंचित

वर्गों के छात्रों को उनके माता–पिताओं के साथ संवाद करते हुए सहायता प्रदान करना शामिल था ताकि वे स्कूली जीवन के साथ जुड़ सकें तथा साथ–साथ उन्हें पुस्तकों और यूनीफार्म आदि की व्यवस्था जैसे मामलों में सहायता करने के कार्य भी शामिल थे। उन्होंने कॉन्वेंट के साथ चार वर्षों तक कार्य किया। जिस समय वो वहाँ कार्यरत् थीं, तब उन्हें एसओएस चिल्ड्रेन्स विलेज ऑफ इंडिया में एक पद रिक्त होने के सम्बन्ध में पता लगा। बाल कल्याण के क्षेत्र में सम्मानित एवं सुर्खियों में रहने वाले इस गैर–सरकारी संगठन (एनजीओ) को अपने एडॉप्शन सेंटर (दत्तकग्रहण केन्द्र) का प्रबंधन करने हेतु एक व्यक्ति की तलाश थी। इस नौकरी ने लक्ष्मी को बहुत अधिक आकर्षित किया। वो जानती थीं कि वो इसमें अच्छा काम कर सकती हैं, और यह उसी तरह का काम था जिसकी उन्होंने सदैव से इच्छा की थी। इस नौकरी के लिए जिन गुणों की आवश्यकता थी वो उनमें भरपूर मात्रा में थे, जैसे बच्चों को समझना और उनके लिए प्यार। एसओएस की भर्ती प्रक्रिया अत्यधिक कठिन थी, जिसमें उन निदेशकों के द्वारा साक्षात्कार लिया जाना शामिल था जो सामाजिक कार्यक्षेत्र के सुविख्यात लोगों में से थे जैसे तारा अली बेग एवं जे.एन. कौल आदि। लक्ष्मी याद करती हैं कि जब वो साक्षात्कार के लिए गईं तो वो बहुत नर्वस थीं; हालांकि, उनकी ईमानदारी और बच्चों की उनकी स्वाभाविक समझ साक्षात्कार में स्पष्ट रूप से प्रदर्शित हुई थी और उनका चयन हो गया था।

वर्ष 1984 में जब वो 27 वर्ष की थीं, लक्ष्मी को नई दिल्ली के गोल मार्केट में स्थित एसओएस एडॉप्शन सेंटर–उदयन का प्रमुख नियुक्त कर दिया गया; उस समय उन्होंने यह महसूस नहीं किया था कि वो अगले 20 वर्षों तक उदयन के साथ जुड़ी रहेंगी! यह व्यस्त गतिविधियों के साथ–साथ तनावों से भरा हुआ एक जीवन था। किसी भी समय पर केन्द्र में 20 से अधिक बच्चे अवश्य रहे थे, जिनमें से अधिकांश समस्याग्रस्त पृष्ठभूमियों और गंभीर रोगों से पीड़ित थे।

जब लक्ष्मी ने उदयन में प्रवेश किया तो एक युवा कार्यशील महिला के रूप में उनका सामना पहली सामाजिक–सांस्कृतिक चुनौती से हुआ। उन्हें उन कर्मचारियों के शत्रुतापूर्ण व्यवहार का सामना करना

पड़ा जो उम्र में उनसे बड़े थे और संस्था में लंबे समय से कार्यरत् थे, और इसीलिए वो अपनी बॉस के रूप में एक युवा, अनुभवहीन लड़की (जिसे वे *कल की छोकरी* कहा करते थे) की नियुक्ति से रुष्ट थे। लक्ष्मी ने अपने बुजुर्ग अधीनस्थों की अपेक्षा अधिक कठोर परिश्रम और समर्पण के साथ काम करते हुए इस चुनौती पर विजय प्राप्त कर ली थी। वास्तव में, उन्होंने व्यवहार का एक उच्च स्तर स्थापित कर एक उदाहरण प्रस्तुत कर दिया था और इस प्रकार यह दिखा दिया था कि वो प्रभारी होने की पात्र हैं।

संयोगवश, लक्ष्मी के स्वयं के दो छोटे बच्चे थे जिनकी उन्हें घर पर देखभाल करनी होती थी। वो याद करती हैं कि प्रायः वो उदयन और अपने घर की किसी इमरजेंसी के बीच फंस जाती थीं और इन दोनों के बीच झूलती रहती थीं, कभी–कभी तो देर रात तक अपने रात के कपड़ों में ही! हर दिन लक्ष्मी के लिए एक नई चुनौती पेश कर देता था। प्रायः, पुलिस ऐसे शिशुओं को लेकर उदयन आया करती थी जिन्हें किसी मंदिर अथवा अस्पताल के सामने अथवा यहाँ तक कि कूड़े के डिब्बों में छोड़ दिया गया होता था! और फिर यह लक्ष्मी का उत्तरदायित्व बन जाता था कि वो इन असहाय बच्चों के जीवन निर्माण करें।

उदाहरणार्थ, नीलिमा का मामला था, एक ऐसी शिशु जिसे शायद इसलिए त्याग दिया गया था क्योंकि उसके जननांगों का स्वरूप उसके विपरीतलिंगी (हिजड़ा) होने के लक्षण प्रदर्शित करता था और उसे उदयन ले आया गया था। लक्ष्मी उस बच्ची को अखिल भारतीय आयुर्विज्ञान संस्थान ले गईं ताकि यह पता लग सके कि उस बच्ची की सहायता के लिए क्या कुछ किया जा सकता है। जब वो उदयन वापस आईं तो उन्होंने पाया कि हिजड़ों की एक अनियंत्रित फौज ने प्रवेशद्वार को घेर रखा है और वे माँग कर रहे थे कि उस शिशु को उन्हें सौंप दिया जाए क्योंकि वो उनके 'समुदाय' से सम्बन्ध रखती है। लक्ष्मी ने अकेले ही उस भीड़ का मुकाबला किया और हिजड़ों से माँग करते हुए पूछाः 'आप इस बच्ची को कौन सा जीवन देंगे? आपके साथ, वो सिर्फ भीख माँगना सीखेगी, परंतु यदि वो मेरे साथ रही तो मैं यह सुनिश्चित करूँगी कि उसे शिक्षा मिले और वो अपना जीवन खुद बनाने

में सक्षम बन सके। वास्तव में, यदि आपके पास अपने 'समुदाय' में ऐसे और शिशु हों तो कृपया उन्हें मेरे पास ले आएं और मैं एक बेहतर जीवन प्राप्त करने में उनकी सहायता करूँगी' हिजड़ों ने लक्ष्मी को आशीर्वाद दिए और उन्हें अकेला छोड़कर चले गए। संयोगवश, नीलिमा आज अपने दत्तक माता–पिता के साथ यूरोप में रह रही है और उसने वो सारे उपचार करवा लिए हैं जिससे यह सुनिश्चित हो सके कि वो एक पूर्ण विकसित महिला बन जाएगी।

एक मामला रामू का भी था जिसे उसके माता–पिता के द्वारा इसलिए त्याग दिया गया था क्योंकि उसके शरीर में एक बड़ी शारीरिक विकृति थी जो उसे सामान्य तरीके से मलत्याग करने से बाधित करती थी। उसके माता–पिता ने कोलोस्टोमी (आँतों) का आप्रेशन करवाने का भी प्रयास किया लेकिन इससे बात नहीं बनी और शायद ये बहुत महँगा भी रहा होगा। लक्ष्मी ने इस बच्चे को उदयन की देखभाल में ले लिया, और रामू को शीघ्र ही एक दयालु और देखभाल करने वाले दंपति के द्वारा गोद ले लिया गया जिन्होंने रामू के उपचार की संपूर्ण आवश्यक व्यवस्था कर दी ताकि वो शीघ्र ही एक सामान्य जीवन जीना प्रारंभ कर सके।

इस एडॉप्शन सेंटर के साथ बिताए दो दशकों के दौरान लक्ष्मी अनेक बच्चों के पुनर्वास में संलिप्त रही थीं। लक्ष्मी ने प्रायः इन बच्चों के लिए चमत्कार किए थे, और कई मामलों में, उनकी देखभाल में रहने वाले बच्चों को भारत के खाते–पीते परिवारों के औसत बच्चों से कहीं बेहतर जीवन प्राप्त हो चुका था। अनेक बच्चों को विदेशी माता–पिताओं के द्वारा गोद ले लिया गया था और वे यूरोप तथा अमेरिका में अपने घरों में रह और गुणवत्तायुक्त शिक्षा हासिल कर रहे थे, जिसने उन्हें सफल रोजगार प्राप्त करने और अपने परिवार स्थापित करने में भी सहायता प्रदान की थी।

उदयन छोड़ देने के कई वर्षों बाद तक लक्ष्मी को अपने साथ रह चुके बच्चों के पत्र प्राप्त होते रहे थे। उनमें से अनेक पत्रों में हैप्पी होम प्राप्त करने हेतु उनके द्वारा प्रदान की गई सहायता के लिए धन्यवाद व्यक्त किया गया होता था। हालांकि, बच्चों से ऐसे अनेक पत्र भी प्राप्त

हुए थे जिनमें उनके द्वारा अपने प्राकृतिक माता–पिता से संपर्क करने में सहायता करने हेतु निवेदन किए गए थे; ऐसे पत्र लक्ष्मी को तनावग्रस्त करने वाले होते थे क्योंकि यद्यपि वो बच्चों की अपने प्राकृतिक माता–पिता के साथ संपर्क करने की इच्छा के साथ सहानुभूति तो जाहिर कर सकती थीं किन्तु उन्हें गोद सम्बन्धी प्रक्रिया के नाजुक शिष्टाचार तथा प्राकृतिक माता–पिता के साथ–साथ नए माता–पिता की भावनाओं के प्रति भी संवेदनशील होना होता था। एक लड़का, जिसे अत्यंत खराब स्थितियों में एडॉप्शन सेंटर लाया गया था और बाद में एक यूरोपीय दंपति के द्वारा गोद ले लिया था, ने लक्ष्मी को एक लंबा और स्नेह भरा पत्र लिखा जिसमें उसने उदयन के बारे में पूछते हुए यह भी पूछाः 'जब बच्चे जाते हैं तो आपको कैसा महसूस होता है? क्या आप खुश होती हैं अथवा दुखी?' लक्ष्मी ने उसे उत्तर लिखाः 'बंधन मजबूत होता है। मैं खुश और दुखी दोनों होती हूँ। मैं खुश इसलिए होती हूँ क्योंकि मैं जानती हूँ कि बच्चा एक अच्छे घर में जा रहा है। दुख थोड़े समय के लिए होता है क्योंकि ऐसे दूसरे बच्चे भी हैं जिन्हें मेरे ध्यान और देखभाल की आवश्यकता है।' यह कमोबेश कार्य के प्रति उनके दृष्टिकोण का सार प्रस्तुत कर देता है।

2003 में लक्ष्मी ने उदयन छोड़ दिया था। वहाँ बिताए अपने 20 वर्षों के दौरान उन्होंने कई प्रकार की चुनौतियों का सामना किया, प्रचुर अनुभव अर्जित किया और एक मजबूत आत्मविश्वास विकसित किया। उन्होंने एसओएस के बजाए अपने स्वयं के विचारों और मूल्यों के अनुसार स्वयं को अपनी खुद की एक संस्था गठित करने के लिए तैयार महसूस किया। निश्चित रूप से, एसओएस ने उन्हें उनकी असाधारण क्षमताओं, जिनकी अत्यधिक प्रशंसा की गई थी, के कारण उदयन को संभालने के लिए मुक्त हस्त प्रदान किया हुआ था। किन्तु मुक्त हस्त प्राप्त करना एक बॉस होने से बहुत अलग होता है। लक्ष्मी ने अपने समय और ध्यान को स्पोवैक का गठन करने की ओर समर्पित करना प्रारंभ कर दिया। एसओएस में बिताए गए उनके अंत के वर्षों के दौरान इसका पंजीकरण एक गैर–सरकारी संगठन के रूप में पहले ही किया जा चुका था। इसका प्रमुख उद्देश्य था अविवाहित किशोरी

माताओं एवं उनकी संतानों को सहयोग उपलब्ध करवाना। इसमें युवा माताओं को जीवन का सामना करने हेतु सशक्त बनाया जाना तथा साथ ही बच्चों की देखभाल की व्यवस्था करने के लिए प्रशिक्षण, परामर्श और अन्य गतिविधियों के द्वारा पुनवार्सित करना शामिल था। इसमें असहिष्णुता के प्रतिष्ठाविरोधी परिणामों के सम्बन्ध में समाज में जागरूकता उत्पन्न करने साथ–साथ आधुनिक उदारवादी विचारों को प्रोत्साहित करना भी शामिल था ताकि भविष्य की पीढ़ियाँ एक सभ्य संस्कृति में जी सकें। बाद में कुछ अन्य सामाजिक मुद्दों को शामिल करने हेतु स्पोवैक के उद्देश्यों का विस्तार कर दिया गया ताकि दिल्ली सरकार जैसे कुछ बड़े दानदाताओं से सहयोग प्राप्त किया जा सके। हालांकि, स्पोवैक का मुख्य उद्देश्य अभी भी किशोरी अविवाहित माताओं और उनकी संतानों की देखभाल करना ही है।

यद्यपि कि स्पोवैक के उद्देश्यों की अत्यधिक सराहना की गई थी, तथापि संस्था को स्थापित करने और इसकी गतिविधियों के संचालन हेतु साधन लक्ष्मी के पास उपलब्ध संसाधनों की पहुँच से पूरी तरह से परे थे। वास्तव में, उनके पास एक शक्तिशाली इच्छाशक्ति के साथ–साथ संकटग्रस्त महिलाओं को सशक्त बनाने और उनके असहाय बच्चों को सहयोग प्रदान करने की जुनून भरी इच्छा के सिवाए अन्य कोई भी संसाधन मौजूद नहीं थे। सौभाग्यवश, सरकार तथा मानव कल्याण से सम्बद्ध संगठनों से प्राप्त होने वाली प्रशंसाओं एवं सराहनाओं के साथ प्रायः दिए गए दान और अन्य स्वरूपों में की गई सहायताएं भी जुड़ी होती थी। उदाहरणार्थ, इनर व्हील क्लब, जो रोटरी इंटरनेशनल की एक सम्बद्ध संस्था है, के एक सक्रिय सदस्य ने स्पोवैक की परियाजनाओं के लिए सहायता प्राप्त करने हेतु नेटवर्क का लाभ उपलब्ध करवा दिया। साथ ही, उन्होंने दिल्ली नगर निगम को मुल्तानी ढाँढा, जो मध्य दिल्ली के पहाड़गंज का गरीब और घनी बस्ती वाला क्षेत्र है, के सामुदायिक केन्द्र में स्पोवैक को कुछ स्थान आबंटित करने के लिए भी मना लिया। स्पोवैक को प्राप्त इन समस्त सहयोगों इसे संस्था तथा बुनियादी ढाँचे को खड़ा करने में सक्षम बना दिया ताकि यह अपने कल्याणकारी कार्यक्रमों की डिलिवरी प्रारंभ कर सके।

सन् 2006 में, स्पोवैक को दिल्ली सरकार के द्वारा मध्य दिल्ली के जिलों में समाज के संवेदनशील वर्गों की सहायता करने सम्बन्धी अपनी कल्याणकारी योजनाओं को लागू करने हेतु नोडल एजेन्सी के रूप में चुना गया था। आज इन योजनाओं का प्रबंधन स्पोवैक के द्वारा अपने मुल्तानी ढाँढा वाले कार्यालय से ही किया जा रहा है। एक ही कार्यालय में योजनाओं के विलय ने मध्य दिल्ली के गरीबों को भारी लाभ पहुँचाया है। इस कार्यालय में एक सुविधा डेस्क शामिल है जो विभिन्न कल्याणकारी योजनाओं के सम्बन्ध में मार्गदर्शन प्रदान करने वाली एकल खिड़की के रूप में सेवा प्रदान करती है। सूचनाएं उपलब्ध करवाने के अलावा, यह डेस्क फार्मों को भरने, प्रारंभिक जाँच करने तथा आवेदनपत्रों को समुचित अधिकारियों तक अग्रसरित करने की सुविधा प्रदान करती है।

स्पोवैक ने मुल्तानी ढाँढा स्थित अपने छोटे से कार्यालय से अनेक महत्वपूर्ण कल्याणकारी योजनाओं को प्रारंभ किया है, जिसमें युवा अविवाहित माताओं को सशक्त बनाने हेतु व्यावसायिक प्रशिक्षण तथा कौशल विकास पाठ्यक्रमों को शामिल किया गया है ताकि वे आर्थिक रूप से आत्मनिर्भर बन सकें। छह महीनों वाले इन पाठ्यक्रमों में सिलाई, कढ़ाई, ब्यूटी पार्लर, मेंहदी सजावट, कंप्यूटर साक्षरता, पाकविद्या तथा विभिन्न कलाएं एवं हस्तकलाएं शामिल की गई हैं। ऐसी लड़कियों, जिन्होंने स्कूल नहीं देखा है अथवा स्कूल छोड़ चुकी हैं, को अनौपचारिक शिक्षा की कक्षाओं में भाग लेने हेतु प्रोत्साहित किया जाता है जहाँ काम करने योग्य साक्षरता प्रदान की जाती है। इन लड़कियों के जीवन में सामाजिक जागरूकता लाए जाने के लिए स्पोवैक मुलाकातों, भ्रमण तथा पिकनिक आदि की व्यवस्था करती है। उनके बच्चों की देखभाल पुनर्वास सम्बन्धी एक कार्यक्रम के माध्यम से की जाती है जिसमें गोद लिए जाने से लेकर पालक घरों के साथ–साथ माता–पिताओं तक वापसी तक को शामिल किया जाता है। स्पोवैक बच्चों की अध्ययन में रुचि में वृद्धि करने के साथ–साथ गृहकार्य करने में सक्षम बनाने के लिए विभिन्न स्थानों पर समाधान सम्बन्धी शिक्षण कक्षाएं भी आयोजित करती है। यह ओपीडी सुविधाओं के साथ निःशुल्क स्वास्थ्य क्लिनिकों का भी आयोजन करती है। मासिक पोषण शिविरों के द्वारा ऐसी

अल्प–लागत वाली खुराकों तथा भोजन पकाने की विधियों के सम्बन्ध में जागरूकता उत्पन्न की जाती है जो भोजन के पोषक तत्वों को बरकरार रखती हैं। कानूनी जागरूकता शिविरों के द्वारा लोगों को उनके अधिकारों के सम्बन्ध में शिक्षित किया जाता है और उन्हें निःशुल्क परामर्श उपलब्ध कराया जाता है। नाममात्र की प्रीमियम पर गरीब परिवारों को व्यापक स्वास्थ्य बीमा उपलब्ध करवाया जाता है। आत्मनिर्भरता तथा महिलाओं को सामूहिक तौर पर अपनी समस्याओं का समाधान करने हेतु प्रोत्साहित करने के उद्देश्य से स्वयं–सहायता समूहों को बढ़ावा दिया जाता है; इन समूहों में से कुछ को सूक्ष्म ऋण प्रदान किए जाते हैं; कुछ अन्य समूह स्वस्थ पर्यावरण को बढ़ावा देने के लिए बिना प्लास्टिक वाले बैग जैसी सामग्रियों का उत्पादन करते हैं, जिसमें स्पोवैक विपणन के द्वारा उनकी सहायता करती है।

स्पोवैक समय–समय पर अपने कार्यक्षेत्र में अनुसंधान एवं अध्ययन सम्बन्धी कार्यों को भी स्वीकार करती रहती है। उदाहरणार्थ, इसने दिल्ली के निर्धारित क्षेत्रों में समाज के संवेदनशील वर्गों के एक डेटाबेस को तैयार करने के लिए एक आधारभूत सर्वेक्षण संपन्न किया था। इस परियोजना में प्रत्येक परिवार के साथ संपर्क करना तथा उनके आर्थिक एवं सामाजिक स्तर से सम्बन्धित मानदंडों के अनुसार सूचनाओं को दर्ज करना शामिल था। इस प्रकार के कार्य ऐसे मुद्दों के सम्बन्ध में जागरूकता को बढ़ावा दिए जाने में योगदान करते हैं जो स्पोवैक की चिंता के विषय होने के साथ–साथ इसकी गतिविधियों के लिए धनराशि भी एकत्रित करते हैं। स्पोवैक अपने लिए धनराशि का प्रबंध अपने लोकप्रिय सांस्कृतिक कार्यक्रमों के द्वारा भी करती है, जिसमें उभरते हुए युवा कलाकार प्रस्तुत किए जाते हैं; जिनमें से अनेक आज राष्ट्रीय हस्तियाँ बन चुके हैं।

लक्ष्मी का सम्बन्ध लोकसेवक अधिकारियों के परिवार से है। उनका जन्म 1957 में मुम्बई में हुआ था। जब वो सात वर्ष की थीं तब अपने पिताजी के स्थानान्तरण के कारण दिल्ली आ गईं। उनका विवाह दिल्ली में एक व्यवसायी के साथ हुआ जो एक क्लियरिंग और फॉरवर्डिंग संस्था के मालिक हैं। लक्ष्मी के पति उनके सामाजिक

कल्याण कार्य में संलिप्त नहीं हुए, यद्यपि उन्होंने उन्हें नैतिक समर्थन अवश्य प्रदान किया। हालांकि, एक बार उन्होंने लक्ष्मी की परियोजना के लिए एक महत्वपूर्ण योगदान किया, यद्यपि कि ऐसा अनजाने में हुआ था। यह तीन वर्ष की एक लड़की के आघात पहुँचाने वाले मामले में हुआ था जिसे निर्ममतापूर्वक मारपीट कर और बाँधकर एक जूट के बोरे में भर दिया गया था और एक ट्रेन के कंपार्टमेंट में छोड़ दिया गया था, स्वाभाविक रूप से यह सोचकर कि वो वहीं मर जाएगी। वो पुलिस को मिली जो उसे लक्ष्मी के पास ले आई। वह लड़की कई दिनों तक सदमें की अवस्था में रही और किसी भी सहायता के प्रति प्रतिक्रिया नहीं कर रही थी–वो लगातार और भावशून्य तरीके से छत की ओर देखती रहती थी और किसी भी बात में कोई दिलचस्पी नहीं दिखा रही थी। जब लक्ष्मी के पति वहाँ आए तो उन्होंने उस बुरी अवस्था में उस लड़की को देखा और सहजतापूर्वक उसकी ओर एक प्यार भरी बड़ी सी मुस्कान का प्रदर्शन किया। एक दयालु से दिखने वाले पुरुष से प्राप्त मुस्कराहट ने उसके लिए चमत्कार कर दिया। वह अपने आसपास की चीजों में रुचि लेने लगी और देखभाल का प्रत्युत्तर देने लगी। स्पष्ट रूप से, उसने अपने दर्दनाक अतीत में ऐसी मुस्कराहट नहीं देखी थी! चूंकि उस लड़की का कोई नाम नहीं था, अतः लक्ष्मी ने उसे नाम दिया–सावित्री। लक्ष्मी की प्यार भरी देखभाल के अधीन सावित्री एक प्यारी बुद्धिमान बालिका के रूप में बड़ी हो गई। बाद में, उसे स्वीडन के एक दंपति के द्वारा गोद ले लिया गया और फिर वह स्टॉकहोम में रहने और पढ़ने लगी। कई वर्षों के बाद, सावित्री को लक्ष्मी से मिलने का अवसर उस समय प्राप्त हुआ जब लक्ष्मी गोद लेने के कुछ अन्य मामलों में स्वीडन की यात्रा पर गई हुई थीं। लक्ष्मी बताती हैं कि वो यह देखकर अत्यंत प्रसन्न थीं कि सावित्री एक खूबसूरत युवती बन चुकी थी और अपने अध्ययन में बहुत अच्छा प्रदर्शन कर रही थी।

सामाजिक कार्य के अपने लंबे करियर के दौरान लक्ष्मी ने अनेक पत्र लिखें हैं तथा वे बाल कल्याण से सम्बन्धित संगोष्ठियों में एक संसाधन व्यक्ति भी रह चुकी हैं। उन्हें प्रिंट मीडिया तथा टेलीविजन कार्यक्रमों में भी स्थान प्राप्त हो चुका है। उन्होंने *ब्लिसफुल पैरेन्टिंग*

शीर्षक से एक वृत्तचित्र का भी निर्माण किया है, जिसमें बच्चों को गोद लिए जाने से सम्बन्धित सामाजिक–मनोवैज्ञानिक मुद्दों को उठाया गया है। आज लक्ष्मी का सम्मान एक विचारक, कार्यकर्ता एवं परिवार तथा बाल–कल्याण सम्बन्धी मुद्दों पर समर्थक के रूप में किया जाता है। संयोगवश, लक्ष्मी की निजी प्रगति एवं विकास में एक बड़ा योगदान विदेश यात्रा से प्राप्त हुआ। अनेक विदेशी एडॉप्शन सेंटर गोद लिए गए बच्चों को उनके देश स्थित परिवारों से मिलने जाने हेतु सुरक्षार्थ किसी के साथ जाने पर जोर देते हैं। इस सुरक्षा कर्तव्य के लिए लक्ष्मी स्वाभाविक रूप से एक पसंद रहा करती थीं, और वे इन अवसरों का उपयोग यह सीखने हेतु किया करती थीं कि उनके कार्यक्षेत्र में दूसरे देशों में क्या कुछ घटित हो रहा है तथा साथ ही उन्हें कुछ ऐसे बच्चों से मिलने का अवसर मिल जाता था जिनकी देखभाल उन्होंने की हुई होती थी और वे उन्हीं क्षेत्रों में रह रहे होते थे। ऐसी यात्राओं ने लक्ष्मी को वंचित बच्चों के कल्याण से सम्बन्धित नवीनतम और सर्वश्रेष्ठ व्यवहारों के सम्बन्ध में भली–भांति अवगत रखा हुआ था।

जहाँ तक उन सामाजिक–सांस्कृतिक चुनौतियों का प्रश्न है जिनका सामना इस प्रकार के कामों में महिलाओं को करना पड़ता है, लक्ष्मी कहती हैं: 'छोटे स्तर वाले नौकरशाहों, जैसे विनियामक एजेन्सियों तथा प्रवर्तन अधिकारियों के इंस्पेक्टरों के साथ निपटना महिलाओं को क्रूर व्यवहार के संपर्क में लाता है'; वो महिलाओं के साथ अनुचित कार्य करने सहित ''संकेत'' दिए जाने सम्बन्धी अनेक उदाहरणों के बारे में बताती हैं। 'यह एक व्यापक प्रथा है, यद्यपि कि इसके बारे में अधिक बातें नहीं की जातीं।' उनका विश्वास है कि 'इस बुराई के साथ निपटने के लिए यह सुनिश्चित करना चाहिए कि इस बात की व्यापक जानकारी हो कि महिलाओं को एक संगठन एवं सरकार के द्वारा सुरक्षा प्रदान की जा रही है तथा किसी भी दुर्व्यवहार के लिए दंड मिलना सुनिश्चित है।'

स्पोवैक के रूप में लक्ष्मी ने अपने मिशनरी जोश और करुणा को साझा करने वाले समर्पित कर्मचारियों का एक संगठन तैयार कर लिया है। उनका पुत्र श्रीराम एक ग्रेजुएट है और वर्तमान समय में मुल्तानी

ढाँढा वाले ऑफिस में कार्य कर रहा है। वो संगठन में संलिप्त और समर्पित है, किन्तु लक्ष्मी को लगता है कि इस क्षेत्र में इतने अधिक अवसर और संसाधन उपलब्ध नहीं हैं जो किसी ऐसे प्रतिभाशाली युवा को लाभदायक रोजगार प्रदान कर सकें जो किसी सक्रिय करियर को प्रारंभ करने हेतु तैयार हो रहा हो। हालांकि, सामाजिक कल्याण का कार्य करते हुए और कुछ कॉरपोरेट कंपनियों के साथ अल्पकालिक कार्यों को संपन्न करके अपनी आय की पूर्ति करते हुए श्रीराम प्रसन्न प्रतीत होते हैं। संयोगवश, स्पोवैक अन्य ऐसे सामाजिक कल्याण संगठनों के साथ भी सम्बद्धता स्थापित करती है जिनके उद्देश्य उससे मिलते–जुलते हैं। व्यावसायिक स्कूलों के प्रबंधन छात्र स्पोवैक में इंटर्नशिप के लिए आया करते हैं। छात्र सामाजिक कार्यकर्ता एवं स्वैच्छिक कार्यकर्ता स्पोवैक संगठन के एक भाग का गठन करते हैं।

भविष्य

अब, जबकि स्पोवैक के पास बुनियादी ढाँचा मौजूद है और यह संगठन तथा विभिन्न प्रकार के कार्यक्रमों को संपन्न करने का अनुभव रखता है, विशेषतौर पर महिला सशक्तीकरण एवं बेसहारा बच्चों की देखभाल करने के मामलों में, लक्ष्मी स्पोवैक के भविष्य के विकास के सम्बन्ध में विचार करती रही हैं। उनकी इच्छा है कि धीरे–धीरे स्पोवैक की विचारधारा एवं मिशन भारत के अधिकाधिक भागों में व्याप्त हो जाए।

लक्ष्मी का विश्वास है कि उनके प्रकार की गतिविधि को किसी भी सफल परियोजना का विस्तार करने के बजाए इसकी पुनरावृत्ति कर अधिक प्रभावोत्पादक बनाया जा सकता है। इस प्रक्रिया को सुविधा प्रदान करने हेतु हाल ही में स्पोवैक के बोर्ड का विस्तार किया गया है ताकि इसमें भारत के अन्य राज्यों से समान विचारधारा वाले लोगों को शामिल किया जा सके, जिससे स्पोवैक की अनुकृति करने में सुविधा हो सके। ऐसा वो विशेषतौर पर ग्रामीण भारत, जिसे वो देश की नब्ज मानती हैं, में प्रवेश करने के द्वारा करने की इच्छुक हैं। इस प्रक्रिया की शुरुआत हरियाणा के पलवल जिले के एक छोटे से गाँव में एक कल्याण केन्द्र

स्थापित करने के साथ ही की जा चुकी है। यह केन्द्र शिक्षा, स्वास्थ्य एवं सफाई पर ध्यान केन्द्रित करता है। दक्षिण–पश्चिमी दिल्ली में द्वारका के निकट एक गरीब एवं घनी बस्ती में स्पोवैक का एक अन्य परियोजना केन्द्र भी कार्यरत् है, और ऐसी ही कल्याणकारी गतिविधियाँ वहाँ उस इमारत से संपन्न की जाएगीं जिसे स्थानीय नगरपालिका के द्वारा बस्ती विकास केन्द्र में उपलब्ध करवाया गया है। अन्य स्थानों पर केन्द्रों के लिए दानदाताओं, जैसे सरकारें, परोपकारी संगठनों अथवा कॉरपोरेट्स की आवश्यकता होगी ताकि वित्तीय तौर पर स्थानीय केन्द्रों को विकसित किया जा सके। ऐसे प्रायोजकों की खोज करना लक्ष्मी के प्रमुख कार्यों में से एक है। वास्तव में, स्पोवैक की गतिविधियों के लिए प्रायोजकों की खोज करना लक्ष्मी के लिए सदा से ही एक बड़ी और सतत् चुनौती रही है, जो उनके समय के एक बड़े भाग की खपत कर लेती है। सौभाग्यवश, उन्हें एक निजी आकर्षण का उपहार प्राप्त है, और जब इसे उनकी स्वाभाविक निष्ठा और अपने उद्देश्य के प्रति उनकी प्रतिबद्धता के साथ संयोजित कर दिया जाता है तो यह उन्हें अत्यधिक प्रबोधक और प्रभावशाली धन संग्राहक बना देता है।

जब उनसे यह पूछा गया कि उन्होंने अपने जीवन को सामाजिक कार्य के प्रति समर्पित कर देने का निर्णय क्यों किया, तो लक्ष्मी हँसते हुए बताती हैं: 'आध्यात्मिक संतुष्टि के अर्थों में समय के निवेश पर प्रचुर लाभ प्राप्त होते हैं, और जब यह संतुष्टि दिन–प्रतिदिन कठोर परिश्रम से उत्पन्न शारीरिक क्लांति के साथ मिल जाती है तो इससे रात में बहुत अच्छी नींद आती है, और ये बहुत बड़ा पारितोषिक है!'

वो इस बात से भी संतुष्ट हैं कि उनका करियर नियति के अनुसार कार्य करते रहने के द्वारा विकसित हुआ है: उन्होंने कभी भी जानबूझ कर करियर सम्बन्धी कदम नहीं उठाए; बल्कि उन्होंने अपने करियर को अपने आप आगे आने दिया और बुद्धिमत्तापूर्वक उस पद का अधिकाधिक सद्उपयोग करते हुए उसको स्वीकार कर लिया जिसपर उन्हें नियुक्त किया गया था।

4

सुधा शास्त्री

मानव संसाधन परामर्श कार्य

एमबीए छात्र प्रायः कहते हैं कि वो कुछ अनुभव हासिल कर लेने के बाद अपना स्वयं का व्यवसाय प्रारंभ करना पसंद करेंगे; हालांकि, उनमें से मात्र कुछ ही ऐसा कर पाते हैं। नियमित वेतन की चेकों तथा बढ़ते हुए पारिवारिक दायित्वों के कारण उन्हें किसी नौकरी में लगे रहने की ही लालच बनी रहती है।

सुधा एमबीए का ऐसा ही एक उदाहरण हैं जिन्होंने कॉरपोरेट में कुछ वर्षों का अनुभव हासिल किया और फिर अपना निजी व्यवसाय प्रारंभ करने में जुट गईं–यद्यपि सब कुछ वैसा ही नहीं हो रहा था जैसा कि उन्होंने योजना बनाई थी! वास्तव में, अंतिम रूप से एक व्यवसाय में स्थापित होने के पूर्व उनका करियर अनेक उतार–चढ़ावों और मोड़ों के साथ–साथ भारी परिवर्तनों से होकर गुज़रा था।

सुधा 'इनपुट्स' की संस्थापिका और अध्यक्षा हैं, जो लघु एवं मध्यम आकार वाले उद्यमों (एसएमई) को प्रतिभाओं की भर्ती करने, उन्हें रोके रखने तथा उनका पोषण करने के साथ–साथ प्रगति के लिए कार्यान्वयन करने जैसे क्षेत्रों में मौजूद चुनौतियों पर विजय प्राप्त करने हेतु मानव संसाधन की रचनात्मक शक्ति का उपयोग करने में विशेषताप्राप्त एक अग्रणी मानव संसाधन (एचआर) समाधान प्रदाता है।

हालांकि, प्रारंभिक तौर पर, जब सुधा ने 1990 के दशक के प्रारंभ में कार्य प्रारंभ किया था, तब वो सूचना प्रौद्योगिकी तथा दूरसंचार क्षेत्र की ऐसी बड़ी कंपनियों को सहायता प्रदान करने के व्यवसाय में कार्यरत् थीं जो भारत में भारतीय अर्थव्यवस्था के उदारीकरण का लाभ उठाने के लिए अपनी उपस्थिति को स्थापित करने की इच्छुक थीं। उनके ग्राहकों में ऐसी विशालकाय अंतर्राष्ट्रीय कंपनियाँ शामिल थीं जो अपने–अपने क्षेत्रों की नेतृत्वकर्ता थीं, जैसे ऑरेकल, माइक्रोसॉफ्ट, सन माइक्रोसिस्टम, इंटेल एवं जीई मनी।

जब भारतीय अर्थव्यवस्था में प्रगति के नए अवसरों ने एसएमई क्षेत्र में भारी विकास का आधार प्रदान किया, तो सुधा ने अपना ध्यान बहुराष्ट्रीय कंपनियों से हटाकर भारतीय लघु एवं मध्यम उद्यमों (एसएमई) की ओर केन्द्रित कर लिया। अनेक एसएमई को मुख्यतः कुछ विशिष्ट प्रबंधकीय अपर्याप्तताओं के कारण इस बड़ी दौड़ में स्वयं को बढ़ावा देने में कठिनाई का अनुभव हो रहा था; सुधा का मिशन इन अपर्याप्तताओं की पहचान करना तथा इन एसएमई को नियंत्रण पाना था। वो कहती हैं: 'अनेक उद्यमियों के नेतृत्व वाले स्टार्ट–अप, विशेषतौर पर सूचना प्रौद्योगिकी, सूचना प्रौद्योगिकी–समर्थित सेवाओं, दूरसंचार, शिक्षा तथा स्वास्थ्य आदि में तीव्र वृद्धि हो चुकी थी, परंतु जैसे–जैसे उनकी वार्षिक

बिक्री बढ़ते हुए 1 करोड़ रुपयों के लगभग हुई, उन्होंने कर्मचारियों से जुड़ी चुनौतियों का सामना करना प्रारंभ कर दिया। वे अपनी क्षमता का दोहन कर सकें, इसके लिए मैंने समुचित व्यवहारों को अपनाए जाने हेतु इन कंपनियों की सहायता करने में मौजूद व्यापक अवसरों को देखा।'

प्रारंभिक वर्ष

सुधा का बचपन और शुरुआती शिक्षा जमशेदपुर में हुई थी जहाँ उनके पिताजी टाटा आयरन एंड स्टील कंपनी (टिस्को) के इंडस्ट्रियल इंजीनियरिंग के प्रमुख थे। वो एक सिद्धांतवादी व्यक्ति थे, और प्रोत्साहन राशि का निर्धारण करने हेतु मानकों को निर्धारित करने जैसे जटिल मुद्दों से निपटने की उनकी शैली प्रबंधन एवं श्रमिकों दोनों को सदैव ही उत्साहित करने वाली हुआ करती थी, और इसने उन्हें टिस्को प्रबंधन तथा टाटा श्रमिक संघ दोनों से ही सम्मान अर्जित करवाया था। सुधा बताती हैं कि अपने काम में उनके द्वारा शामिल किए गए अनेक मूल्य पिताजी से ही प्राप्त किए गए थे। उदाहरणार्थ, उन्होंने उनसे सीखा कि जो बात सही हो उसके समर्थन में खड़े रहो, शक्तिशाली विपरीत राय के सामने भी। सुधा की माताजी भौतिक विज्ञान की एक शिक्षिका और जमशेदपुर के एक स्कूल में उप–प्रधानाचार्या थीं। उनके दो भाईयों में से, एक ने आईआईटी चेन्नई तथा आईआईएम कोलकाता में अध्ययन किया, व्हॉर्टन से पीएच.डी. हासिल की और फिर हार्वर्ड बिजनेस स्कूल में एक प्रख्यात प्रोफेसर बनने चले गए। दूसरे भाई ने आईआईएम अहमदाबाद से अध्ययन किया, कुछ बड़े बैंकों के साथ काम किया और फिर मुम्बई स्थित एक निवेश बैंक में साझेदार बन गए। हो सकता है कि यह एक ऐसी सामान्य पारिवारिक पृष्ठभूमि न हो जिसे कोई भी एक संघर्षरत् महिला उद्यमी के साथ सम्बद्ध करता हो, परंतु यह आंशिक तौर पर स्पष्ट करता है कि सुधा का उपक्रम क्यों थोड़ा–बहुत असाधारण सा है।

सुधा ने 1983 से 1985 तक आईआईएम कोलकाता से प्रबंधन में अध्ययन किया। उन दिनों, दो वर्षीय एमबीए पाठ्यक्रम के छात्र दूसरे

वर्ष में अपने लिए विशेषज्ञता का चयन किया करते थे। प्रारंभ में सुधा ने वैकल्पिक विषय में वित्त का चयन किया क्योंकि वो इस क्षेत्र में अपने करियर को लेकर कल्पना कर चुकी थी। उन दिनों, मानव सम्बन्ध विकास एमबीए के छात्रों के बीच बहुत अधिक लोकप्रिय विकल्प नहीं हुआ करता था। छात्रों में से अधिकांश वित्त अथवा विपणन को ही प्राथमिकता दिया करते थे क्योंकि उन्हें लगता था कि इससे उनके लिए नौकरी मिलने की संभावनाएं बेहतर होंगी। हालांकि आईआईएम कोलकाता में, सुधा ने सीखा कि कर्मचारी–उन्मुख विषय जैसे मानव संसाधन में आज बहुत पेशेवर तरीके से कामकाज किया जा रहा है और यह अत्यंत लाभदायक रोजगार का कारण बन सकता है। शीघ्र ही उन्हें महसूस हो गया कि उन्हें मानव संसाधन के साथ लगाव हो गया है और वो इस क्षेत्र में काम करना पसंद करेंगी। कैंपस चयन प्रक्रिया के द्वारा उन्होंने नई दिल्ली में आयशर इंडिया लिमिटेड में मानव संसाधन का एक पद हासिल कर लिया, और इस नौकरी से उन्हें अत्यंत प्रसन्नता प्राप्त हुईः उन्होंने पाया कि आयशर मानव संसाधन व्यवहारों के मामले में एक जाग्रत कंपनी है, जिसने उन्हें संतुष्ट कर दिया कि मानव संसाधन का चयन करने का उनका निर्णय उनके लिए सर्वथा उचित था। वो अनिल सचदेव, जो उस समय आयशर में मानव संसाधन मानकों के निर्धारक थे, जैसे अग्रणी पेशेवर लोगों के साथ काम करने और उनसे सीखने को याद करती हैं।

वर्ष 1986 में सुधा ने श्रीकांत शास्त्री, जो आईआईएम कोलकाता में उनके सहपाठी थे, से विवाह कर लिया। श्रीकांत उस समय विपणन प्रबंधक के पद पर पॉन्ड्स में कार्यरत् थे। श्रीकांत उस समय चेन्नई में नियुक्त थे, और अपना नया घर बनाने के लिए सुधा ने आयशर से त्यागपत्र दे दिया। चेन्नई में, सुधा ने एक मानव संसाधन एवं संगठनात्मक विकास परामर्शदात्री संस्था, जो परिवर्तन प्रबंधन (चेंज मैनेजमेंट) में विशेषता रखती थी, में नौकरी कर ली। उन दिनों सक्रिय ऐसी अनेक अन्य संस्थाओं की भांति ही यह संस्था भी परिवर्तन के साथ निपटने के लिए रणनीतियों, संरचनाओं और प्रणालियों के सम्बन्ध में कॉरपोरेट क्षेत्र को सिफारिशें प्रदान किया

करती थी, परंतु अपनी सिफारिशों के कार्यान्वयन में कभी संलिप्त नहीं होती थी। वहाँ काम करते हुए सुधा खुश नहीं थीं क्योंकि वो किसी भी मसले में आदि से अंत, अर्थात् चिंतन करने, रणनीति तैयार करने, सम्बन्धित पक्षों से खरीद करने और फिर परिवर्तन को लागू करने में सहायता कर वो किसी भी परिवर्तन कार्यक्रम के सभी पहलुओं तक संलिप्त होना पसंद करती थीं, भले ही इसमें परिवर्तन प्रक्रिया की अवधि के दौरान संगठन के अंदर रहकर काम करना भी क्यों न शामिल हो।

सुधा के लिए सौभाग्यवश चेन्नई में छह महीने व्यतीत करने के बाद ही श्रीकांत का स्थानान्तरण नई दिल्ली हो गया और फिर यह दंपति एक बार फिर नई दिल्ली आ गया। सुधा ने नई दिल्ली में पर्टेक कंप्यूटर्स में नौकरी कर ली। अपनी अनेक नई गतिविधियों के संदर्भ में यह एक स्टार्ट–अप था। पर्टेक का मानव संसाधन संगठन मानव संसाधन प्रबंधन एवं मानव संसाधन विकास दो भागों में विभाजित था। इनमे से पहला मुख्य रूप से प्रशासकीय कर्मचारियों को अपने साथ शामिल करता था, जबकि दूसरा रणनीतियों एवं नीतियों पर कार्य करता था। सुधा ने दूसरे वाले भाग का नेतृत्व किया और उन्हें अपने विचारों को लागू करने के लिए भरपूर स्वतंत्रता उपलब्ध थी। उन्हें इस काम में भरपूर आनंद प्राप्त हुआ। वास्तव में, यह इस स्टार्ट–अप का एक नवप्रवर्तनकारी, मुक्त–चिंतनशील वातावरण था जिसने सुधा को एक उद्यमी के रूप में अपने खुद के स्टार्ट–अप को स्थापित करने के विचार के प्रति आकर्षित कर लिया था।

वर्ष 1990 में सुधा की पहली संतान ने जन्म लिया; यह एक जटिल समय–पूर्व हुआ प्रसव था, और बच्चा प्रायः बीमार रहा करता था। बच्चे की देखभाल करना उनके जीवन का सर्वाधिक महत्वपूर्ण कार्य था जिसमें उनका बहुत अधिक समय व्यतीत हो जाता था। उस समय वो पर्टेक के साथ कार्यरत् थीं। वहाँ का प्रबंधन अत्यंत सहानुभूतिपूर्ण था और उन्होंने उन्हें एक वर्ष का अवकाश इस शर्त पर दे दिया था कि वो अपने घर से उनके प्रशिक्षण कार्यक्रमों को प्रेरित करती रहना जारी रखेंगी। एक बहुत बड़ी सीमा तक, यह

अनुभव कार्यरत् माताओं की स्थिति के प्रति सुधा की संवेदनशीलता को स्पष्ट करता है, जो उनके बाद में लिए गए व्यावसायिक निर्णयों में से कुछ में प्रतिबिंबित होती है।

अपना व्यवसाय प्रारंभ करना

वर्ष 1990 में, जब भारत उदारीकरण अपना रहा था और अपनी अर्थव्यवस्था को खोल रहा था, अमेरिका स्थित अनेक सूचना–प्रौद्योगिकी कंपनियाँ भारत में संपर्कों की खोज कर रही थीं। सुधा के नाम की सिफारिश प्रायः एक ऐसे व्यक्ति के रूप में की जाती थी.जिनके पास मानव संसाधान के क्षेत्र में अनुभव के साथ–साथ सूचना प्रौद्योगिकी क्षेत्र का भी ज्ञान मौजूद था। उनके पास अमेरिका–स्थित कंपनियों से मानव संसाधन उन्मुखीकरण कार्यों के लिए फोन आना प्रारंभ हो गए। एक दिन, एक मित्र ने यह पूछने के लिए फोन किया कि क्या वो भारत में एटी एंड टी को प्रमुख प्रबंधकों को नियुक्त करने में सहायता कर सकती हैं। इस प्रकार की पूछताछों ने सुधा को अपना स्वयं का परामर्शदायी व्यवसाया प्रारंभ करने की संभावना की खोज करने हेतु प्रोत्साहित किया। वर्ष 1992 में, अंततः उन्होंने पर्टेक को छोड़ दिया और इनपुट्स नाम से अपनी खुद की परामर्शदात्री संस्था को प्रारंभ कर दिया, जिसने मुनीरिका विहार स्थित उनके घर से ही अपने व्यवसाय को प्रारंभ किया था; उस समय कर्मचारियों में एकमात्र सुधा ही शामिल थीं।

वर्ष 1995 में, श्रीकांत ने अपना खुद का व्यवसाय प्रारंभ करने हेतु अपनी नौकरी छोड़ दी। आईआईएम कोलकाता में अपने छात्रजीवन के समय से ही उनकी महत्वाकांक्षा एक उद्यमी बनने की रही थी, और इसीलिए उन्होंने कॉरपोरेट जगत में कुछ अनुभव अर्जित कर लेने के बाद नौकरी छोड़ देने की अपनी योजना को लागू करने का निर्णय कर लिया। लगभग उसी समय, सुधा कहती हैं 'मेरे पति और मैंने अपनी सारी संपत्तियों को बेच दिया और अपनी भविष्य निधि को भी निकाल लिया ताकि उनके व्यवसाय को प्रारंभ किया जा सके। हमारा गुज़ारा बस उस पैसे से हो रहा था जो मैं कमा रही थी क्योंकि उनके व्यवसाय

के प्रारंभ होने में देरी थी। वास्तव में हमारे पास मेरे व्यवसाय में निवेश करने हेतु बिल्कुल पैसे उपलब्ध नहीं थे।' सुधा अक्सर सोचती थीं कि एक उद्यमी होना अथवा किसी उद्यमी की पत्नी होना दोनों में से क्या अधिक कठिन है! उनका निष्कर्ष था कि एक उद्यमी की पत्नी होना अधिक कठिन था क्योंकि उन्हें सूचनाएं बहुत कम मिलती थीं और धन के बाहरी प्रवाह पर उनका कोई नियंत्रण नहीं था जो घर के रोज़ाना के खर्चों को भी प्रभावित करता था।

वर्ष 1996 में, अपने अमेरिका कार्यालय से माइक्रोसॉफ्ट के द्वारा सुधा से कुछ भर्ती सम्बन्धी बाह्यस्त्रोतन (आउटसोर्सिंग) में सहायता प्रदान करने हेतु संपर्क किया गया। सुधा के लिए यह एक बड़ी सफलता होने के साथ–साथ एक बड़ा सुअवसर तथा इनपुट्स के लिए महत्वपूर्ण बिन्दु भी था। हालांकि, तब यह आवश्यक हो गया था कि सुधा के पास एक सुसज्जित कार्यालय हो। इनपुट्स नेहरू प्लेस स्थित एक नए कार्यालय में स्थानान्तरित हो गया जो दक्षिण दिल्ली का एक सभ्य व्यावसायिक इलाका है; और फिर इनपुट्स मात्र एक अकेली स्वनियोजित महिला से आगे बढ़कर एक कार्यालय से युक्त एक कंपनी में विकसित हो चुका था।

सुधा के लिए वो दिन अत्यंत कठिनाई भरे थे। विकास सम्बन्धी व्यय बहुत अधिक थे, आमदनी बहुत कम थी और बहुत कठोर परिश्रम करना पड़ रहा था। उसी समय के आसपास, सुधा अपनी दूसरी संतान की आशा कर रहीं थी और उन्हें बार–बार आराम करने हेतु बिस्तर का सहारा लेना होता था। 1997 में, सुधा ने अपनी दूसरी संतान को जन्म दिया। उन्होंनें बताया: 'अपनी पहली संतान को समय से पहले जन्म दे चुके होने के बाद मुझे अगली संतान के समय पूर्व पैदा होने हेतु तैयार हो जाना चाहिए था। हालांकि, जब बच्चे ने कोई एक महीने पहले ही जन्म ले लिया तब मैं तैयार नहीं थी। जिस दिन मुझे प्रसवपीड़ा प्रारंभ हुई उस दिन के लिए अनेक साक्षात्कार निर्धारित थे। अतः, जारी संकुचनों के बीच मैं फोन पर अपने ग्राहकों के साथ बनी हुई थी! एक बार फिर से यह कठिनाईपूर्ण गर्भावस्था थी। मैं अपने व्यवसाय को त्याग देने हेतु उत्सुक हो चुकी थी। परंतु मेरे पति का

व्यवसाय अभी भी ठीक से प्रारंभ नहीं हो सका था और हमें आमदनी की आवश्यकता थी। अतः, मैंने जारी रखा।'

चुनौतियों पर नियंत्रण

अपने व्यवसायों को प्रारंभ करने और उनका संचालन करने में महिला उद्यमियों को प्रायः अनेकों प्रकार की चुनौतियों का सामना करना पड़ता है, और सुधा के पास समस्याओं का अपना हिस्सा मौजूद था, जिससे वो अपने विशिष्ट दृष्टिकोण, शैली और प्रवृत्ति का उपयोग करते हुए निपट सकीं थीं:

संस्था का गठन

अधिकांश महिला उद्यमियों को अपने स्टार्ट–अप के लिए सही व्यक्तियों की खोज करने की चुनौती का सामना करना होता है। यह कठिनाई इस धारणा से उत्पन्न होती है कि स्टार्ट–अप आकर्षक वेतनों का भुगतान कर पाने में समय लेते हैं, और एक ढका–छिपा भय भी मौजूद होता है कि यदि कोई महिला अपने परिवार को प्रारंभ करने हेतु अलग होती है तो व्यवसाय ही बंद हो सकता है।

इनपुट्स के लिए, सुधा ने एक विशिष्ट संगठनात्मक संरचना को जन्म दिया। यह उनके इस विश्वास पर आधारित थी कि भारत में, ऐसी महिलाओं के अंदर भारी मात्रा में अनखोजी प्रतिभा मौजूद है जो अत्यधिक शिक्षित, ज्ञानी और अनुभवशाली हैं तथा जो विवाह करने और बच्चों को जन्म देने के बाद अपनी नौकरियों को त्याग देने के पहले तक कॉरपोरेट जगत की नायिका रूपी एक्जीक्यूटिव रह चुकी हैं।

इन महिलाओं में से अनेक के पास प्रबंधन की उत्कृष्ट शिक्षा, पेशेवर प्रशिक्षण तथा प्रचुर अनुभव उपलब्ध थे। सुधा ने निर्णय किया कि वो अपनी संस्था का गठन ऐसी ही महिलाओं को लेकर करेंगी जो उन्हें एक समुचित कार्य वातावरण प्रदान कर किया जाएगा। उन्होंने इन 'कार्यरत् माताओं' को लचीले कार्य के घंटे अपनाने, घर से कार्य करने

तथा ऐसे परामर्शदात्री कार्य का चयन करने की अनुमति प्रदान कर दी जिसमें वे अपनी घरेलू प्रतिबद्धताओं का ध्यान रखते हुए सहजता का अनुभव कर रही थीं।

इस अनूठी संगठनात्मक संरचना और कार्य व्यवस्था ने सुधा को प्रतिभा के एक विशाल संग्रह से संपर्क कर पाने में सफल बना दिया। उनकी टीम अत्यधिक प्रेरित और समर्पित थी, जो कि इनपुट्स की सफलता के प्रमुख कारणों में से एक था। कार्य के घंटों में लचीलापन एक प्रमुख अभिप्रेरक था, परंतु इसने योजना निर्माण को एक दुःस्वप्न भी बना दिया था और प्रायः दिलचस्प कार्यों के लिए मना भी करना पड़ जाता था। संयोगवश, सुधा ने इस संगठनात्मक रणनीति को टाटा के द्वारा द्वितीय जीवन योजना की अवधारणा पर विचार करने के काफी पहले से लागू किया हुआ था। यह अवधारणा उन महिलाओं को नियुक्त करने का लक्ष्य भी रखती है जिन्होंने अपने परिवारों की देखभाल करने के लिए कॉरपोरेट जगत की अपने एक्जीक्यूटिव पदों को त्याग दिया था।

घर एवं परिवार को संभालना

बड़ी सीमा तक, किसी के लिए भी अपने समय का प्रबंधन करना और साथ–साथ किसी व्यावसायिक उपक्रम को स्थापित एवं संचालित करना परिवार के दृष्टिकोण पर भी निर्भर करता है। अपने खुद के परिवार के दृष्टिकोण के बारे में, सुधा कहती हैं: 'अत्यधिक सहयोगपूर्ण! विशेषतौर पर मेरी माँ, और मेरी सास, जिन्होंने प्रायः दाई के कर्तव्य पूरे किए हैं। हालांकि, अधिकांश भारतीय महिलाओं की भांति, भले ही वे अपने घर की रोटी कमाने वाली ही क्यों न हों, घर और बच्चों का प्राथमिक उत्तरदायित्व सदैव से मेरा ही था और मुझे एक घर और एक व्यवसाय को चलाने के इस दोहरे उत्तरदायित्व से निपटना पड़ता था। प्रायः ही व्यवसाय को इसकी कीमत चुकानी पड़ती थी। जब बच्चे बड़े हो रहे थे तो वो मुझे काम में व्यस्त देखकर प्रसन्न हुआ करते थे। मेरे पति श्रीकांत हमेशा से ही मेरे व्यवसाय के प्रति

अत्यधिक सहयोगपूर्ण रहे हैं, आंशिक तौर पर अपनी खुद की उद्यमिता सम्बन्धी रुचियों के कारण।'

सौभाग्यवश, सुधा और उनके पति दोनों ही ऐसे साझा मूल्यों और विचारों को साझा करते रहे हैं जो प्रसन्नता प्रदान करने वाले हैं। तीव्र गति से बहुत सारा पैसा कमाना इनमें से किसी के भी लक्ष्य में शामिल नहीं था।

वित्तीय प्रबंध करना एवं नौकरशाही सम्बन्धी बाधाओं को पार करना

प्रायः, भारत में बैंकों का यह विचार रहा है कि महिला उद्यमी एक जोखिमयुक्त ग्राहक होती हैं, किन्तु सुधा ने अपने व्यवसाय का प्रबंधन इस प्रकार से किया कि उन्हें बाहरी वित्तपोषण पर आश्रित नहीं होना पड़ा, और इस प्रकार वो संदेहास्पद बैंक प्रबंधकों के समक्ष अपने प्रस्ताव की पैरवी करने की शर्मिन्दगी से भी बच गईं। नौकरशाही से जुड़ी बाधाओं के सम्बन्ध में, सुधा कहती हैं: 'किसी भी व्यवसाय को प्रारंभ करने के लिए स्वीकृतियों, अनुमतियों, लाइसेंसों, पंजीकरणों आदि को प्राप्त करना प्रायः एक भयावना अनुभव हो सकता है। दिल्ली नगर निगम, पुलिस, कर अधिकारियों आदि के साथ निपटने में अधिकांश व्यवसायीजन परेशानी से बचने के लिए घूस देने का रास्ता अपना लेते हैं।' हालांकि, यहाँ एक बार फिर से, सुधा अपेक्षाकृत कम प्रभावित रहीं, क्योंकि उनके काम में सरकारी एजेन्सियों के साथ संपर्क में अधिक आने की आवश्यकता नहीं थी, और किसी भी स्थिति में, उन्होंने यह निर्णय कर लिया था कि इनपुट्स का दृष्टिकोण एक सिद्धांतवादी आचार संहिता पर आधारित होगा।

व्यवसाय को स्थिति प्रदान करना

इनपुट्स ग्राहकों के व्यवसाय में मूल्य संवर्द्धन के मामले के साथ कैसे निपटता है? सुधा महसूस करती हैं कि बाजार की बाध्यताएं कंपनियों

को परिवर्तन करने हेतु बाध्य कर रही हैं, किन्तु प्रायः सांस्कृतिक कारणोंवश परिवर्तन के प्रति एक प्रतिरोध होता है। परिवर्तन सम्बन्धी एक हस्तक्षेप ठोस तो हो सकता है, परंतु यदि कंपनी की संस्कृति के साथ इसका टकराव होता है तो यह कार्य नहीं कर सकेगा। सुधा का विश्वास है कि अनेक कॉरपोरेट नेतृत्वकर्ता उस तरीके की ओर पर्याप्त ध्यान नहीं देते जिसके अनुसार उनकी कंपनी की मूल संस्कृति को समझा गया है, और गलतफहमियों का परिणाम गलत रणनीतिक निर्णयों के द्वारा प्रकट होता है। वो कहती हैंः 'आप कर्मचारियों से अपनी कंपनी की मूल संस्कृति का वर्णन करने के लिए पाँच विशेषणों का उपयोग करने के लिए कहिए और आपको इसमें मौजूद सहमतियों के अभाव पर आश्चर्य होगा। अनेक कंपनियाँ प्रतिभावान व्यक्तियों के लिए पसंद की नियोक्ता बनना चाहती हैं। ऐसा होने के लिए कर्मचारियों की आकांक्षाओं और मूल्य प्रणाली को कंपनी की आकांक्षाओं एवं मूल्य प्रणालियों के साथ तारतम्य में होना चाहिए। कर्मचारी तभी सर्वाधिक प्रसन्न होते हैं जब वे स्वयं की पहचान कंपनी की संस्कृति के साथ पूरी तरह से स्थापित करने में समर्थ हों।

इसीलिए, इनपुट्स का अधिकांश मूल्य संवर्द्धन कंपनी की मूल संस्कृति और इसकी धारणा पर कार्य करने के साथ जुड़ा हुआ है।

इनपुट्स की संरचना सरल है। यह एक एकल–स्वामित्व वाली संस्था है। इनपुट्स की वेतन सूची में बहुत कम संख्या में पूर्णकालिक सवैतनिक कर्मचारी मौजूद हैं। पेशेवर परामर्शदायी कार्य को 'कार्यरत् माताओं' के द्वारा संपन्न किया जाता है। सुधा इसकी प्रमुख एक्जीक्यूटिव हैं, और व्यापक तौर पर, प्रारंभिक व्यावसायिक प्रगति को उन्हीं के द्वारा पूरा किया जाता है। प्रत्येक नए ग्राहक के लिए, नेटवर्क परामर्शदाताओं में से किसी एक महिला को एकाउंट प्रबंधक के तौर पर नियुक्त किया जाता है और वह उस एकाउंट को सेवा प्रदान करने और उपलब्धियों के लिए उत्तरदायी होती हैं। वो डिलिवरी तथा ग्राहक संतुष्टि सहित कार्य के समस्त पहलुओ के लिए उत्तरदायी होती है तथा बिल के कुल मूल्य का 50 प्रतिशत अपने हिस्से के रूप में प्राप्त करती है।

निजी मामले

सुधा के विषय में जो कुछ चौंकाने वाली बात है वह है लोगों के प्रति उनकी अभिमुखता। एक दिलकश एवं प्रेरक वार्तालापवादी होने के अलावा वो एक शौकीन श्रोता भी हैं। वास्तव में, व्यावहारिक रूप से वो सभी के लिए–जिनमें उनके ग्राहकों से लेकर उनके बेटे तथा यहाँ तक कि उनके मित्रों सहित उनके मित्रों की माताएं भी शामिल हैं–एक संताप हरने वाली आंटी तथा एक विश्वासपात्र महिला हैं!

सुधा को "आईआईएम–टाइप्स" से कौन सी बात अलग करती है? अनेक महत्वपूर्ण तरीके से वो उन्हीं के समान हैं, कोई अंतर नहीं है। उदाहरणार्थ, वो उपलब्धियों में मजबूती से विश्वास करने वाल तथा जीतने के लिए खेलने वाली महिला हैं। वो एकता, सैद्धांतिक व्यवहार, समयबद्धता तथा प्रतिबद्धताओं को पूरा करने जैसे बेहतरीन पुरातन मूल्यों में भी जोरदार विश्वास रखती हैं।

मानव संसाधन परामर्शदायी संस्था संचालन के उद्यमशीलता के अनुभव ने उन्हें कुछ शोध प्रबंधों की स्वीकृति का कारण बनाया है जिनका वे लगातार प्रचार करती हैं: पहला, महिलाओं को व्यवसाय और परिवार के बीच चयन करने की आवश्यकता नहीं होती–वो दोनों कार्य कर सकती हैं; दूसरे, पुरुषों के विपरीत जो स्थितियों का प्रबंधन एक अधिक नियोजित एवं संरचित वातावरण में कर लेते हैं, महिलाओं को प्रायः परिस्थितियों के प्रति प्रतिक्रिया करनी होती है और उनमें से अवसर उत्पन्न करने होते हैं; और तीसरे, महिला उद्यमियों को पारंपरिक उपक्रम पूँजीवादी रूपरेखाओं के अनुरूप होने की आवश्यकता नहीं होती।

महत्वाकांक्षी उद्यमियों के लिए सुधा का परामर्श है कि उन्हें अपना स्वयं का व्यवसाय प्रारंभ करने के पहले अपने प्रस्तावित व्यवसाय से जुड़ी किसी स्थापित व्यवस्था के अंतर्गत पाँच अथवा उससे अधिक वर्षों के लिए कार्य करना चाहिए। उनके अनुभव, और दूसरों के बारे में उनके ज्ञान, ने उन्हें संतुष्ट कर दिया है कि वास्तविक दुनियावी अनुभव का कोई विकल्प नहीं होता, विशेषतौर पर पहली पीढ़ी के उद्यमियों के लिए।

भविष्य

सुधा का विश्वास है कि इनपुट्स की सफलता का मापन इसकी सेवाओं की गुणवत्ता, इसके मूल्यों तथा इसकी निष्ठा के द्वारा करना चाहिए, न कि इसके शीर्ष एवं आधार रेखाओं के द्वारा। यह महसूस करते हुए कि एक छोटी संस्था में गुणवत्ता को सुनिश्चित करना अपेक्षाकृत अधिक सहज होता है, उन्होंने बड़े आकार को अपना लक्ष्य न बनाने का निर्णय कर लिया है। वो कहती हैं, 'बेहतर और बेहतर, बजाए बड़े और बड़े के'।

सुधा अन्य शहरों में भी परामर्शदाताओं के अपने नेटवर्क का विस्तार करने की इच्छुक हैं, किन्तु व्यवसाय हासिल करने के लिए उन्हें विदेशों में जाने की कोई इच्छा नहीं है। उन्हें लगता है कि प्रतिभाओं को हासिल तथा विकसित करने के मामले में भारत शीघ्र ही पूरी दुनिया की निगाहों का केन्द्र बन जाएगा, और इनपुट्स जैसी कंपनियों के पास एक उज्जवल भविष्य होगा और भारत में ही इतने पर्याप्त अधिकार उपलब्ध होंगे कि उन्हें विदेशों में व्यवसाय की खोज करने के लिए किसी संगठन को स्थापित करने की आवश्यकता नहीं होगी।

आज जब उनका अपना एक सफल व्यवसाय है, सुधा कुछ अलग करने की सोच भी नहीं सकती, और एक कर्मचारी के रूप में दोबारा काम करना उनके लिए असंभव हो चुका है। वो कहती हैं: 'मेरे अंदर एक विस्फोट हो चुका है; मैं किसी और तरीके से काम करने की कल्पना नहीं कर सकती।' व्यवसाय के प्रति उनके दृष्टिकोण में लचीलापन सुधा को बहुत सारे काम करने की सुविधा प्रदान करता है। एक तत्पर माँ होने के अलावा वो एक बॉक्सर की परामर्शदात्री भी बनी रही हैं जो उस समय ओलम्पिक के लिए प्रशिक्षण ले रही थीं। ये और कोई नहीं बल्कि विख्यात मैरी कॉम थीं। वो कहती हैं कि यह उनके जीवन का एक सर्वाधिक संतुष्टिदायक अनुभव था। उनके दो बेटे हैं। बड़ा बेटा अमेरिका की ब्राउन युनिवर्सिटी में पढ़ चुका है और अब भारत में बेन एंड कंपनी के साथ कार्यरत् है, जो एक परामर्शदाता कंपनी है–जेननेक्स्ट समुदाय की पसंदीदा कंपनी। छोटा बेटा नई दिल्ली के श्रीराम स्कूल में अध्ययनरत् है। मैं उन्हें एक स्वतंत्र आत्माएं बनने में

सहायता और प्रोत्साहन प्रदान करूँगी ताकि वे अपने दिल की आवाज का अनुसरण करें और महान इंसान बन सकें।'

विगत 20 वर्षों के अपने कार्यकारी जीवन पर निगाह डालते हुए सुधा इस यात्रा पर आश्चर्य करती हैं। वो भाग्यशाली परिस्थितियों की एक शृंखला से गुजरते हुए एक उद्यमी बनी हैं। वो स्वयं को 'एक पूर्वनियत उद्यमी' कहती हैं। जब उन्होंने इनपुट्स को प्रारंभ किया था, उस समय कोई भी लक्ष्य स्पष्ट नहीं था और निश्चित रूप से कोई निर्णायक व्यावसायिक योजना ही थी। प्रगति छिटपुट हो रही थी। वो याद करती हैं: 'जब अमेरिकी कंपनियों से काम के बारे में पहला फोन आया तब व्यवसाय प्रारंभ करने की मेरी कोई मंशा नहीं थी। प्रकट रूप से पूर्वनियत घटनाएं घटती चली गईं और आज मैं गंभीरतापूर्वक विश्वास करती हूँ कि किसी भी विषय में जिद्दी होने के बजाए प्रवाह के साथ प्रवाहित होना और आगे बढ़ना किसी के लिए भी बुद्धिमानी का काम होता है।'

5

रितु प्रसाद

अतिथि सत्कार (हॉस्पिटैलिटी)

रितु 'स्पिरिट' की संस्थापिका एवं मुख्य कार्यकारी हैं जो नई दिल्ली के एक उच्च–वर्गीय इलाके में स्थित एक वाइनिंग एवं डाइनिंग रेस्त्रां है। यह रेस्त्रां कनॉट प्लेस के अंदरूनी सर्किल में स्थित प्रमुख व्यावसायिक स्थान में 25,000 वर्ग फुट जगह रखता है, जिसमें 75 अतिथियों के बैठने की क्षमता है। इसके पास 50 सदस्यों वाला

कर्मचारी दल और एक प्रबंधन टीम है जिसमें एक जनरल मैनेजर, एक एक्जीक्यूटिव शेफ तथा फंक्शनल मैनेजर शामिल हैं। यह रेस्त्रां भूमध्यसागर से सटे देशों के रुचिकर व्यंजनों में विशेषज्ञता रखता है और इसके पास एक नियमित ग्राहकों का समूह उपलब्ध है जिनमें मुख्यतः भारतीय एवं विदेशी व्यावसायिक एक्जीक्यूटिव्स शामिल हैं।

रितु की उपलब्धि उस समय प्रशंसनीय हो जाती है जब कोई भी उन चुनौतियों पर विचार करता है जिनका सामना उन्हें अपनी उद्यमिता की यात्रा में करना पड़ा थाः सबसे पहली, वो एक पारंपरिक जैन परिवार से आती हैं जो पूरी तरह से मद्यपान विरोधी और कट्टर शाकाहारी है, अतः शराब और वाइन के साथ–साथ मछली एवं गोश्त, जो स्पिरिट के एक्जीक्यूटिव एवं व्यवसायी ग्राहकों का पंसदीदा भोजन हुआ करता है, में उनकी संलिप्तता को लेकर अनेक निगाहें टेढ़ी हो गई थीं। दूसरी, उनके पास भोजन अथवा पेय पदार्थों के प्रबंधन का कोई भी प्रशिक्षण अथवा अनुभव उपलब्ध नहीं था और न ही वो पाककला की बहुत अधिक शौकीन थीं, हालांकि उन्हें अच्छा भोजन और एक सुंदर परिवेश आनंद प्रदान करता था। तीसरी, ठीक उस समय जब रेस्त्रां की शुरुआत हुई थी और इसका काम अच्छा चलना प्रारंभ हो रहा था, उन्हें रीढ़ की हड्डी में चोट लग गई जिसने उनके शरीर के निचले भाग को लकवाग्रस्त कर दिया, जिससे वो गंभीर रूप से विकलांग हो गईं। उस समय उन्हें अपने व्यवसाय को एक व्हीलचेयर पर बैठकर संचालित करना पड़ा था।

अपने उद्यमशील करियर में चुनौतियों पर विजय पाने में रितु मुख्य रूप से अपने कुछ शक्तिशाली व्यक्तित्व सम्बन्धी गुणों के कारण सफल रहीं। व्यक्तित्व सम्बन्धी उनके प्रभावी गुण हैं साहस, सृजन एवं विविधता के प्रति उनकी अभिरुचि। वो एक हँसमुख स्वभाव और विनोद की भावना से परिपूर्ण हैं जो उन्हें तथा उनके परिवार को उनकी शारीरिक विकलांगता से उत्पन्न मुद्दों के साथ निपटने में सहायता प्रदान करता है। अपने स्वभाव के कारण उन्हें किसी पदानुक्रम वाले संगठन, नौकरशाही के सुस्त कार्यवातावरण, अथवा किसी नियमित दिनचर्या में संलिप्त होने में कठिनाई का अनुभव होता है। अनेक सुविख्यात उद्यमियों की भांति वो अपने मन की भावनाओं पर भरोसा करती हैं; उन्हें त्वरित निर्णय लेना भी पसंद है। (संयोगवश, माता–पिता द्वारा 'व्यवस्थित विवाह' की एक प्रक्रिया में रोहित

प्रसाद के साथ हुई उनकी पहली मुलाकात के दौरान विवाह के लिए सहमति देने में उनको मात्र 15 मिनटों का समय लगा था, यद्यपि कि उनके परिवार ने और अधिक समय लेने और फिर से मुलाकातें करने का परामर्श दिया था।) उन्हें उद्यमिता की ऐसी भावना का वरदान प्राप्त है जो निरंतर उन्हें व्यावसायिक अवसरों की खोज करने के लिए प्रणोदित करता रहता है। यहाँ तक कि अवकाश मनाते समय उनका दिमाग 'यहाँ कौन से अवसर उपलब्ध हैं?' जैसे प्रश्नों में ही उलझा रहता है।

प्रारंभिक वर्ष

रितु की स्कूलिंग कॉन्वेंट ऑफ जीसस एंड मैरी, नई दिल्ली में हुई थी। एक नवयुवती के रूप में वो विज्ञान की ओर आकर्षित हुई थीं और औषधि विज्ञान का अध्ययन करने और एक डॉक्टर बनने की इच्छुक थीं। उनके पिताजी इस योजना के समर्थक थे बशर्ते उन्हें दिल्ली के किसी मेडिकल कॉलेज में प्रवेश प्राप्त हो सके। ऐसा हो नहीं सका क्योंकि इन कॉलेजों में सीटों की संख्या बहुत कम है, जिनमें से अनेकों आरक्षित होती हैं। फिर रितु ने दिल्ली विश्वविद्यालय के लेडी श्रीराम कॉलेज फॉर वूमेन (एलएसआर) में अर्थशास्त्र (ऑनर्स) के पाठ्यक्रम के लिए प्रवेश का प्रयास किया, मुख्यतः इसलिए क्योंकि इस पाठ्यक्रम की बेहद माँग थी और यह उनके जैसी पृष्ठभूमि वाली युवती के अनुरूप भी था। उन्हें वहाँ प्रवेश प्राप्त हो गया, लेकिन अर्थशास्त्र में उन्हें कोई दिलचस्पी नहीं थी और उन्हें यह पाठ्यक्रम बहुत बोरिंग लगने के साथ–साथ जीवन में जो कुछ वो पाना चाह रही थी उसके लिए बहुत कम प्रासंगिक लगा।

वर्ष 1990 में लेडी श्रीराम कॉलेज से ग्रेजुएट पाठ्यक्रम पूरा करने के पश्चात रितु ने मुम्बई स्थित सिडेनहम इंस्टीट्यूट ऑफ मैनेजमेंट स्टडीज से पोस्ट–ग्रेजुएट पाठ्यक्रम पूरा किया। मुम्बई स्थानान्तरित होने में उन्हें अपने कॉलेज के पास पेइंग गेस्ट आवास का प्रबंध करना पड़ा जो मैरीन ड्राइव से दूर था। मुम्बई में अपने प्रवास का उन्होंने आनंद उठाया और व्यावसायिक–स्कूल के उनके दो वर्ष उनके लिए प्रचुर अनुभव प्रदान करने वाले सिद्ध हुए। अन्य बातों के साथ–साथ, उनसे यह स्पष्ट हो गया कि वो विपणन एवं विज्ञापन के क्षेत्र में कुशल थीं। उद्यमिता सम्बन्धी

उनकी क्षमताएं भी उजागर हो चुकी थीं: यहाँ तक कि जब वो छात्रा थीं तब उन्होंने स्वयं को एक परामर्शदात्री के रूप में स्थापित कर लिया था और लिंटास तथा ओगिल्वी एंड मैदर (ओ एंड एम) जैसी विज्ञापन एजेन्सियों के साथ–साथ उन्होंने कई एफएमसीजी कंपनियों के लिए तुलनात्मक ब्रांड जागरूकता के क्षेत्र में भुगतान आधारित कुछ शोधकार्य भी संपन्न कर लिए थे। इन परामर्शदात्री कार्यों, जो उनके सर्वप्रथम उद्यमितापूर्ण उपक्रम थे, के द्वारा उन्होंने आना जेबखर्च अर्जित कर लिया था, जिसे उन्होंने मुख्य रूप से अच्छे रेस्त्रांराओं में बढ़िया भोजन करने पर व्यय किया और इस प्रकार से उस अंतर्दृष्टि को हासिल कर लिया जो बाद में उनके व्यावसायिक उपक्रमों के लिए उपयोगी सिद्ध हुई।

वर्ष 1992 में सिम्स (SIMS) से पाठ्यक्रम पूर्ण करने के पश्चात् उनके पिताजी ने उन्हें वापस दिल्ली बुला लिया ताकि वो स्टील संयंत्रों में इंजीनियरिंग परियोजनाओं से सम्बन्धित उनके व्यापार में हाथ बँटा सकें। इस प्रकार, अपने अन्य सहयोगियों के विपरीत, उन्होंने कैम्पस चयन प्रक्रिया का लाभ नहीं उठाया और किसी बड़े कॉरपोरेट से नियुक्ति पत्र प्राप्त किए बिना ही कॉलेज छोड़ दिया। अपने पिताजी के व्यवसाय में उन्हें सहजता का अनुभव नहीं हुआ क्योंकि इसके काम का सम्बन्ध उनकी पसंद से बिल्कुल नहीं था और यह काम उनके व्यक्तित्व के अनुरूप भी नहीं था। वास्तव में, सिम्स से अपने पिताजी के व्यवसाय तक की यात्रा को उन्होंने एक प्रतिगामी कदम के रूप में देखा। (बाद के जीवन में, उन्होंने पाया कि अपने पिताजी के व्यापार में शामिल होने के लिए दिल्ली बुलाया जाना शायद उनके जीवन की सर्वश्रेष्ठ घटनाओं में से एक था–इसके बारे में और अधिक बाद में।)

जो कुछ भी बिजनेस स्कूल में पढ़ाया गया था उसके सम्बन्ध में रितु कहती हैं कि पाठ्यक्रमों का सम्बन्ध इस बात से था कि कैसे एक दल का गठन, अभिप्रेरण और नेतृत्व किया जाए–साथ ही साथ सर्वाधिक उपयोगी तरीके से किस प्रकार पैरवी और वार्तालाप किए जाएं। वो कहती हैं: 'संगठनात्मक विकास एवं मानव संसाधन सम्बन्धी पाठ्यक्रमों में पढ़ाए जाने वाले ये लोक–कौशल स्टार्ट–अप्स में सदैव ही सहायक होते हैं, विशेषतौर पर अतिथि सत्कार के व्यवसाय में।' उनके रेस्त्रां में, ग्राहक सेवा से जुड़े महत्व को कोई भी देख सकता

है; बैरे मीनू में उपलब्ध प्रत्येक व्यंजन की जटिलताओं को स्पष्ट करने के लिए असाधारण तरीके अपनाते हैं, जो इस बात का संकेत है कि किसी ऐसे व्यक्ति के द्वारा उनके प्रशिक्षण पर जोर दिया गया है जो 'ग्राहक को आनंद प्रदान करने' जैसी अवधारणा को समझता है।

बिजनेस स्कूल में पढ़ाए गए अन्य विषयों के सम्बन्ध में रितु ने महसूस किया कि वित्त के क्षेत्र में कहीं अधिक जटिल शीर्षकों में से अनेक स्टार्ट–अप्स के लिए बहुत कम व्यावहारिक मूल्य रखते थे। हालांकि, अपेक्षाकृत कुछ कम जटिल शीर्षक, जैसे नकदी–प्रवाह प्रबंधन काफी सहायक भी थे। उन्होंने परिचालन प्रबंधन में उपयोगी अवधारणाओं को भी सीखा, विशेषतौर पर उनके बारे में जो प्रणालियों और नियंत्रणों से सम्बन्धित थीं, जिनके द्वारा बाद में उन्हें अपने व्यवसाय का प्रबंधन करने में सहायता प्राप्त हुई। वो कहती हैं: 'यदि मैंने अपना एम.बी.ए. नहीं किया होता, और यदि अपनी डिग्री के बाद तुरंत मैंने अपना व्यवसाय प्रारंभ नहीं किया होता तो बाद में आगे बढ़ना मुझे अत्यधिक कठिन महसूस हुआ होता।'

अपने पिताजी के व्यवसाय में एक वर्ष बिताने के बाद उन्होंने अलग होने का निर्णय किया तथा दिल्ली में ओ एंड एम में एक नौकरी के लिए आवेदन कर दिया। उनका चयन तुरंत ही हो गया और इससे उन्हें भरपूर आनंद प्राप्त हुआ। उनके काम में रैकिट एंड कोलमॅन, सीग्रॉम्स तथा *हिन्दुस्तान टाइम्स* के विज्ञापन खाते संभालना शामिल था। उन्होंने काम के अधिक घंटों का बुरा नहीं माना, जो प्रायः प्रतिदिन 10 घंटे से भी अधिक हुआ करते थे, क्योंकि उन्हें उस काम में बहुत आनंद मिल रहा था–इसमें नए उत्पाद को बाजार में नई व्यावसायिक योजना के साथ प्रवेश कराया जाना शामिल हुआ करता था, अतः इसमें बहुत अधिक विविधता तथा उत्तेजना शामिल होती थी, साथ–साथ रचनात्मकता की गुंजाइश भी होती थी, जो कि उनके लिए हमेशा से अत्यंत महत्वपूर्ण रही है।

वर्ष 1995 में जब रितु की शादी होनी थी, उनके पारिवारिक दायरे में यह अनिवार्य समझा गया कि उन्हें अपनी कठोर कार्य दिनचर्या को त्याग देना चाहिए। वास्तव में, न तो उनके माता–पिता और न ही उनके ससुराल पक्ष के लोगों ने उनका काम करते रहना उचित समझा था। अतः, उन्होंने ओ एंड एम की नौकरी छोड़ दी। उनके पति, रोहित

प्रसाद, एक सफल चार्टर्ड एकाउटेंट थे जिन्होंने कुछ वर्षों पूर्व अपने भाई के साथ साझेदारी में एक वित्तीय सेवा कंपनी को प्रारंभ किया था। रितु एवं रोहित ने परिवार वालों को सहमत कर लिया कि एक समुचित अवधि तक रूढिवादी जैन बहू बने रहने के बाद रितु अपने पति की वित्तीय सेवा कंपनी में काम कर सकेगी। हालांकि, विभिन्न पारिवारिक मुद्दों के कारण ऐसा संभव नहीं हो सका, अतः शादी के बाद रितु के पास कोई काम नहीं रह गया था।

रितु की दुर्दशा और सक्रिय रहने की उसकी आवश्यकता को महसूस करते हुए उसके पति ने कुछ काम प्रारंभ करने सम्बन्धी उनके प्रयासों में सहयोग प्रदान किया। उन्होंने 'आई डिस्कवरी' नामक एक छोटी सी कंपनी, जिसे स्कूली बच्चों के लिए ग्रीष्मकालीन शिविर संचालित करने के उद्देश्य से झेवियर स्कूल ऑफ मैनेजमेंट (एक्स.एल.आर.आई) के पुरा–छात्रों के द्वारा प्रारंभ किया गया था, के साथ काम प्रारंभ कर दिया। रितु ने इस असामान्य स्टार्ट–अप के साथ संलिप्त होने के अवसर का आनंद उठाया क्योंकि यह उनके स्वभाव तथा रुझानों के अनुरूप था, किन्तु स्वास्थ सम्बन्धी कारणोंवश उन्हें एक वर्ष के बाद इससे अलग होना पड़ा।

रोहित इस बात को अच्छी तरह समझते थे कि रितु के लिए उत्साहजनक और रचनात्मक गतिविधि अनिवार्य है; वो यह भी जानते थे कि उनमें व्यावसायिक अवसरों की खोज करने तथा उनका लाभ उठाने की एक लगन मौजूद है। उन्होंने यह पता था कि मुम्बई में कैसे एक छात्रा के रूप में उन्होंने यह देख रखा था कि विज्ञापन एजेन्सियाँ और एफएमसीजी विपणन कंपनियाँ कैसे अपने प्रतिस्पर्धी उत्पादों के ब्राँड व्यक्तित्वों की कल्पनाओं से जुड़े अध्ययनों के लिए खुशी–खुशी धनराशि का भुगतान करती है तथा उस समय रितु ने कैसे एक सफल व्यावसायिक उपक्रम के रूप में परामर्शदात्री सेवाएं प्रदान की हुई थीं।

व्यवसाय का प्रारंभ

मुम्बई के विपरीत, उन दिनों की दिल्ली में अपनी अलग पहचान रखने वाले विशिष्ट रेस्त्राराओं की संख्या बहुत ही कम थी। सर्वश्रेष्ठ रेस्त्रां मात्र पाँच–सितारा होटलों में ही पाए जाते थे। रितु ने दिल्ली के उन लोगों,

जो पाँच–सितारा होटलों की आसमान छूती कीमतों का भुगतान किए बिना उच्च गुणवत्तायुक्त रुचिकर व्यंजन का आनंद उठाना चाहते थे, के द्वारा प्रदान किए गए इस व्यावसायिक अवसर को देख लिया। उनके मन की हलचल ने उन्हें सूचित कर दिया कि ऐसा मेला प्रस्तुत करने वाला एक रेस्त्रां बहुत अच्छा चल सकता है। उन्होंने महसूस किया कि वो ऐसे ही एक रेस्त्रां की स्थापना और संचालन का आनंद लेंगी, और उन्होंने आत्मविश्वास का अनुभव किया कि वो इसमें सफलता हासिल कर लेंगी। अतः उन्होंने इसमें आगे बढ़ने का निर्णय कर लिया।

किसी प्रकार का औपचारिक बाजार शोध नहीं किया गया और न ही कोई परियोजना रिपोर्ट को तैयार की गई। मुख्य रूप से ये मन में होने वाला एक अहसास था। हालांकि, रितु ने अकेले ही कुछ अनौपचारिक शोध संपन्न कर लिया था। सबसे पहले समाधान करने वाला मुद्दा था कि रेस्त्रां के द्वारा किस प्रकार का भोजन प्रस्तावित किया जाए। उन्होंने पाया कि दिल्ली में पहले से ही ऐसे अनेक रेस्त्रां मौजूद हैं जो भारतीय व्यंजन परोस रहे हैं और साथ–साथ कुछ रेस्त्रां, जो मुख्यतः होटलों में स्थित थे, चाइनीज एवं यूरोपीय व्यंजनों को प्रस्तावित कर रहे थे। उन्होंने यह भी पाया कि मध्य–पूर्व के व्यंजन उपलब्ध नहीं थे हालांकि उत्तर–भारतीय लोगों में इस प्रकार के भोजन के प्रति एक स्वाभाविक लगाव मौजूद था, विशेषतौर पर लेबनानी व्यंजनों के लिए। दिल्ली में किए गए उनके व्यक्तिगत शोध ने सुझाया कि उनके रेस्त्रां को मध्य–पूर्व, लेबनान तथा मोरक्को सहित उत्तरी भू–मध्यसागरीय सीमावर्ती देशों के व्यंजनों पर ध्यान केन्द्रित करना चाहिए।

रितु ने दूसरे देशों में रेस्त्रांओं पर निगाह डाली। उन्होंने दुबई की दो बार यात्रा की ताकि वो वहाँ के कुछ रेस्त्रांओं का अध्ययन कर सकें। रोहित उनके साथ गए ताकि गैर–शाकाहारी दृष्टिकोण से राय दे सकें। (एक अच्छी जैन होने के नाते रितु एक कट्टर शाकाहारी हैं, यद्यपि वो एक कट्टर मदिरा विरोधी नहीं है!) दुबई में, रितु ने कुछ विशिष्ट मसालों के स्रोतों के सम्बन्ध में भी जानकारी जुटाई तथा साथ ही सजावट एवं परिवेश से जुड़े विचारों को भी एकत्रित किया: उदाहरणार्थ, उन्होंने *शीशा* के महत्व को नोट किया जो कि अरबी भोजन के बाद हुक्का पिया जाना होता है। दुबई से अपनी वापसी पर

वो अपने साथ कोई एक दर्जन हुक्के ले आईं और भारतीय कस्टम अधिकारियों को इस बात के प्रति संतुष्ट करने में सफल रहीं कि इन्हें किसी व्यावसायिक प्रयोजन से नहीं बल्कि निजी उपयोग के लिए लाया गया है क्योंकि उनका बड़ा परिवार निराशाजनक रूप से भोजन के बाद हुक्का पीने की बुरी आदत का शिकार है!

रेस्त्रां की इमारत, जिसे 'स्पिरिट' नाम दिया जाना था, की पहचान की गई और उनके पति द्वारा प्रदान की गई आर्थिक सहायता से इसे खरीद लिया गया, और अगस्त 2001 में स्पिरिट को प्रारंभ कर दिया गया। हालांकि, रितु को शीघ्र ही यह स्पष्ट हो गया था कि भोजन एवं पेय पदार्थों के प्रबंधन में अनुभव की उनकी कमी एक बड़ी बाधा बनने वाली है। उन्होंने ताज होटल समूह के मशहूर शेफ जकारिया को अपने परामर्शदाता के रूप में कार्य करने तथा व्यंजनों एवं रसोई प्रबंधन से जुड़े मसलों से निपटने के लिए नियुक्त कर लिया। उन्होंने सजावट एवं परिवेश के बारे में परामर्श देने हेतु एक शीर्षस्थ आंतरिक सज्जाकार को भी नियुक्त कर लिया। रेस्त्रां के संचालन की देखभाल करने के लिए उन्होंने एक उच्च–शिक्षाप्राप्त, अनुभवी (और महँगें) जनरल मैनेजर को भी नौकरी दी। यह सारा सहायक कर्मचारी दल बहुत अधिक सहायतापूर्ण था और इसने उन्हें 'व्यापार की बारीकियाँ' सीखने के योग्य भी बना दिया। आज वो रेस्त्रां तथा बॉर के परिचालन नियंत्रणों के साथ पूरी तरह से कुशाग्र बन चुकी हैं; ऐसा कोई तरीका नहीं है जिससे उनका कोई कर्मचारी उन्हें भ्रमित कर सके।

भारत में उद्यमियों, विशेषतौर पर महिलाओं, को अनेक समस्याओं का सामना करना पड़ता है। छोटे व्यवसायों के लिए इंस्पेक्टर राज से निपटना कभी न समाप्त होने वाली एक चुनौती और बड़ा सिरदर्द होता है। रितु को भी अपने हिस्से के उन छोटे भ्रष्ट सरकारी अधिकारियों से निपटना पड़ा जो घूस और मुफ्तखोरी की तलाश करते रहते हैं। वास्तव में, ये अधिकारी इस प्रकार से नाटक करते हैं जैसे कि महँगा भोजन करना और शराब पीना और फिर इसका भुगतान न करना उनका अधिकार हो। छोटे व्यवसायी आपको बताएंगे कि छोटे भ्रष्ट नौकरशाहों और इंस्पेक्टरों से निपटना सबसे बड़ी समस्या है, जिसके लिए एक विशेष कौशल की आवश्यकता होती है और किसी भी बिजनेस स्कूल में इसे

नहीं पढ़ाया जाता। रितु को अपना 'काम करते रहने' के दौरान ही ये सब सीखना पड़ा, हालांकि, प्रबंधन की शिक्षा ने उनमें दबाव अथवा धमकी के आगे न झुकने का पर्याप्त आत्मविश्वास पैदा कर दिया था।

वर्ष 2005 में, रितु ने एक दूसरे व्यावसायिक उपक्रम के बारे में खोज प्रारंभ कर दी। इस परियोजना में उत्तराखंड के रामगढ़ में एक पर्वतीय विश्रामगृह स्थापित करना संलिप्त था जहाँ दिल्लीवासी कुछ दिनों के लिए शांति और राहत की साँस ले सकें। इस विश्रामगृह की एक विशिष्ट बात होगी कि यह प्रकृति के नजदीक होगा। यह खूबसूरत परिवेश में स्थित होगा, आर्गेनिक रूप से उगाए गए स्वादिष्ट भोजन परोसे जाएगें तथा अतिथियों को टहलते और पर्वतों में भ्रमण करते समय प्रकृति के नजदीक समय व्यतीत करने हेतु प्रोत्साहित किया जाएगा। घर जैसे कॉटेजों में आतिशदान होंगे जिनमें देवदार की लकड़ी जैसे ईंधन होंगे। उन्होंने सविस्तार इस परियोजना को तैयार किया और रामगढ़ के निकट विश्रामगृह के लिए एक आदर्श स्थान तलाशा गया और खरीद लिया गया।

हालांकि, दुर्भाग्य भरे एक दिन रामगढ़ जाते समय उनकी कार एक भयानक दुर्घटना का शिकार हो गई और इसमें उनकी रीढ़ की हड्डी स्थाई रूप से क्षतिग्रस्त हो गई जिससे उनके शरीर का निचला हिस्सा लकवाग्रस्त हो गया। रितु इस दुर्घटना से बुरी तरह से हिल गई थीं और उन्हें महसूस हो रहा था कि वो अब दोबारा काम पर वापसी नहीं कर सकेंगी–उनकी इच्छाशक्ति और उनका दृढ़संकल्प दोनों बुरी तरह से विपरीत रूप से प्रभावित हो चुके थे। किन्तु रोहित ने उन्हें काम पर वापसी के लिए प्रोत्साहित किया। वो उन्हें प्रतिदिन स्पिरिट ले जाया करते थे और सहयोग प्रदान करने के लिए रेस्त्रां में ही रुके रहते थे। कमोबेश उन्होंने काम पर वापसी के लिए उन्हें तैयार कर दिया। एक बार फिर से वो धीरे–धीरे स्पिरिट का संचालन करने लगीं, किन्तु अब वो एक व्हीलचेयर से कार्य कर रहीं थीं। उन्होंने निजी तौर पर मीनू, सजावट तथा वित्त व्यवस्था के साथ–साथ सामग्री प्रबंधन एवं प्रोत्साहन सहित रेस्त्रां के अन्य सभी पहुलओं पर भी ध्यान दिया। उन्होंने विशेष रूप से यह सुनिश्चित किया कि स्पिरिट नवप्रवर्तनकारी, काल्पनिक तथा खानपान सम्बन्धी वर्तमान रुचियों के साथ अनुरुपता स्थापित करके प्रतिस्पर्धा में आगे बना रहे।

वर्तमान समय में, रेस्त्रां बहुत अच्छा काम कर रहा है और अच्छी आय अर्जित कर रहा है। निश्चित रूप से मंदी के समय में, जब कॉरपोरेट ग्राहक, जो ग्राहकों का एक महत्वपूर्ण भाग होते हैं, रेस्त्रां में अपनी आवाजाही कम कर देते हैं, तब घाटे होते रहते हैं। हालांकि, रामगढ़ विश्रामगृह परियोजना को स्थगित कर दिया गया है।

व्यक्तिगत मामले

अपने पति के साथ रितु एक संयुक्त पारिवारिक व्यवस्था में रहती हैं, जिसमें उनके स्कूल जाने वाले दो बच्चे (एक बेटा और एक बेटी) तथा उनके सास–ससुर शामिल हैं। उनकी माँ भी समीप में ही रहती हैं। परिवार पूरी तरह से रितु के व्यवसाय का समर्थक है क्योंकि वे इस बात को स्वीकार करते हैं कि रचनात्मक कार्य उनके व्यक्तित्व का एक भाग है। रितु को इस बात की बहुत चिंता है कि व्यवसाय में उनकी संलिप्तता के कारण उनके बच्चों को किसी भी प्रकार से उपेक्षा का अनुभव नहीं होना चाहिए। अतः, वो यह सुनिश्चित करती हैं कि हर सुबह अपने काम पर जाने के पहले वो स्कूल के लिए स्वयं बच्चों को विदा करें और उनके स्कूल से आने के पहले खुद भी घर वापस आ चुकी हों। उनके पति इन सबमें पूरी तरह से सहयोग प्रदान करते रहे हैं। वो जोखिम उठाने की उनके साहस और लगन को समझते हैं और प्रशंसा करते हैं–क्योंकि वो खुद भी एक उद्यमी हैं। यद्यपि वो उनके व्यावसायिक प्रयासों के प्रति सहयोगपूर्ण हैं, तथापि वो इसमें बहुत व्यापक रुचि नहीं रखते। वास्तव में, जब शुभारंभ करने हेतु स्पिरिट को तैयार किया जा रहा था, वो उद्घाटन के दिन के पहले तक रेस्त्रां नहीं गए थे। रामगढ़ परियोजना के सम्बन्ध में, रितु कहती हैं: 'मुझे संदेह है कि वो ऐसे व्यक्ति हैं जो किसी विश्रामगृह में समय बिताना पसंद करता हो। उन्हें दिल्ली में अपना व्यस्त कार्य जीवन पसंद है और उन्हें अपने लैपटॉप और स्मार्टफोन के साथ रहने की आवश्यकता होती है। रामगढ़ में उनका मन नहीं लगेगा।' लेकिन ठेकेदारों और आपूर्तिकर्ताओं के साथ सौदेबाजी करने तथा विनियामक अधिकारियों से निपटे जाने दोनों से संलिप्त व्यावसायिक मामलों के सम्बन्ध रितु को परामर्श दिए जाने के द्वारा उन्होंने बराबर से

सहायता प्रदान की थी। और, निश्चित रूप से, दुर्घटना के बाद, उन्होंने रितु को काम पर वापस आने में सहयोग किया, एक ऐसे समय पर जब वो लगभग इसे त्यागने का निर्णय कर चुकी थीं।

भविष्य के बारे में, रितु को लगता है कि अब परिवर्तन का समय आ चुका है क्योंकि 2001 में स्पिरिट को प्रारंभ करने से लेकर अभी तक दिल्ली के आतिथ्य सत्कार व्यवसाय में बहुत बड़े परिवर्तन आ चुके हैं। ग्राहक बहुत तुनकमिजाज हो चुका है और प्रतिस्पर्धा बहुत बढ़ चुकी है। उन्होंने बिना किसी पूर्व औपचारिक बाजार अनुसंधान के ही स्पिरिट को प्रारंभ किया था। आज ऐसा सोचना भी कठिन है। यदि किसी के भी मीनू, स्थान अथवा सजावट में जरा भी गलती या कमी है तो वो शीघ्र ही इस व्यवसाय से बाहर हो सकता है। वास्तव में, दिल्ली के अनेक रेस्त्रांराओं के साथ ऐसा हो भी चुका है।

रितु की खुद की स्थिति और धारणाओं में महत्वपूर्ण परिवर्तन आ चुके हैं। अब वो महसूस करती हैं कि कनॉट प्लेस, जो कभी महत्वपूर्ण बाजार समझा जाता था, गिरावट के दौर में है। इसके अतिरिक्त, उनकी गतिशीलता की कमी ने पहली मंजिल पर स्थित एक रेस्त्रां के संचालन के साथ न्याय करने को कठिन बना दिया है। अतः, रितु की भविष्य की योजनाओं में अपने रेस्त्रां को दक्षिण दिल्ली के किसी ऐसे स्थान पर स्थानान्तरित करना शामिल है जहाँ से व्हीलचेयर पर बैठकर प्रबंधन करना अपेक्षाकृत कम कठिनाईपूर्ण हो। स्पिरिट के संचालन के अनुभव ने उन्हें ऐसे विचार प्रदान कर दिए हैं जो एक अलग ही प्रकार के रेस्त्रां को स्थापित करने में योगदान प्रदान करेंगे। उदाहरण के लिए, दिल्ली में रेस्त्रां जाने वाले लोगों पर किया गया उनका अध्ययन उन्हें बताता है कि यहाँ ऐसे 'पब्स' के लिए बड़ी अपूरित माँग मौजूद है जहाँ लोगों को अच्छी क्वालिटी के ड्रिंक मिल सकते हों, जिनमें बातचीत का तथा खुशमिजाज माहौल उपलब्ध होने के साथ–साथ परिष्कृत मदिरा और कॉकटेल तथा स्वादिष्ट नमकीन आदि उपलब्ध हों। उन्हें लगता है कि ऐसे किसी भी स्थान के लिए यह बिल्कुल सही समय है। शायद इसमें रेस्त्रां के अंदर ही बियर ब्रिविंग (बियर तैयार करने) की सुविधा को भी शामिल किया जा सकता है–एक ऐसी अवधारणा जो दुनिया के दूसरे हिस्सों में लोकप्रिय सिद्ध हो रही है। वास्तव में, वो दिल्ली में

अधिकारियों के साथ इस सुविधा के सम्बन्ध में संभावनाओं का परीक्षण पहले से जारी रखे हुए हैं।

वो रामगढ़ में विश्रामगृह की परियोजना को पुनर्जीवित करना पसंद करेंगी। इसमें 2005 में खरीदे गए पाँच एकड़ के भूखंड को विकसित करने का कार्य शामिल होगा। वो कहती हैं कि वो 'जितनी जल्दी भविष्य से सम्बन्धित अपने विचारों को अंतिम रूप दे सकीं–और मूड बना सकीं' उतनी जल्दी ही इसे प्रारंभ कर देगीं।

अपने करियर के महत्वपूर्ण बदलाव सम्बन्धी बिन्दुओं पर वापस दृष्टि डालते हुए रितु मानती हैं कि उनके जीवन में सिम्स के तुरंत बाद मुम्बई को छोड़ देना और अपने पिताजी के व्यवसाय से जुड़ने के लिए दिल्ली वापस आना एक महत्वपूर्ण निर्णय था, यद्यपि उस समय यह एक प्रतिगामी कदम प्रतीत हो रहा था। 1990 के दशक में, मुम्बई स्थित कॉरपोरेट भारत में किसी भी अन्य शहर की तुलना में युवा विपणन एवं विज्ञापन पेशेवर लोगों को प्रोत्साहित करने हेतु असाधारण तरीके अपना रहे थे। आज रितु को महसूस होता है कि यदि वो अपने पिता के व्यवसाय से जुड़ने हेतु दिल्ली वापस आने के बजाए मुम्बई में रुकी रहीं होतीं तो उन्हें किसी बड़े कॉरपोरेट के साथ भारी–भरकम वेतन वाली एक नौकरी मिल गई होती, वो अपने काम का भरपूर आनंद उठातीं, अपने वेतन और सुविधाओं के साथ खूब आराम प्राप्त करतीं और फिर अपना खुद का व्यवसाय प्रारंभ करने के लिए कभी भी अपनी नौकरी को न छोड़तीं। उन्होंने अनेकों भावी उद्यमियों के साथ ऐसा घटित होते हुए देखा है। तो भी क्या, जिसे कभी दुर्भाग्य समझा था वही आज एक वरदान बन चुका है।

युवा उद्यमियों को परामर्श दिए जाने के मामले में रितु कहती हैं: 'मैं सोचती हूँ आज बहुत सारे युवा उद्यमी गुणवत्ता तथा धन के बदले कीमत में सुधार लाए जाने के स्थान पर अपने व्यवसाय को प्रोत्साहित करने में अधिक समय व्यतीत कर रहे हैं।' रितु एक सशक्त शीर्ष एवं आधार रेखा के महत्व को देखती हैं किन्तु उनके लिए, स्पिरिट की संस्थापिका एवं स्वामिनी के रूप में, यह भी महत्वपूर्ण है कि वे खाद्य–पदार्थों, सेवा, सजावट एवं माहौल की गुणवत्ता के सम्बन्ध में सकारात्मक सूचनाएं प्राप्त करती रहें।

6

आयशा ग्रेवाल

जैविक खेती

आयशा ग्रेवाल, स्थाई विकास की एक जोशपूर्ण समर्थक, 'द आल्टीट्यूड स्टोर' (टास–टीएएस) की संस्थापिका हैं, जो सामाजिक रूप से अभिप्रेरित एक ऐसी कंपनी है जो दूरस्थ पर्वतीय क्षेत्रों में रहने वाले छोटे किसानों को परिष्कृत जैविक खाद्य पदार्थों को उगाने और बेचने में सहायता प्रदान करती है। भारत में ग्रामीण जनों

के साथ आयशा द्वारा पहले किए जा चुके कार्य का सम्बन्ध ग्रामीण विकास तथा ऐसी आजीविकाओं के सृजन के साथ जुड़ा हुआ था जो आर्थिक तथा पारिस्थितिकीय रूप से लाभदायक थे। उस दौरान उन्होंने पाया था कि सदियों से उत्तराखंड जैसे पर्वतीय क्षेत्रों में रहने वाले अनेक छोटे किसानों ने परंपरागत जैविक खेती की विधियों को अपनाया हुआ था, किन्तु उनकी आमदनी बहुत कम हुआ करती थी क्योंकि उनके पास ऐसे बाजारों तक पहुँच नहीं थी जहाँ उन्हें अपने बेहतर उत्पादों के लिए समुचित कीमत प्राप्त हो सके। ठीक उसी समय पर, दिल्ली जैसे शहरी बाजारों में लोग जैविक खाद्य पदार्थों के लिए फरियाद करते फिर रहे थे, जो कि अच्छी खासी कीमत देने को तैयार होने के बाद भी उन्हें प्राप्त करना कठिन हो रहा था। टास आश्वस्त थी कि एक पुल के रूप में वो जैविक खाद्य पदार्थों के उत्पादकों तथा उपभोक्ताओं दोनों की आवश्यकताओं की पूर्ति करेगी।

पृष्ठभूमि

आयशा के पिताजी के पास कॉरपोरेट जगत में फाइनेंस एक्जीक्यूटिव के रूप में एक विशिष्ट करियर उपलब्ध था जो सिटीबैंक में एक उच्च पद पर आसीन थे। बैंक में और अधिक तरक्की करने का अर्थ था भारत से बाहर जाना। उन्होंने पदोन्नति का त्याग करना और भारत में ही बने रहना पसंद किया क्योंकि पति और पत्नी दोनों ही इस बात के इच्छुक थे कि उनकी दोनों बेटियाँ भारतीय माहौल और संस्कृति में बड़ी हों। बाद में, श्री ग्रेवाल को टाटा समूह के द्वारा अपनी होटल कंपनी के लिए चुन लिया गया। वर्ष 1983 में, उन्होंने एक कृषि फार्म खरीदा, जहाँ बाद में उन्होंने जैविक खेती प्रारंभ कर दी। इस फार्म पर आयशा ने बहुत सारा समय व्यतीत किया और विभिन्न फसलों को उपजाए जाने के नए तरीकों का आनंद लिया। इस प्रकार, जैविक तरीका आयशा की जागरूकता का हिस्सा उसी समय बन गया था जब वो युवा थीं। उस समय, आयशा के मन में इस बात का कोई विचार नहीं आया था कि भविष्य में उनका करियर क्या होगा। हालांकि, कृषक

जीवन तथा ग्रामीण वातावरण के लिए उनमें एक प्यार पहले ही विकसित हो चुका था, प्रायः घर से बाहर अवकाश में पिकनिक मनाए जाने और भ्रमण करने के दौरान। ये प्रारंभिक संकेत थे कि वो गाँवों और खेतों से सम्बन्धित करियर की दिशा में आकर्षित होंगी।

दिलचस्प बात यह है कि अपने बचपन में आयशा एक जिद्दी टॉमबॉय रही थीं (हमेशा पैंट पहनने वाली, बिना मेकअप के, और लड़कों के साथ खेलने वाली); उन्हें पशुओं से अत्यधिक प्रेम था (उनके फार्म पर प्रत्येक गाय को उसके नाम से बुलाया जाता था); इसके अलावा, वो दिल से एक माली हुआ करती थीं (फार्म के सभी कामों को स्वयं अपने हाथों से करने में गर्व का अनुभव करने वाली), और उन्हें टिड्डी के समान एक फुर्तीला दिमाग ईश्वर से उपहार में मिला था (एक से दूसरे रचनात्मक विचारों पर बड़ी सहजता से छलांगें लगाना, जैसे जैविक खाद्य पदार्थों सम्बन्धी विभिन्न परियोजनाओं की एक साथ योजना बनाना और कार्यान्वित करना)।

आयशा ने मुम्बई तथा दिल्ली के कई स्कूलों में अध्ययन किए और फिर अमेरिका पढ़ने चली गईं। उनकी बड़ी बहन वहाँ अध्ययन कर चुकी थीं, और वहाँ की अपनी यात्राओं के दौरान आयशा वहाँ के उदार वातावरण से प्रभावित हो चुकी थीं। उन्होंने फ्रैंकलिन मार्शल कॉलेज, पेनसिल्वेनिया से अर्थशास्त्र तथा अंतर्राष्ट्रीय सरकार में स्नातक तक का अध्ययन किया, और अंतर्राष्ट्रीय वित्त में ग्रेजुएट स्कूल ऑफ इंटरनेशनल स्टडीज, डेनेवर विश्वविद्यालय से मास्टर्स की उपाधि हासिल की। 1998 में अपना अध्ययन पूरा करने के बाद उन्होंने न्यूयार्क में ही नेशनल इकोनॉमिक रिसर्च एशोसिएट्स—जो एक निजी परामर्शदात्री संस्था है—के साथ दो वर्षों तक कार्य किया। हालांकि, उन्होंने उस काम को अपना करियर बनाने की आशा नहीं की थी। वो कहती हैं कि करियर के मामले में उन दिनों उनकी मुख्य चिंता मात्र एक नौकरी हासिल करने की थी ताकि वे न्यूयार्क में रहने के अपने खर्चों की पूर्ति कर सकें—इससे अधिक आदर्शवादी कुछ भी नहीं!

सन् 2000 में आयशा ने भारत वापसी की योजना बनानी प्रारंभ कर दी थी। उन्होंने सोचा था कि वो ऐसे अमेरिकियों को सहायता प्रदान

करने हेतु एक छोटी सी परामर्शदात्री संस्था स्थापित करेंगी जो भारत में निवेश करना चाहते हों और जिन्हें स्थानीय मामलों से निपटने के लिए सहायता की आवश्यकता हो, तथा साथ–साथ वे कुछ डॉट.कॉम जैसे उपक्रमों को स्थापित करने के भी इच्छुक हों। जब उन्होंने अपनी भारत वापसी के पश्चात् जानकार लोगों से इन संभावनाओं के बारे में जानकारी हासिल की तो यह स्पष्ट हो गया कि ये योजना काम आने योग्य नहीं है क्योंकि इसके समुचित अनुभव का उनके पास अभाव है, और इसीलिए इसे त्याग दिया गया।

अंततः आयशा को दिल्ली में एक नौकरी मिल गई जहाँ वो नवीकरणीय ऊर्जा के उपयोग को प्रोत्साहित करने वाले एक गैर–सरकारी संगठन, विनरॉक इंटरनेशनल इंडिया, में वित्तीय पोर्टफोलियो के प्रबंधन के लिए उत्तरदायी बना दी गईं। उनके कामों में एक ऐसे अमेरिकी सहायता कार्यक्रम का डिजाइन एवं प्रबंधन करना शामिल था जो नवीकरणीय ऊर्जा का उपयोग करने वाली परियोजनाओं को अल्प–लागत वाले ऋण तथा प्रारंभिक सेवाएं प्रदान किया करता था। संयोगवश, जिस प्रकार से उन्हें यह कार्य मिला वह बहुत दिलचस्प है और निर्णय लिए जाने के मामले में आयशा की अपारंपरिक एवं साहसी सोच को दर्शाता है। भारत पहुँचने के तुरंत बाद आयशा ने अपना बायोडेटा संभावित नियोक्ताओं को भेज दिया था। सोमवार के दिन उन्हें विनरॉक से साक्षात्कार का आह्वाह्न मिला, बुधवार को साक्षात्कार हुआ, बृहस्पतिवार को उनकी नियुक्ति हो गई, शुक्रवार को वो कार्य पर उपस्थित हो गईं तथा उस सप्ताहांत तक कंपनी के काम से उन्हें एक लंबी यात्रा पर रवाना कर दिया गया! विनरॉक में आयशा का साक्षात्कार लेने वाले व्यक्ति थे जॉन रेयन, जो विकासशील देशों में नवीकरणीय ऊर्जा सम्बन्धी परियोजनाओं को प्रोत्साहित करने के साथ–साथ ग्रामीण समुदायों के लिए पर्यावरणीय दृष्टि से टिकाऊ आजीविकाओं का सृजन करने के प्रति अपने समर्पित जुनून के लिए अंतर्राष्ट्रीय ख्याति अर्जित कर चुके हैं। साक्षात्कार में आयशा ने जॉन को बताया कि उनके पास नवीकरणीय ऊर्जा के बारे में न तो कोई पूर्व अनुभव है और न ही ज्ञान। जॉन का जवाब था कि उन्होंने उनके पूर्वकल्पित विचार व्यक्त न करने को सकारात्मक माना और उन्हें नौकरी का प्रस्ताव किया है! जैसे ही यह हुआ, दोनों के भाग्य में यह

लिख दिया गया कि वे भविष्य में एकसाथ मिलकर कई संगठनों में तथा दुनिया के विभिन्न हिस्सों में अनेक परियोजनाओं पर काम करते हुए कई वर्षों का समय साथ बिताएगें।

वर्ष 2002 में आयशा ने विनरॉक को छोड़ दिया ताकि वो जॉन रेयन के साथ साझेदारी में 'एनवायनमेंट, एनर्जी एंड एंटरप्राइज वेन्चर्स' (ई3वी) नामक एक परामर्शदात्री संस्था की स्थापना कर सकें। ई3वी ने भारत के साथ–साथ चीन, ब्राजील तथा कैरेबियाई देशों में संवहनीय ग्रामीण ऊर्जा एवं जैविक कृषि से सम्बन्धित कार्यों को स्वीकार किया। इन कार्यों में दार्जिलिंग में जैविक चाय बागानों के लिए जल–आधारित लघु ऊर्जा उत्पादन को विकसित करने, चीन में गाय के गोबर को ऊर्जा स्त्रोत में परिवर्तित करने तथा ब्राजील मे सौर शुष्कायन प्रणाली की स्थापना करने जैसी परियोजनाएं शामिल थीं। ये परियोजनाएं अमेरिका स्थित उन लोकोपकारी संगठनों से प्राप्त निधियों के सामर्थ्य द्वारा प्रदान की गई थीं जिन्होंने ई3वी के कामों पर निगाह रखी थी और उससे प्रभावित हुए थे।

इसी समय पर, आयशा ने एक जैविक फल प्रसंस्करण कंपनीः कुरमांचल ऑर्गेनिक वेन्चर्स की स्थापना भी कर ली थी, जो उत्तराखंड के पहाड़ों में जैविक ढंग से उपजाए गए फलों को खरीदती थी और विभिन्न उत्पादों के रूप में इनका प्रसंस्करण करती और फिर इन्हें राष्ट्रीय राजधानी क्षेत्र जैसे दूर–दराज के क्षेत्रों में बेचा करती थी। साथ ही इसी समय पर, आयशा के परिवार ने उनके उस विचार की अंततः पुष्टि कर दी थी कि जिसे वो अपने जीवन में करियर के तौर पर अपनाना चाहती थीं। उन्होंने निर्णय किया था कि वो पर्वतीय क्षेत्रों के अल्प–आय वाले किसानों की गतिविधियों (विशेषतौर पर पारिस्थितिकीय रूप से टिकाऊ खेती के माध्यम से) को उन्नत बनाए जाने में उनकी सहायता कर उनके जीवन में सुधार लाने के लिए काम करते हुए अपना जीवन व्यतीत करना पसंद करेंगी। बाद में पता लगा कि उनकी आकांक्षा आने वाले समय की भविष्यवाणी बन चुकी थी।

जैसे–जैसे आयशा अपनी 30 की उम्र के दशकीय मध्य में पहुँचने लगीं, अपने काम के परामर्श पक्ष में उनकी रुचि घटना प्रारंभ हो गई क्योंकि यह सफल होने तक परियोजनाओं को कार्यान्वित करने की

उनकी आवश्यकता को संतुष्ट नहीं कर पा रहा था। वो स्पष्ट करती हैं: 'मैं उन परियोजनाओं पर काम करना चाहती थीं जिनमें मात्र परामर्श देने के स्थान पर आदि से अंत तक मैं सीधे संलिप्त रहूँ।' तब उन्होंने टास की स्थापना पर ध्यान केन्द्रित करने का निर्णय कर लिया, जो जैविक खाद्य पदार्थों के सतत् उत्पादन और विपणन के क्षेत्र में जमीनी स्तर के काम में व्यक्तिगत रूप से सभी पहलुओं में संलिप्त होने की उनकी इच्छा को पूरा करता था। तब तक, जैविक फलों की उनकी संस्था, कुरमांचल आर्गेनिक वेन्चर्स बहुत अच्छा काम करने लगी थी। प्रारंभ में इसके द्वारा सेबों पर ध्यान केन्द्रित किया गया था, किन्तु चूंकि सेब का मौसम बहुत अल्पकालिक होता है, अतः, आलूबुखारा, आड़ू, नाशपातियों तथा खुबानी को भी रसों, सिरप, जैम तथा चटनियों के प्रसंस्करण में जोड़ लिया गया। हालांकि, सहयोगी किसान अपने अन्य जैविक उत्पादों की बिक्री में भी सहायता की अपेक्षा कर रहे थे, और चूंकि टास ऐसा करने के लिए एक सही संस्था थी, अतः, टास को विकसित करने के प्रति आयशा को और अधिक समय समर्पित करने हेतु प्रोत्साहन प्राप्त हो गया।

टास की स्थापना

2009 में टास की स्थापना एक ऑनलाइन व्यवसाय के रूप में की गई थी। एक वर्ष बाद, इसके द्वारा शहरी क्षेत्रों में सड़कों के किनारे कुछ दुकानें स्थापित की गईं तथा उत्तराखंड तथा भारत के अन्य भागों से भी प्राप्त किए गए जैविक उत्पादों की विभिन्न किस्मों को बेचा जाने लगा। इनमें से कुछ टास के ब्रॉड के अधीन थी जबकि कुछ अन्य उनके उत्पादकों के नाम के अधीन।

टास ने पर्वतीय किसानों को अपने उत्पादों की श्रेणी उन्नत बनाने तथा नए बाजारों में बेचे जाने में सहायता प्रदान की। उदाहरण के लिए, यदि किसान हरी शिमला मिर्च उगा रहे थे तो उन्हें इस मूल्य शृंखला में ऊपर उठने और पीली एवं लाल शिमला मिर्च उगाना सिखाया गया और इस प्रकार 25 रुपए प्रति किलोग्राम के बजाए लगभग 250 रुपए प्रति किलोग्राम प्राप्त करना सिखाया गया, क्योंकि टास उनके उत्पादों

को उन समृद्ध शहरी उपभोक्ताओं के हाथों बेचती थी जो ऐसी वस्तुओं के प्रशंसक हैं। इसी प्रकार यदि वे गोभी का उत्पादन कर रहे थे तो उन्हें ब्रोक्कली का उत्पादन सिखाया गया। सामान्यतः, उन्हें अधिक मूल्य वाली उन सब्जियों का उत्पादन करने हेतु प्रोत्साहित किया गया जिन्हें उन्होंने पहले इसलिए नहीं उगाया था क्योंकि उनके आसपास ऐसे ग्राहक उपलब्ध नहीं थे तथा साथ–साथ इसके लिए तकनीकी एवं वित्तीय संसाधनों का भी अभाव था।

टास ने अपने सम्बद्ध किसानों के लिए आवश्यक ग्रीनहाउसों का निर्माण करने हेतु ऋण की भी व्यवस्था की। इन ऋणों का निधिकरण स्कॉटिश व्हिस्की निर्माता विलियम ग्रांट एंड संस से प्राप्त दान–राशियों से किया गया था, जो उस समय अपनी अग्रणी सिंगल माल्ट व्हिस्की–ग्लेनफिडिच की सालगिरह समारोह मना रहे थे। दान की राशियों की व्यवस्था 11 प्रकार की विशिष्ट रूप से पुरानी और गिनीचुनी व्हिस्की बोतलों की सीमित संख्या की नीलामी के माध्यम से की गई थी। इनमे से प्रत्येक बोतल को सर्वाधिक बोली लगाने वाले लोकोपकारी के हाथों बेचा गया था, और प्राप्त राशि को ऐसी परियोजनाओं के लिए दान में दे दिया गया था जिनसे समाज का महत्वपूर्ण रूप से लाभ होता हो। आयशा ने विलियम ग्रांट के समक्ष प्रस्तुतीकरण दिया और उन्हें टास ग्रीनहाउसों के लिए दान दे दिया गया। यह दान रूरल एंड एग्रीकल्चरल फाउण्डेशन, जो जैविक खेती को प्रोत्साहित करने हेतु आयशा तथा उनके माता–पिता द्वारा स्थापित एक गैर–सरकारी संगठन है, के माध्यम से दिया गया था।

टास ने ग्रीनहाउसों के संपूर्ण उत्पादन को खरीद लिया, इसे शहर के बाजारों में बेचा और किसानों को अच्छी कीमतें अदा कीं (इसमें से ऋणों पुनर्भुगतान हेतु 10 प्रतिशत राशि काटी गई थी)। टास से सम्बद्ध किसानों ने ऋणों का उपयोग ग्रीनहाउसों के निर्माण हेतु किया था, और टास ने एक विकासशील प्रयोगशाला के रूप में स्वयं के उपयोग हेतु एक ग्रीनहाउस का निर्माण करवाया था ताकि अति–परिष्कृत आयातित सब्जियों जैसे बटरनट स्क्वाश तथा जलापेनों मिर्चें आदि को उगाने सम्बन्धी प्रयोग किए जा सकें और फिर इसकी तकनीक को किसानों को उपलब्ध करवाया जा सके।

टास दलालों को बाहर करने का प्रयास करती है और, उदाहरणार्थ, गेहूँ की खरीद सीधे किसानों से करती है। चूंकि गेहूँ के भंडारण की आवश्यकता होती है, अतः टास यह व्यवस्था करती है कि किसानों को भंडारण की सुविधा निर्मित करने हेतु ऋण प्राप्त हो सकें। समय के साथ, जैसे–जैसे टास गेहूँ की खरीद करती है, ऋण का पुनर्भुगतान कर दिया जाता है। अगले चरण में, टास एक आटा मिल स्थापित करने तथा गेहूँ के बजाए पैक किया हुआ आटा बेचने के उद्देश्य से किसानों के लिए ऋण की व्यवस्था करती है। इस प्रकार से, टास मध्यमवर्ती लागतों की बचत करती है और मूल्य संवर्द्धित जैविक उत्पादों को शहरी बाजारों में ऐसी कीमतों पर बेचती है जो किसानों को अच्छा लाभ प्रदान करती हैं।

आयशा ने योजना बनाई थी कि प्रारंभिक तौर पर टास सूखी जड़ी–बूटियों, दालों तथा चावल पर ही ध्यान केन्द्रित करेगी, किन्तु शीघ्र ही, मौखिक प्रचार के कारण बहुत भारी माँग उत्पन्न होने लगी थी। टास के द्वारा संभाले जाने वाले उत्पादों में गोश्त, दुग्ध–उत्पाद, फल, सब्जियाँ, खाद्य तेल, साबुत अनाज, दालें, मसाले, जड़ी–बूटियाँ तथा स्पेड्स के साथ–साथ कुछ सौन्दर्य प्रसाधान जैसे कि मधुमक्खी की मोम निर्मित लिप–बॉम तथा हस्तनिर्मित साबुन आदि शामिल थे, जो सबके सब बिना हानिकारक रसायनों के बनाए गए थे ताकि वो ऐसे लोगों, जो उनका उपयोग करते हैं, के लिए अच्छे होने के साथ–साथ उनके लिए भी अच्छे हों जो उनका उत्पादन करते हैं।

वर्ष 2008 में, आयशा को अमेरिका के वर्जीनिया स्थित ग्लोबल एनवायनमेंटल इंस्टीट्यूट के द्वारा सम्मानित किया गया, और अपना सर्वप्रथम फेलो नियुक्त कर दिया गया। यह फेलोशिप उन्हें उनके द्वारा कलात्मक जैविक खाद्य उत्पादों का सृजन करने के साथ–साथ छोटे पैमाने लघु–आय वाले जैविक किसानों को व्यावसायिक रूप से लाभप्रद बनने में सहायता प्रदान करने सम्बन्धी गतिविधियों के लिए प्रदान की गई थी। इस फेलोशिप के अंतर्गत, आयशा ने कैलिफोर्निया में काउगर्ल क्रीमरी, जो अमेरिका के प्रख्यात चीज–निर्माता प्रतिष्ठानों में से एक है, के साथ 10 सप्ताहों वाला एक व्यावसायिक विकास कार्यक्रम पूरा किया। काउगर्ल आयशा के मिशन से उत्साहित था तथा इसने उन्हें उदारतापूर्वक तकनीकी सहायता उपलब्ध

करवाई। काउगर्ल से एक विशेषज्ञ, जो उसके सह–संस्थापक हैं, ने कलात्मक चीज निर्माण व्यवसाय को विकसित करने में आयशा का मार्गदर्शन करने हेतु भारत की यात्रा की। इस फेलोशिप के अंतर्गत, आयशा को जैविक खाद्य उत्पादों में शोध करने के लिए सहयोग भी प्राप्त हुआ, विशेषतौर पर उनकी तैयारी के बुनियादी सिद्धांतों के सम्बन्ध में जिसे वो बाद में स्थानीय स्थितियों के अनुरूप ढाल सकती थीं।

चुनौतियाँ

टास की संस्थापिका के रूप में, अपने व्यवसाय को खड़ा करने और संचालित करने के पूर्व आयशा को अनेक चुनौतियों पर विजय पानी पड़ीः

वित्त

आयशा ने 40 लाख रुपयों की पूँजी के साथ टास को प्रारंभ किया था जिसे परामर्श देने से अर्जित की गई आमदनी में से बचाया गया था। परंतु टास को इससे कहीं बड़ी धनराशि के निवेश की आवश्यकता थी ताकि सामग्रियों को हाथों–हाथ खरीदे जाने के साथ–साथ भंडारण, प्रसंस्करण एवं पैकेजिंग जैसी मूल्य–संवर्द्धित सेवाओं का वित्तपोषण भी किया जा सके। स्टार्ट–अप कठिन था। धन की बचत करने हेतु समस्त लागतों पर कठोर नियंत्रण रखा जाना होता था। खर्चों पर लागू इन कठोर नियंत्रणों का परिणाम होता था कार्य सम्बन्धी स्थितियों में कष्टदायी वातावरण का उत्पन्न होना। उदाहरण के लिए, खरीद की गई सामग्रियों को प्रायः आयशा के निवास स्थल पर भंडारित किया जाता था, कभी–कभी तो उनके बिस्तर के नीचे भी! साथ ही, उनका घर एक डॉरमेटरी के तरह प्रयुक्त होता था जिसमें उत्तराखंड से आने वाले उनके सम्बद्ध किसानों के रुकने की व्यवस्था की जाती थी। उस समय पर, आयशा ईउवी के साथ भी कार्यरत् थीं, और वो टास के खर्चों को पूरा करने के लिए उससे मिलने वाले वेतन का उपयोग भी कर डालती थीं।

जैसा कि अनेक अन्य महिला उद्यमिता उपक्रमों के मामलों में होता है, अंतर्राष्ट्रीय वित्त तक पहुँच सहज नहीं थी। सौभाग्यवश, अपनी

शिक्षा एवं अनुभव के कारण, आयशा वित्तीय संस्थानों से वित्तपोषण प्राप्त करने सम्बन्धी 'व्यावसायिक चालाकियाँ' जानती थीं। हालांकि, उन्होंने यही पसंद किया कि अपनी परियोजनाओं के लिए अधिकांश वित्तपोषण परिवार एवं मित्रों के बीच अंश वितरित करके ही हासिल किया जाए। निश्चित भुगतान राशि और समयसीमा सम्बन्धी दबावों के कारण वो बैंकों से ऋण लेने से बचती रहीं।

वर्ष 2014 में टास की वार्षिक बिक्री लगभग 3.5 करोड़ रुपयों की थी। व्यवसाय के इस स्तर पर अर्जित की जा रही निधियाँ वर्तमान परिचालन व्ययों को पूरा करने तथा सामान्य विकास प्रदान करने के साथ–साथ आयशा को एक मामूली वेतन दे पाने हेतु पर्याप्त थीं।

स्थितिकरण

ग्रामीण आपूर्ति श्रृंखला में मौजूद दलालों (आढ़तों) के प्रभाव को कम करना एक बड़ी चुनौती थी। *आढ़तों* पर किसान की निर्भरता से छुटकारा पाने के लिए टास को पूरे समय किसान के लिए उपलब्ध होना तथा बीमारी, फसल खराब होने, शादी–विवाह जैसे अन्य अवसरों पर सहायता भी प्रदान करनी होती थी। अतः, आयशा ने उत्तराखंड के पर्वतीय क्षेत्रों में टास की स्थाई उपस्थिति की व्यवस्था कर डाली। इसका परिणाम यह भी हुआ कि किसानों से खरीद सीधे तौर पर होने लगी, जो टास का एक प्रमुख उद्देश्य भी था। आयशा को लोगों के बीच विश्वास उत्पन्न करना था तथा उन्हें टास की विश्वसनीयता, निष्ठा एवं मंशा के प्रति संतुष्ट भी करना था। खरीददार प्रायः जैविक तथा कृत्रिम रूप से उपजाए गए उत्पादों में भेद नहीं कर सकते। टास ने अपने उत्पादों पर 'जैविक' अथवा 'प्राकृतिक' होने का लेबल लगाया। कृषि एवं प्रसंस्कृत खाद्य उत्पाद निर्यात विकास प्राधिकरण (अपेडा अथवा एपीईडीए) के दिशानिर्देशों के अंतर्गत अंतर्राष्ट्रीय जैविक विशिष्टताओं को पूरा करना प्रमाणित करने वाले उत्पादों पर 'जैविक' के लेबल लगाए गए। उत्तराखंड सरकार ने किसानों को यह प्रमाणन हासिल करने में सहायता प्रदान की, किन्तु अनेक किसानों को प्रमाणन की लागत बहुत अधिक महसूस हुई। टास ने भी उन उत्पादों का भी वितरण किया जो अपेडा के दिशानिर्देशों के

अधीन प्रमाणित तो नहीं थे तथापि उन्हें जैविक उत्पादन स्थितियों में उत्पादित किया गया था—ऐसे उत्पादों पर 'प्राकृतिक' का लेबल लगाया गया था। लेबल लगाए जाने में पारदर्शिता बहुत अच्छी एवं निष्पक्ष सिद्ध हुई। शीघ्र ही टास जैविक खाद्य पदार्थों के खुदरा व्यवसाय में एक विश्वसनीय नाम बन चुका था।

मानव संसाधन

आयशा के द्वारा सामना की गई एक अन्य समस्या मानव संसाधन से जुड़ी थी, विशेषतौर पर शीर्षस्थ व्यावसायिक प्रतिभाओं को दूरस्थ पर्वतीय क्षेत्रों में काम करने हेतु आकर्षित करने में। उदाहरण के लिए, उन्होंने टास के लिए एक ऐसे सीईओ हासिल करने में कठिनाई का अनुभव किया जो संचालन सम्बन्धी सभी मामलों को नियंत्रित कर सकता हो ताकि वो स्वयं अपना ध्यान नए उत्पादों को विकसित करने पर केन्द्रित कर सकें—जो कि उनकी मुख्य ताकत है। यथास्थित में उन्होंने बहुत सारी यात्राएं कीं, पूरे विश्व में आयोजित खाद्य मेलों का भ्रमण किया और अंतर्राष्ट्रीय मुलाकात स्थलों में जैविक खाद्य व्यवसायों के नेतृत्वकर्ताओं, जैसे लंदन में बारोफ मार्केट जैसे लोगों के साथ अंतःक्रियाएं कीं। वो जानती थीं कि नए परिष्कृत जैविक उत्पादों की खोज, भारतीय स्थितियों में उनके अनुकूलन तथा फिर टास के सहयोगियों के बीच उनकी तकनीक के हस्तांतरण की व्यवस्था किस प्रकार की जाती है। उन्हें लगा कि यदि उन्हें एक सक्षम सीईओ के द्वारा करने वाले संचालन सम्बन्धी कार्यों से राहत मिल जाए तो वो ऐसी गतिविधियों के प्रति अपना समय समर्पित कर अधिक महत्वपूर्ण योगदान कर सकती हैं। वो अभी भी इस समस्या से निपटने का प्रयास कर रही हैं।

सांस्कृतिक मुद्दे

भारत में, लड़कियों को व्यापार प्रारंभ करने से प्रायः निरुत्साहित किया जाता है क्योंकि उनसे आशा की जाती है कि वे अपना समय परिवार और घर के प्रति समर्पित करें। आयशा को ऐसे किसी भी दबाव का

सामना नहीं करना पड़ा। उनके माता–पिता खुले विचारों वाले थे और उद्यमिता के उनके प्रयासों के पूर्ण समर्थक थे यद्यपि कि कभी–कभी वो प्यार से उन्हें सुझाव दिया करते थे कि वो पारिवारिक जीवन के लाभों पर विचार करें और यहाँ तक कि उन्होंने कुछ 'उपयुक्त' लड़कों से उनका परिचय भी करवाया था। वास्तव में, आयशा बिना विवाह करने के दबाव का अनुभव किए ही अपने उपक्रम को स्थापित और संचालित करने में समर्थ थीं। 2013 में, आयशा 40 वर्ष की हो गईं और वो अभी तक अविवाहित एवं प्रसन्न थीं। वो बहुत सक्रिय थीं, अपने काम में सफल, जिन्दगी से भरपूर, जिंदादिल एवं स्वस्थ (जैविक भोजन!)। संयोगवश, एक बड़ी सीमा तक उनकी भतीजी एवं भतीजे ने मातृत्व सम्बन्धी उनकी आवश्यकताओं को पूरा किया है। आयशा जानती थीं कि वो अपने कार्यक्षेत्र में एक प्रसन्नतापूर्ण जीवन प्राप्त कर सकती हैं, और उन्होंने विवाह की जरूरत ही नहीं महसूस की। उन्होंने निर्णय कर लिया, और घोषणा भी कर दी, कि वो शादी नहीं करेंगी। परिवार से किसी आपत्ति का प्रश्न ही नहीं था।

आयशा बताती हैं कि उनके पूरे उद्यमी जीवन में उन्हें एक महिला होने के नाते किसी प्रकार की सामाजिक–सांस्कृतिक चुनौती का सामना नहीं करना पड़ा। उनके सर्वाधिक महत्वपूर्ण संपर्क पर्वतीय क्षेत्रों के छोटे किसानों के साथ जुड़े थे, और वे सदैव ही विनम्र एवं सम्मानपूर्ण होते थे, यद्यपि कि कई बार वे इस विचार से आश्चर्यचकित रहते थे कि शहर की एक स्मार्ट लड़की उनसे गाँवों की कृषि सम्बन्धी विषयों पर उनसे बातें करती है! किन्तु उनके सहायतापूर्ण दृष्टिकोण ने उन्हें उनका विश्वास जीतने में सहायता प्रदान की और उनमें किसी भी प्रकार का विरोध कभी उत्पन्न नहीं हुआ। साथ ही, ग्राम–स्तरीय नौकरशाहों एवं राजनीतिज्ञों के साथ अपने सम्बन्धों के मामलों में आयशा को कभी भी समस्याओं का सामना नहीं करना पड़ा क्योंकि उनमें से अधिकांश यह जानते ही नहीं थे कि आयशा के व्यक्तित्व वाली एक महिला से किस प्रकार संपर्क किया जाए, विशेषतौर पर तब जब अधिकांश सभाओं में उपस्थित होने वाली एकमात्र महिला वही होती थीं। साथ ही, उन सबको यह भी स्पष्ट था कि वो स्थानीय समुदाय, विशेषतौर पर महिलाओं के लिए अत्यंत उपयोगी कार्य कर रहीं हैं।

भविष्य

टास के भविष्य को लेकर आयशा के विचार स्पष्ट एवं शक्तिशाली है। उनकी मंशा टास को मात्र विशाल और समृद्ध बनाने भर की नहीं है। इसके बजाए वो देखना चाहेंगी कि टास जैविक भोजन को इस प्रकार से प्रोत्साहित करे कि यह छोटे, अल्प–आय वाले किसानों की मदद करने के साथ–साथ पर्यावरण का संरक्षण भी हो। वो कहती हैं: 'टास की विक्रय सामग्रियों में से मात्र 30 प्रतिशत ही सीधे किसानों से प्राप्त होता है; मैं इसमें भारी वृद्धि करना चाहती हूँ।' आयशा के लिए, आकार अथवा लाभप्रदता के बजाए सफलता के प्रासंगिक उपाय यही हैं। अतः, यद्यपि कि टास जैविक खाद्य पदार्थों के उपभोक्ताओं को लाभान्वित करती है, तथापि इसकी प्रमुख चिंता उत्पादकों, विशेषतौर पर दूरस्थ पर्वतीय क्षेत्रों के छोटे किसानों को लाभ पहुँचाने की है।

आगे, आयशा टास को एक ऐसी संस्था बनते देखना चाहती हैं जो निरंतर नवप्रवर्तन करती हो तथा जैविक खाद्य पदार्थों में नई कलात्मक विविधता लाती हो। पहले से ही उन्होंने कैलीफोर्नियन चीजेस एवं कंबरलैंड पोर्क सॉसेजेस जैसे जैविक उत्पादों, जिनका उत्पादन टास के सहयोगियों के द्वारा किया जा रहा है तथा जिसकी तकनीक काउगर्ल, कैलीफोर्निया, एवं सिलफील्ड फार्म्स, कम्ब्रिया के द्वारा प्रदान की गई है, के लिए अत्यंत लाभदायक तकनीक हस्तांतरण व्यवस्थाएं कर रखी हैं। आजकल वो सिडर के उत्पादन की एक नई परियोजना पर कार्य कर रहीं हैं। द न्यू फॉरेस्ट सिडर कंपनी, जो एक प्रख्यात ब्रिटिश कलात्मक सिडर निर्माता है, इसके लिए तकनीक उपलब्ध करा रही है।

उनसे जब यह पूछा गया कि वो उद्योग के नेतृत्वकर्ताओं से महँगी तकनीकों को बिना अधिक भुगतान किए कैसे हासिल कर लेती हैं, आयशा का उत्तर था: 'छोटे पैमाने वाले जैविक खाद्य व्यवसायों के स्वामी लोग, व्यापक तौर पर, लालची नहीं होते; वे सहायतापूर्ण होते हैं और चाहते हैं कि उनका काम फले–फूले। भारत मे क्षमता निर्माण के प्रति ऐसे लोगों को संतुष्ट करना कठिन नहीं होता, विशेषतौर पर इसलिए क्योंकि इससे उन्हें अपनी वर्तमान बाजार में किसी प्रकार का खतरा महसूस नहीं होता।' निश्चित रूप से, इन लोगों के साथ एक

व्यवहारकुशल तरीके से संपर्क करना होता है—और इस मामले में आयशा पूर्णतः प्रतिबोधक हो सकती हैं!

जिस प्रकार से आयशा ने न्यू फॉरेस्ट को उत्तराखंड में अपनी सिडर परियोजना स्थापित करने में सहायता प्रदान करने के लिए मनाया था, वो सारगर्भित है। एक दिन, लंदन में बारोफ मार्केट में आयशा ने इस सिडर निर्माता के स्टॉल को देखा। वो उनके पास गईं और काउंटर पर मौजूद महिला से खुद का परिचय दिया और उन्हें भारत में दूर उत्तराखंड में जारी टास की अपनी गतिविधियों के सम्बन्ध में बताया। उन्होंने कहा कि वो वहाँ पर सिडर—उत्पादन सुविधा की स्थापना के लिए तकनीक प्रदान करने में न्यू फॉरेस्ट के द्वारा सहायता प्रदान करने की संभावना की खोज करने की इच्छुक हैं। मेरी टॉप नामक उस महिला ने अपने पिता एवं व्यवसाय के संस्थापक बेरी टॉप से बात की जो इस उत्तेजक विचार से बहुत उत्साहित हो गए। तब आयशा ने उन्हें स्पष्ट किया कि टास इस स्थिति में नहीं है कि उन्हें तकनीक प्रदान करने के बदले लंबी—चौड़ी धनराशि दे सके, भले ही वो उसके पात्र हों। उन्होंने कहा कि वो किसी तकनीकी व्यक्ति की यात्रा के लिए मात्र हवाई जहाज का टिकट तथा स्थानीय आतिथ्य भर की व्यवस्था कर सकती हैं। बेरी ने उनके इस निर्लज्ज प्रस्ताव को तुरंत स्वीकार कर लिया था, जिसे आयशा के सामान्य शांत निष्कपट आकर्षण के साथ प्रस्तुत किया गया था।

शीघ्र ही बेरी, मेरी को साथ लेकर, उत्तराखंड आ पहुँचे ताकि सिडर—उत्पादन परियोजना पर कार्य प्रारंभ किया जा सके। आयशा ने बेरी की इंग्लैंड से भारत तक की यात्रा के समस्त खर्चों का भुगतान किया। यद्यपि उन्होंने मेरी के यात्रा सम्बन्धी खर्चों का भुगतान नहीं किया, किन्तु उन्होंने भारत में बेरी तथा मेरी दोनों के स्थानीय आतिथ्य का पूरा खर्च वहन किया।

संयोगवश, उत्तरखंड में उनके ठहरने की व्यवस्था विक्रम मायरा, जो सतत् ग्रामीण विकास के एक उत्साही समर्थक हैं, के सीतला विश्रामगृह में की गई थी, अतः आवासीय खर्चों में उदारतापूर्वक छूट भी मिल गई थी।

बेरी ने आयशा को ऐसे अन्य जैविक खाद्य पदार्थ उत्पादकों से भी मिलवाया जो टास के लिए उपयुक्त हो सकते थे। उन्होंने उनकी मुलाकात पीटर गॉट, सिलफील्ड फार्म्स, कम्ब्रिया के संस्थापक से करवाई। यह संस्था जैविक पोर्क सॉसेजेस की प्रतिष्ठित निर्माता है। पीटर ने आयशा को जैविक, ग्लूटेन–मुक्त पोर्क सॉसेजेस बनाने के बारे में बताया और शीघ्र ही इन्हें भारत में टास के सहयोगियों के रूप में निर्मित और अपनी दुकानों के द्वारा बेचा जाने लगा।

नए उत्पादों में टास का प्रवेश अनेक प्रकार की गतिविधियों को जन्म दे रहा है। उदाहरणार्थ, चीज उत्पादन में मवेशी फार्मों से चीज निर्माण सुविधा तक दूध का परिवहन करना, महँगे रेफ्रिजरेशन की आवश्यकता तथा चीज की किस्मों को लेकर ऐसे प्रश्न कि भारत के बाजारों के लिए कौन सी किस्म उचित होगी–इन सभी मामलों पर शोध किए जा रहे हैं। इसी प्रकार से, जैविक पोर्क सॉसेजेस से जुड़े मसले भी हैं। सिडर परियोजना अपने मुद्दों को प्रस्तुत करेगी, संभवतः विनियमन से जुड़े हुए मामलों को। ये सभी काम आयशा और टास की टीम को लंबे समय तक व्यस्त रखने वाले हैं। कोई भी प्रशंसा करेगा कि इन परियोजनाओं में से प्रत्येक अपने–अपने क्षेत्रों के नेतृत्वकर्ताओं के लिए आजीवन उपलब्धि वाले कार्य रहें हैं, चाहे यह कैलीफोर्निया में काउगर्ल रही हो, कम्ब्रिया में सिलफील्ड अथवा न्यू फॉरेस्ट में सिडर निर्माता।

नई परियोजनाओं ने आयशा को जैविक भोजन से जुड़ी और अधिक गतिविधियों को विकसित करने के प्रति आत्मविश्वास और प्रोत्साहन प्रदान किया है। वो जानती हैं कि टास के पास अभी भी ऐसी कई परियोजनाओं को लागू करने के लिए वित्तीय अथवा प्रबंधन सम्बन्धी संसाधन उपलब्ध नहीं हैं जो उनके दिमाग में बसी हुई हैं। इनमें कुछ हैंः नए परिष्कृत जैविक उत्पाद, जिनमें कन्फेक्शनरी, पाइस इत्यादि के साथ–साथ जैविक भोजन वाले रेस्त्रांओं को खोला जाना, जैविक भोजन परोसा जाना तथा साथ–साथ कुछ अन्य भी हैं जो अभी भी सपनों की अवस्था में हैं। इस प्रकार, वो कुछ ऐसा कर रहीं हैं जिसे करने से वो पहले बचती रहीं थीं, अर्थात् ऐसे साझेदारों की खोज जो टास में निवेश कर सकते हों तथा प्रबंधन सम्बन्धी समुचित सहयोग

उपलब्ध करवा सकते हों। ऐसे रणनीतिक निवेशकों की खोज करना आसान नहीं होगा क्योंकि उन्हें ऐसे व्यक्ति होने की आवश्यकता होगी जो आयशा के मूल्यों और दर्शन को साझा करने वाले हों। हालांकि, ऐसे मामलों से निपटने के उनके रिकॉर्ड को ध्यान में रखते हुए संभव है इसमें अधिक समय न लगे!

जैविक खाद्य पदार्थों के सम्बन्ध में ज्ञान

जैविक खाद्य पदार्थों के प्रमुख लाभ क्या हैं? कम कीटनाशक, कम हानिकारक रसायन।

क्या जैविक खाद्य पदार्थ महँगे होते है? हाँ! उत्पादन लागत के कारण। संयोगवश, पारंपरिक तौर पर उगाए गए खाद्य पदार्थों की कम कीमतें पर्यावरणीय क्षति तथा स्वास्थ की क्षति, विशेषतौर पर बच्चों को, सम्बन्धी लागतों को नहीं दर्शातीं। जैविक रूप से उत्पादित भोजन की कीमतें समाज के प्रति सच्ची लागत को प्रतिबिंबित करती हैं, विशेषतौर पर अनाजों और दालों जैसी उपजों के बारे में। जहाँ तक मसालों का सम्बन्ध है, जैविक सामग्री अधिक शक्तिशाली होती है, अतः उसकी कम मात्रा में आवश्यकता पड़ती है और इसीलिए सस्ती होती है।

माँस तथा अंडों के बारे में क्या? यदि पशुधन को पिंजड़ों में कैद न रखा गया हो तो ये अधिक स्वास्थप्रद और स्वादिष्ट होते हैं। साथ ही, पशुधन को स्वतंत्रतापूर्वक घूमने–फिरने देना अधिक मानवतापूर्ण भी होता है।

(सभी को विटामिन पूरक दवाओं और डॉक्टर की फीस पर अपेक्षाकृत कम व्यय के सम्बन्ध में भी सोचना चाहिए!)

यदि कोई जैविक खाद्य पदार्थों का व्यय कम मात्रा में वहन कर सकता हो तो आप किस वस्तु के लिए सुझाव देंगी? फल और सब्जियाँ अपनाइए क्योंकि परंपरागत विकल्प अधिक कीटनाशकों से युक्त होते हैं।

7

सलोनी मल्होत्रा

ग्रामीण बीपीओ

सलोनी मल्होत्रा, ग्रामीण क्षेत्रों में कौशलयुक्त रोजगारों के सृजन की जोशीली समर्थक 'देसीक्रू' (DesiCrew) नामक संस्था की संस्थापिका हैं। यह एक अभिप्रेरित बिजनेस प्रोसेस आउटसोर्सिंग (बीपीओ) कंपनी है जो गाँवों में स्थापित अपने केन्द्रों से सूचना–प्रौद्योगिकी

समर्थित सेवाएं उपलब्ध कराती है। उन्हें ग्रामीण युवा लोगों को कंप्यूटर परिचालनों में प्रशिक्षित करने और फिर उन्हें आउटसोर्सिंग कार्यों के लिए रोजगार दिलवाने हेतु प्रतिष्ठा प्राप्त है जो कि अन्यथा रूप से उन युवकों के लिए तब तक संभव नहीं हो सकता था जबतक वो शहर की ओर प्रवास न करते। देसीक्रू ने प्रारंभ में आधारभूत निम्न–स्तरीय सेवाएं प्रस्तुत कीं और फिर क्रमशः स्वयं को परिष्कृत उच्च–स्तरीय ई–कामर्स एवं विश्लेषणात्मक सेवाओं की आपूर्ति करने तक प्रोन्नत कर लिया। देसीक्रू को ग्रामीण इलाकों से संपदा का दोहन करने के स्थान पर वहाँ संपदा का सृजन करने में गर्व का अनुभव होता है। चूंकि समावेशी विकास के इस पैटर्न को राष्ट्रीय स्तर पर दोहराया जा रहा है, अतः ग्रामीण अर्थव्यवस्था पर इसके महत्वपूर्ण प्रभाव पड़ेंगे।

पृष्ठभूमि

सलोनी दक्षिण दिल्ली में बड़ी हुईं और उन्होंने कार्मल कॉन्वेंट में अपनी स्कूली शिक्षा प्राप्त की। उनके माता–पिता डॉक्टर हैं। उनकी माताजी एक निजी अस्पताल के साथ परामर्शदाता स्त्रीरोग विशेषज्ञा हैं तथा उनके पिताजी हाल ही में प्रख्यात अखिल भारतीय आयुर्विज्ञान संस्थान (एम्स) के परमाणु औषधि विभाग के अध्यक्ष एवं प्रोफेसर के पद से सेवानिवृत्त हुए हैं। हालांकि, सलोनी ने अपना मार्ग खुद बनाने का निर्णय किया और इंजीनियरिंग के अध्ययन को अपना लिया।

सलोनी के माता–पिता ने उन्हें ग्रामीण क्षेत्रों में कौशलयुक्त रोजगारों का सृजन करने के अपने मिशन को पूरा करने हेतु प्रोत्साहित किया और उन्हें उन चुनौतियों पर विजय प्राप्त करने में सहायता प्रदान की जो युवा भारतीय लड़कियों को अपने घर से दूर किसी व्यवसाय को प्रारंभ करने से रोकती हैं। उदाहरण के लिए, सलोनी पर माता–पिता की ओर से कभी यह दबाव नहीं डाला गया कि वो शादी और पारिवारिक जीवन को प्राथमिकता दें। वास्तव में, वो प्रायः सलोनी से कहा करते थे कि उन्हें स्वयं को पहले किसी करियर में अवश्य ही स्थापित कर लेना चाहिए और फिर उसके बाद ही शादी के बारे में

सोचना चाहिए। सलोनी ने उनके परामर्श का अनुसरण किया और अपने समय एवं प्रयासों को देसीक्रू को खड़ा करने के प्रति समर्पित कर दिया। वास्तव में, देसीक्रू में काम इतना व्यस्ततापूर्ण था कि शादी की संभावनाओं पर विचार कर पाने की उनके पास कोई गुंजाइश ही नहीं रह गई थी।

सलोनी कहती हैं: 'ग्रामीण भारत में काम करने की मेरी इच्छा की पुनः पुष्टि इंजीनियरिंग कॉलेज में ही हो गई थी जब कॉलेज में मेरे सहपाठियों में से एक, पल्लवी, जो ग्रामीण महाराष्ट्र से थी, ने एकदिन गर्वपूर्वक मुझे बताया कि वो कंप्यूटर सांइस पढ़ने जा रही है। बाद में, मुझे पता लगा कि उस गरीब लड़की के पास कंप्यूटर तक पहुँच बहुत कम उपलब्ध थी। उसने विश्वास भर कर लिया था कि कंप्यूटर सांइस की पढ़ाई करना उसे एक अच्छे वेतन वाली नौकरी तथा उससे जुड़े लाभ दिलवा देगा। मुझे उसके जैसे लोगों, जो गाँवों में रहते हैं और उन अवसरों को गवाँ देते हैं जिन्हें शहर के लोग महत्व नहीं देते, के लिए बहुत तकलीफ हुई। पल्लवी ने मुझे अहसास करवा दिया था कि उसमें और मुझमें एक बात समान है; हमें एक–दूसरे की दुनिया के बारे में कुछ भी पता नहीं था। इसने मुझे आहत किया कि जब हम ग्रामीण क्षेत्रों में युवाओं के लिए आजीविका के विकल्पों पर विचार करते हैं तो हम बस कृषि अथवा हस्तकलाओं के बारे में ही सोचते हैं और उच्च–तकनीकी क्षेत्रों में अवसरों की उपेक्षा कर देते हैं। आर्ट्स, कामर्स तथा इंजीनियरिंग का अध्ययन करने वाले युवा स्नातक उच्च–तकनीकी क्षेत्रों में नौकरी की तलाश में शहर की तरफ दौड़ पड़ते हैं। क्या हम इन लोगों के पास तक नौकरियाँ नहीं पहुँचा सकते, बजाए इसके कि वे बड़े शहरों में इन नौकरियों की ओर भागें? मैं शिक्षित ग्रामीण युवाओं के लिए उनके गाँवों में ही तकनीकी रूप से उन्नत रोजगार का सृजन करने के विचार से उत्साहित हो चुकी थी। वास्तव में यह मेरा मिशन बन चुका था।'

पुणे स्थित इंजीनियरिंग कॉलेज में सलोनी ने पाठ्यक्रम से इतर गतिविधियों में गहन रुचि ली। वो लॉयंस क्लब के जूनियर विंग की अध्यक्षा थीं जो कि पुणे के आसपास के गाँवों में विकास सम्बन्धी अनेक

गतिविधियों में संलिप्त था। अनुभव ने उन्हें यह महसूस करवा दिया था कि वो ग्रामीण क्षेत्रों में किए जाने वाले विकास सम्बन्धी कार्यक्रमों में आनंद प्राप्त करेंगी और अच्छा काम कर सकेंगी।

सलोनी ने निर्णय कर लिया कि इंजीनियरिंग की पढ़ाई पूरी करने के बाद वो एमबीए करने के सामान्य पथ पर नहीं चलेंगी और इसके बजाए किसी भी करियर के बारे में निर्णय करने के पहले कुछ कार्य सम्बन्धी अनुभव अर्जित करने को प्राथमिकता देंगी। उनकी पहली नौकरी वेबचटनी नामक एक स्टार्ट–अप के साथ प्रारंभ हुई, जो दिल्ली में एक अग्रणी इंटरैक्टिव वेब समाधान परामर्शदायी संस्था है। उस समय उनकी मंशा स्टार्ट–अप के प्रबंधन के सम्बन्ध में कुछ सीखने की थी। उस समय, वो विचार ही कर रही थीं कि अंततः अपने कार्यकारी जीवन में उन्हें क्या करना है।

यद्यपि सलोनी ग्रामीण युवाओं के उत्थान के लिए काम करने की इच्छुक थीं, तथापि वो कोई धर्मादा कार्य नहीं करना चाहती थीं। वो अपना खुद का लाभदायक व्यवसाय प्रारंभ करना चाहती थीं, जो गाँवों में कौशलयुक्त रोजगारों का भी सृजन कर सके। उसी समय उनकी मुलाकात आईआईटी चेन्नई के प्रोफेसर अशोक झुनझुनवाला से हुई जो पहले ही टीनेट समूह का गठन कर चुके थे। यह समूह ग्रामीण क्षेत्रों में कम कीमतों पर विश्वस्तरीय तकनीक का प्रसार करते हुए ब्रॉडबैंड नेटवर्क स्थापित करने वाला एक दूरसंचार उपक्रम था। उन्हें ऐसे सामाजिक व्यवसायों के विचारों के प्रोत्साहक के रूप में भी जाना जाता था जो ग्रामीण क्षेत्रों में धन का निवेश करते हों–इन सभी बातों ने बड़ी सीमा तक सलोनी को आकर्षित किया था। प्रोफेसर दिल्ली में थे जहाँ एक व्याख्यान में वो अपना अनुभव साझा कर रहे थे। बाद में, उन्होंने बड़ी संख्या वाली उन नौकरियों का जिक्र भी किया जिसे शहरी भारत में बीपीओ उद्योग के द्वारा सृजित किया गया है। उन्होंने एक प्रश्न किया: 'ग्रामीण भारत में भी क्यों नहीं?' उनके श्रोताओं के बीच सलोनी भी मौजूद थीं, जो उस समय 23 वर्षीया, हाल ही में उत्तीर्ण हुई शिक्षित एक इंजीनियर जो ग्रामीण भारत में काम करने की अत्यधिक इच्छुक थीं। वो प्रोफेसर से प्रेरित थीं और उन्होंने अपने साथ काम करने का

अवसर प्रदान करने हेतु उन्हें पत्र लिख दिया। प्रारंभ में, प्रोफेसर सुनिश्चित नहीं थे कि वो गंभीर हैं अथवा नहीं, लेकिन सलोनी ने प्रयास जारी रखा। उनकी लगन से प्रभावित होकर प्रोफेसर ने उनसे आईआईटी चेन्नई में स्थित रूरल टेक्नोलॉजी एंड बिजनेस इन्क्यूबेशन सेंटर पर आकर उनके मुलाकात करने को कहा।

जब सलोनी दो दिनों बाद चेन्नई पहुँची तो प्रोफेसर ने उनसे उनकी मंशाओं और योजनाओं के सम्बन्ध में विस्तारपूर्वक पूछताछ की। उस समय, सटीक रूप से कौन सा काम करना है इसके सम्बन्ध में विचार सलोनी के दिमाग में पूरी तरह से स्पष्ट नहीं हुए थे। प्रोफेसर झुनझुनवाला के साथ संपन्न साक्षात्कार ने उन्हें अपने विचारों को तराशने में सहायता प्रदान की। सलोनी एक आउटसोर्सिंग व्यवसाय को प्रारंभ करने की ओर आकर्षित हो गईं जिसमें ग्रामीण कार्यबल का संयोजन आधुनिक तकनीक के साथ करना था। प्रोफेसर झुनझुनवाला को महसूस हुआ कि इस परियोजना को लागू करना चाहिए और यह कि आईआईटी चेन्नई सलोनी की परियोजना को प्रारंभिक कार्यवाही हेतु अपनाएगा। इससे सलोनी को प्रारंभिक निधिकरण, आफिस के लिए स्थान तथा मूलभूत बुनियादी ढाँचे के साथ–साथ परामर्श एवं संपर्क भी उपलब्ध हो जाएगें।

सलोनी चेन्नई की यात्रा पर एक या दो दिन रुकने की योजना के साथ गई थीं, किन्तु प्रोफेसर झुनझुनवाला के साथ अपने साक्षात्कार के बाद वहाँ उनका प्रवास सात वर्षों तक बढ़ गया था!

वर्ष 2004 में सलोनी ने दिल्ली की अपनी नौकरी छोड़ दी और प्रारंभ करने हेतु चेन्नई में बस गईं। भाषा एक प्रमुख समस्या थी जिसके साथ अन्य सामाजिक मसले जैसे स्थानीय संस्कृति की समझ तथा ग्रामीण युवाओं को अपने दृष्टिकोण साझा करने हेतु प्रेरित किया जाने जैसे मामले भी जुड़े थे। इन सबके साथ कठोर परिश्रम जुड़ा हुआ था किन्तु इसका सफलतापूर्वक प्रबंधन कर लिया गया था, मुख्य रूप से एक युवा लड़की के द्वारा अपने सपने को पूरा करने सम्बन्धी मिशन आधारित उत्साह के कारण। सलोनी को आईआईटी चेन्नई तथा सहायतापूर्ण स्थानीय लोगों से समर्थन प्राप्त हो गया। निजी मोर्चे पर, वो डॉ. राजाराम एवं उनकी पत्नी ललिता के साथ रह रहीं थीं, जो कि

ग्रामीण विकास में रुचि रखते थे। उन्होंने उनकी देखभाल उसी प्रकार की जैसे उनके अपने माता–पिता करते थे। ग्रामीण विकास में वो भी समान रुचि रखते थे, और सलोनी ग्रामीण विकास के लिए उनके फाउण्डेशन की संस्थापक ट्रस्टी बन गईं।

परियोजना पर काम प्रारंभ करने के सम्बन्ध में, सलोनी कहती हैं: 'प्रोफेसर झुनझुनवाला चाहते थे कि हम रोजगार पैदा करें और प्रारंभ में तमिलनाडु और कर्नाटक में गाँवों में स्थानीय नागरिकों को कर्मचारी नियुक्त करते हुए छोटे–छोटे कई बीपीओ स्थापित कर ग्रामीण क्षेत्रों की आमदनी में बढ़ोत्तरी करें। इस परियोजना को लागू करने तथा बीपीओ कंपनी प्रारंभ करने हेतु मुझे 18 महीनों का समय दिया गया था। पहले मैंने स्थानीय संस्कृति को समझने में समय व्यय किया। फिर यह समझने के लिए कि हम अपनी गतिविधियाँ कहाँ केन्द्रित कर सकते हैं, इसके लिए विभिन्न प्रकार के स्थानों का परीक्षण किया और ग्रामीण बीपीओ को व्यवसाय के रूप में विकसित करने हेतु विभिन्न प्रकार के मॉडलों की भी खोज कर डाली। उदाहरण के लिए, मैंने यह जाँच की कि क्या देसीक्रू अनेक इंटरनेट कियोस्क्स (छोटी दुकानें) के माध्यम से काम कर सकती है, जो पहले से ही तमिलनाडु और कर्नाटक के गाँवों में शिक्षा को प्रोत्साहन देने के लिए मौजूद थे। हालांकि यह विचार छोड़ना पड़ा क्योंकि इसके साथ उन दीर्घावधियों के साथ निपटना जुड़ा हुआ था जब कियोस्क्स के कंप्यूटरों का उपयोग न हो रहा हो, और इस बात ने इस मॉडल को खर्चीला बना दिया था। इसी प्रकार से, ग्रामीणों को अपने घरों से काम करने के लिए तैयार करने का विचार भी असफल सिद्ध हुआ क्योंकि उनके पास बीपीओ व्यवसाय की आवश्यकता के अनुरूप बुनियादी ढाँचे और समझ दोनों का अभाव था। सलोनी ने देखा कि ग्रामीण लोगों के घरों में सुविधाओं का अभाव है और उनमें कई घंटों तक स्वैच्छिक रूप से कार्यरत् रहने के अनुशासन की भी कमी है।'

इसके बाद अन्य व्यावसायिक मॉडलों पर भी विचार किया गया। फ्रेन्चाइजियों के माध्यम से काम करना भी ऐसा ही एक मॉडल था।

हालांकि, सलोनी ने पाया कि फ्रेन्चाइजी व्यवसाय को बढ़ाने हेतु निवेश करने में रुचि नहीं ले रहे थे। उन्हें तुरंत लाभ चाहिए थे। वे प्रायः सस्ते, पहले से इस्तेमालशुदा कंप्यूटरों को खरीद लेते थे जिनमें वायरस होते थे और जो समस्याएं पैदा करते थे। व्यवसाय हासिल करने हेतु सलोनी को आईआईटी में अपने मित्रों और संपर्कों से संपर्क करना पड़ता था, कुछ काम होता भी था किन्तु यह किसी व्यवसाय की पूर्ति करने हेतु पर्याप्त नहीं था और निश्चित रूप से मापनीय नहीं था। एक बेईमान फ्रेंचाइजी तो उस व्यवसाय को लेकर ही भाग गया जिसे देसीक्रू के द्वारा प्रारंभ किया गया था तथा साथ ही पूरी प्रशिक्षित टीम और उपकरण भी ले गया! सलोनी को समाधान के लिए पुलिस का सहारा लेना पड़ा। तीन महीनों के अंदर ही सलोनी ने महसूस कर लिया था कि फ्रेंचाइजी मॉडल से काम नहीं बनेगा।

इसी दौरान, समय समाप्त होता जा रहा था, और सलोनी को एक निर्धारित अवधि के अंदर प्रोफेसर झुनझुनवाला के पास एक व्यावहारिक व्यवसाय के साथ वापस जाना था। दबाव बढ़ता जा रहा था। तब तक सलोनी को यह स्पष्ट हो चुका था कि देसीक्रू के लिए जो व्यावसायिक मॉडल व्यावहारिक होगा वह था अपने स्वयं के बीपीओ केन्द्रों को स्थापित करना और उनका प्रबंधन करना। तब उन्होंने देसीक्रू व्यावसायिक मॉडल को परिभाषित करने पर ध्यान केन्द्रित कर लिया। प्रारंभ में, उन्होंने कुछ फ्रेंचाइजियों को खरीद लेने तथा उन्हें कंपनी के स्वामित्व वाले प्रतिष्ठानों के अपने केन्द्रों में परिवर्तित कर देने की योजना बनाई, जिसके लिए आवश्यक अतिरिक्त निवेश देसीक्रू के द्वारा करना था।

सलोनी याद करती हैं: 'नई कंपनी के लिए कई सारे नाम सुझाए गए थे। देसीक्रू को सर्वश्रेष्ठ समझा गयाः ''देसी'' का अर्थ था देशवासी तथा ''क्रू'' का अर्थ कार्यबलः छोटा और उपयुक्त!' देसीक्रू ने जनवरी 2005 में काम प्रारंभ कर दिया और एक प्राइवेट लिमिटेड कंपनी के रूप में प्रारंभिक अवधि को पूरा करने के बाद फरवरी 2007 में इसका पंजीकरण हो गया।

देसीक्रू का व्यावसायिक मॉडल

देसीक्रू एक तकनीक–प्रेरित, लाभदायी सामाजिक उपक्रम है जो ग्राहकों के साथ–साथ उन ग्रामीण युवाओं को स्थानीय बाजार में रोजगार के अवसर उपलब्ध कराती है जिन्हें उनके अपने गाँवों में ही प्रशिक्षित और नौकरी पर रखा गया हो, और इस प्रकार उन्हें शहर में नौकरी करते हुए अपनी आमदनी के लगभग 10 प्रतिशत की बचत करने के बजाए 90 प्रतिशत की बचत करने में सक्षम बनाती है।

शहरी बीपीओ प्रायः ऐसे ग्रामीण युवाओं को ही नौकरी प्रदान करते हैं जो शहरों की ओर प्रवास करते हैं। देसीक्रू, इसके बजाए, रोजगार को ही गाँव की ओर ले जाता है। इससे उन्हें गाँव में ही रुके रहने हेतु प्रोत्साहन प्राप्त होता है और गाँव–से–शहरी प्रवासन हतोत्साहित होता है। देसीक्रू मॉडल भारतीय बीपीओ उद्योग को इसकी दो प्रमुख समस्याओं, हमेशा बढ़ती हुई रियल इस्टेट की लागतें तथा अस्थिरता की दरों पर विजय पाने में भी सहायता प्रदान करता है।

देसीक्रू के द्वारा स्थापित किया गया बीपीओ का पहला समूह भवानी, मायिलाधुराई एवं तिरुपुर में स्थित था जो कि चेन्नई एवं कोयम्बटूर के निकट के गाँव हैं। इसका सर्वाधिक नवीनतम केन्द्र कर्नाटक के पश्चिमी घाटों में कौप नामक तटीय गाँव में स्थित है।

न्यू होराइजन मीडिया नामक एक प्रकाशन संस्थान ने देसीक्रू को इसका पहला आउटसोर्सिंग कार्य प्रदान किया था। इसमें किताबों के डिजिटल संस्करण को तैयार करना संलिप्त था। बद्री शेषाद्रि, कंपनी के निदेशक, ने कहाः 'काम बहुत अच्छा हुआ है, इसकी लागत कम है, इसके द्वारा ग्रामीण क्षेत्रों में रोजगार पैदा किया गया है जो कि एक अच्छी बात है; और डिजिटलीकृत किताबों को वापस प्राप्त करने में विलंब बिल्कुल भी नहीं हुआ क्योंकि सारा काम ऑनलाइन हुआ था।'

प्रारंभ करने हेतु, देसीक्रू ने बुनियादी बीपीओ सेवाएं उपलब्ध कराईं जैसे डेटा एंट्री, कन्वर्जन, डिजिटलीकरण, डेटाबेस को अपडेट करना तथा अंग्रेजी एवं भारतीय भाषाओं के बीच लिप्यांतरण करना। बाद में, देसीक्रू के प्रदर्शन से दिखा दिया कि इसके ग्रामीण बीपीओ मात्र

बुनियादी स्तर वाले काम से कहीं अधिक बड़े काम करने में सक्षम थे। दिसम्बर 2007 में, देसीक्रू के लिए दो बड़े संस्थानों: एचडीएफसी स्टैंडर्ड लाइफ एवं गूगल इंडिया आर एंड डी ने सफलता प्रदान की। एचडीएफसी के कार्य में बीमा सम्बन्धी आवेदनों की खोज एवं व्यवस्था करना शामिल था; गूगल के काम में जीपीएस आधारित मानचित्र में विवरणों को सम्मिलित करना था। दोनों ही कामों के लिए ऐसे काम की आवश्यकता थी जिसने देसीक्रू को एक ऐसी कंपनी बनने हेतु प्रेरित कर दिया जो प्रतिष्ठित कंपनियों को नई परिष्कृत सेवाएं प्रस्तावित कर सकती थी। ऐसी सेवाओं में विषयवस्तु को स्कैन एवं साफ करना, माध्यमिक शोध तथा प्रबंधन लॉजिस्टिक आदि शामिल थे। तब देसीक्रू ने विभिन्न वर्गों–विपणन, वित्त, मीडिया, ई–गवर्नेंस के अंतर्गत, तथा सामाजिक क्षेत्र के विभिन्न ग्राहकों, जिनमें भारत तथा विदेशों के प्रकाशक, बैंक, एवं अस्पताल तथा बीमा कंपनियाँ शामिल हैं, को उच्च–स्तरीय सेवाएं प्रस्तावित करना प्रारंभ कर दिया।

2007 की समाप्ति तक, यद्यपि कंपनी अभी भी संघर्षरत् थी, तथापि इसका भविष्य आशाजनक प्रतीत होने लगा था, और कुछ बड़े बीपीओ के साथ–साथ निवेशकों ने आकर्षक शर्तों पर कंपनी को खरीदने के प्रस्ताव भी दे दिए। हालांकि, देसीक्रू का समर्पित और सुगठित कार्यबल इस बात से चिंतित था कि नए स्वामी कंपनी के मिशन को ही परिवर्तित कर सकते हैं। सलोनी ने इन प्रस्तावों पर अपनी मुख्य टीम से चर्चा की और फिर विकल्पों को इंगित किया–या तो देसीक्रू को बेच दिया जाए अथवा वेतन में कटौती के द्वारा ये कष्ट उठाए। टीम ने जोरदार तरीके से सिफारिश की कि देसीक्रू को बेचा नहीं जाना चाहिए और इसे उनके गाँवों में शिक्षित युवाओं को तकनीकी रोजगार प्रदान करते रहने पर अपने ध्यान को केन्द्रित बनाए रखना चाहिए, क्योंकि यही वह आदर्श था जिसने उन्हें प्रेरित किया था। अतः, देसीक्रू को खरीदने सम्बन्धी प्रस्तावों को ठुकरा दिया गया।

इसी समय पर, सलोनी के एक मार्गदर्शक राजीव कुच्छल ने एक देवदूत रूपी निवेशक की हैसियत से देसीक्रू में निवेश करने का निर्णय कर लिया। राजीव ने इन्फोसिस के बीपीओ का नेतृत्व किया हुआ था

और वो अपने साथ इस क्षेत्र का प्रचुर अनुभव एवं जानकारी लेकर आए थे। बोर्ड में उनका आगमन जुलाई 2008 में हुआ और उन्होंने देसीक्रू को महत्वपूर्ण गति प्रदान की।

देसीक्रू को विशेषतौर पर चुनौतीपूर्ण कार्य इंफ्रास्ट्रक्चर लीजिंग एंड फाइनेंस कारपोरेशन से प्राप्त हुआ जो राजस्थान सरकार के साथ कार्य कर रही थी। इस कार्य में राज्य सरकार के एक कल्याण कार्यक्रम में लाखों गरीब महिला लाभार्थियों से संपर्क करना, उनके विवरणों को दर्ज करना तथा प्रत्यक्ष नकदी हस्तांतरण की सुविधा प्रदान करने हेतु प्रत्येक लाभार्थी को बैंक खाता खोलने में सक्षम बनाया जाना शामिल था। यह एक बहुत बड़ी परियोजना थी, जिसने देसीक्रू को अपनी क्षमताओं की सीमा का दर्शन करवा दिया। देसीक्रू ने जयपुर में एक नया आफिस स्थापित किया और अपने चार प्रमुख एक्जीक्यूटिव्स को वहाँ स्थानान्तरित किया। इसके पीछे विचार यह था कि काम को वापस देसीक्रू के केन्द्रों तक ले आया जाएगा। हालांकि, जब परियोजना प्रारंभ हुई तो उसमें परिवर्तन हो गया और काम में भारी वृद्धि हो गई जिसके लिए महज 300 लोगों के कार्यबल के बजाए 15,000 कर्मचारियों की आवश्यकता उत्पन्न हो गई। देसीक्रू दुविधा में फंस चुका था। कंपनी को इस परियोजना को पूरा करने के नवप्रवर्तनकारी तरीकों को शीघ्रता से विकसित करना था। जयपुर का नया आफिस परियोजना प्रबंधन कार्यालय में परिवर्तित हो चुका था, और चार लोगों की टीम ने पूरे राजस्थान में छोटे डेटा प्रोसेसिंग आपरेटरों एवं कंप्यूटर केन्द्रों को तीव्रता से किराए पर जोड़ डाला और पूरे राज्य में लोगों को काम देना प्रारंभ कर दिया। इस परियोजना के परिणामस्वरूप देसीक्रू ने एक बड़े पैमाने पर ई–सरकारी कार्य से निपटने की अंदरूनी क्षमताओं को विकसित कर लिया था।

द ऑर्गेनाइजेशन फॉर इकोनॉमिक को–ऑपरेशन एंड डेवलपमेंट का अनुमान है कि ग्रामीण भारत में लगभग 13 करोड़ शिक्षित लोग मौजूद हैं जिनके पास अर्थपूर्ण रोजगार तक पहुँच बहुत कम मात्रा में उपलब्ध है। देसीक्रू की योजना इसी क्षमता का लाभ उठाने की है। 2013 में, इसके पास तमिलनाडु एवं कर्नाटक में पाँच ग्रामीण डिलिवरी

केन्द्र थे। अगले 2–3 वर्षों में इसने पूरे भारत में 10–15 केन्द्रों की योजना बनाई जिसमें से प्रत्येक में करीब 100 लोगों को नियुक्त करना था। सलोनी ने स्पष्ट कियाः 'हम उन लोगों की संख्या में भारी वृद्धि करना चाहते थे जिन्हें हम प्रशिक्षित और गाँवों में नियुक्त करते हैं और हम एक अखिल–भारतीय उपस्थिति चाहते थे क्योंकि भारतीय भाषाओं में कुशलताओं के लिए माँग में निरंतर वृद्धि हो रही थी। साथ ही, हम अपने द्वारा प्रस्तावित सेवाओं से सम्बन्धित मूल्य शृंखला में निरंतर ऊपर उठते रहना चाहते थे।'

देसीक्रू के ग्रामीण डिलिवरी केन्द्रों में अधिकांश कर्मचारी लड़कियाँ हैं क्योंकि लड़कों के पास बाहर जाने और काम ढूँढने का विकल्प होता है, जबकि लड़कियों को शादी होने तक घरों में ही रहना होता है। चूंकि ये लड़कियाँ अच्छी आमदनी प्राप्त करती हैं अतः इनका आत्मसम्मान बढ़ जाता है। इससे माता–पिताओं को लड़कियों को शिक्षा दिलवाने में भी प्रोत्साहन प्राप्त होता है, जोकि एक वांछनीय परिणाम है। प्रायः, किसी भी गाँव में तीन वर्षों तक किसी केन्द्र के बने रहने के बाद लड़के भी अपने गाँव में रुके रहना और देसीक्रू के साथ काम करना पसंद करने लगते हैं। जब ऐसा हुआ तब यह एक लिटमस परीक्षण जैसा ही था जिसने यह इंगित कर दिया कि देसीक्रू ने उस समय तक उस गाँव में एक स्थाई उपस्थिति स्थापित कर ली है।

चुनौतियाँ

जैसा कि आगामी खंडों में चर्चा की गई है, देसीक्रू को प्रारंभ करना एक अनूठा और नवीन उपक्रम था जिसमें अनेक चुनौतियों पर विजय पाना शामिल था। ग्रामीण बीपीओ स्थापित करने में सामना की जाने वाली सर्वप्रथम समस्या थी अपरिचित गाँवों में उपयुक्त कर्मचारियों की खोज करना। इस परियोजना के लिए न्यूनतम 12वीं पास ऐसे युवाओं की आवश्यकता थी जिन्हें कंप्यूटरों का कुछ बुनियादी ज्ञान हो। कर्मचारियों को ढूँढने की इस समस्या से निपटने के लिए देसीक्रू ने एक स्थानीय उद्यमी के साथ घनिष्ठतापूर्वक कार्य किया जिनका गाँव

में अच्छा–खासा संपर्क था। इन उद्यमी के द्वारा उपयुक्त अभ्यर्थियों की पहचान कर लिए जाने के बाद उनके बायोडेटा का मूल्यांकन किया गया और छाँटे गए अभ्यर्थियों का ऑनलाइन परीक्षण लिया गया; इसके बाद देसीक्रू के एक्जीक्यूटिव्स के द्वारा साक्षात्कार संपन्न किए गए। देसीक्रू ने डी–टच नामक एक प्रोग्राम संचालित किया था जिसने युवाओं को तीन महीने का प्रशिक्षण प्रदान किया और फिर भावी अभ्यर्थियों को इंटर्नशिप प्रदान कर दी। इस प्रकार से, देसीक्रू गाँवों में अपने केन्द्रों के लिए पर्याप्त संख्या में नियुक्ति योग्य कर्मचारी प्राप्त करने में समर्थ हो गई।

अगली समस्या थी चुने गए कर्मचारियों को उन्हीं के गाँवों में प्रशिक्षित करना। चूंकि भर्ती किए गए अधिकांश कर्मचारी कॉरपोरेट व्यवस्था में पहली पीढ़ी के कर्मचारी थे, अतः एक दिशानिर्देशन सत्र की आवश्यक थी। ग्रामीण कर्मचारी कठोर परिश्रमकर्ता और ईमानदार थे तथा उनमें सीखने की एक शक्तिशाली इच्छा विद्यमान थी, परंतु उनके पास प्रवाहयुक्त संवादशक्ति का अभाव था। देसीक्रू में, परियोजना–विशिष्ट प्रशिक्षण के अलावा, भाषा, इंटरनेट तथा ई–मेल के उपयोग सहित अन्य सॉफ्ट कौशलों में सतत् शिक्षण प्रदान किया जा रहा था। साथ ही, कुछ सकारात्मक दृष्टिकोणों को इसके कर्मचारियों में आरोपित किया गया था जैसे ग्राहक की अपेक्षाओं से आगे निकलने का दृढ़संकल्प तथा संसाधनों के इष्टतम उपयोग के साथ सदैव नैतिकतापूर्वक काम करना।

एक अन्य चुनौती थी इस अवधारणा को परिवर्तित करना कि कि बीपीओ बहुत कुशल परिणाम नहीं दे पाते। सलोनी कहती हैं: 'देसीक्रू ने बुनियादी ढाँचे में भारी निवेश किया था–यह सुनिश्चित करने हेतु कि बिजली, संपर्कशीलता अथवा उपकरण की विफलता के कारण किसी भी प्रकार से काम न रुकने पाए। सभी कार्यालयों एवं केन्द्रों के पास जनरेटर, यूपीएस तथा बैकअप्स उपलब्ध थे। देसीक्रू के इंजीनियरों ने क्लिक 2.0 तथा आईसीटी पेगासस नामक दो नए वेब–आधारित एप्लीकेशंस तैयार किए थे, जिन्होंने ग्रामीण कर्मचारियों को दूरस्थ स्थानों से बीपीओ काम करने का सामर्थ्य प्रदान किया और देसीक्रू को

अपने दूरस्थ कार्यबल का प्रबंधन करने में सहायता प्रदान की। इन एप्लीकेशंस के द्वारा गुणवत्ता की जाँच एवं सुधार करने में सहायता प्राप्त हुई ताकि गल्तियों को पकड़ा जा सके और डिलिवरी के पहले ही दुरुस्त किया जा सके। उदाहरण के लिए, पेगासस में, किसी भी दस्तावेज को छोटे फार्मों में विभाजित कर दिया जाता था और दो असम्बन्धित परिचालक प्रत्येक फार्म को भरा करते थे; परस्पर मिलान न होने की स्थिति में फार्म को जाँच हेतु तीसरे परिचालक के पास भेज दिया जाता था। देसीक्रू के केन्द्रों पर आने वाले ग्राहक बहुत प्रभावित थे तथा हमारी सुविधाओं को देख लेने के बाद वे हमेशा हमें काम देने लगे थे।'

एक महत्वपूर्ण कार्य था भारत तथा विदेशों में नए ग्राहकों की खोज करना और उन्हें देसीक्रू के ग्रामीण केन्द्रों के लिए काम आउटसोर्स करने हेतु तैयार करना। इसके लिए मार्केटिंग के कठोर प्रयासों की आवश्यकता थी ताकि यह स्पष्ट किया जा सके कि ग्राहक को कैसे गुणवत्तायुक्त कार्य ऐसी कीमतों पर प्राप्त हो रहे थे जो निम्न जीवनयापन लागतों, किराये, परिवहन तथा छँटनी के अभाव के कारण प्रतिस्पर्धात्मक थीं।

जहाँ तक वित्तपोषण का मामला है, सलोनी को प्रारंभिक धन आईआईटी चेन्नई से प्रारंभिक सहायता के एक भाग के रूप में प्राप्त हुआ था, और उन्होंने अपनी कुछ निजी बचतों को भी निवेशित कर दिया था। व्यवसाय से भी कुछ धन अर्जित हुआ था। संयोगवश, पैर जमाने के प्रारंभिक दिनों में, देसीक्रू ने अपने व्यवसाय का वित्तपोषण बिजनेस प्लान कम्पटीशंस में पुरस्कार के रूप में प्राप्त की गई छोटी धनराशियों को जीतने के द्वारा किया था!

ग्रामीण बीपीओ की अर्थव्यवस्था के कुछ विशिष्ट गुण होते हैं, जो इसके वित्तीय प्रबंधन को कठिन बना देते हैं। बीपीओ के अधिकांश ग्राहक लागत के प्रति अधिक जागरूक होते हैं और ऐसे शुल्क का भुगतान करने के अनिच्छुक रहते हैं जो उनके द्वारा पूर्वकल्पित किसी ग्रामीण केन्द्र की एक समुचित व्यक्ति प्रतिदिन राशि से अधिक हो। प्रायः, किसी ग्रामीण केन्द्र के लिए उनके द्वारा पूर्वकल्पित प्रतिव्यक्ति

प्रतिदिन की राशि देसीक्रू केन्द्रों के लिए बहुत ही कम हुआ करती थी, जो अच्छी राशि का भुगतान करती है और सेवा के उच्च स्तरों को कायम रखती है। नकदी प्रवाह का प्रबंध करना सदैव ही एक मुश्किल भरा संतुलनकारी कार्य था, और प्रायः सलोनी खर्चों को पूरा कर पाने में तनाव का सामना करती रहती थीं।

सलोनी ने अपने लैंगिक कारणोंवश महिला उद्यमियों के द्वारा सामना की जाने वाली सामाजिक–सांस्कृतिक चुनौतियों से जुड़े अपने विचारों की आवाज उठाईः 'ये चुनौतियाँ अधिकांशतः दिमाग में रहती हैं। ऐसे मुद्दों के सम्बन्ध में सोचने की आवश्यकता मेरे समक्ष उत्पन्न नहीं हुई थी। मेरे अनुभव में, मेरी आयु के बजाए मेरे लिंग ने कठिनाईयों को जन्म दिया है। क्योंकि मैं युवा और अनुभवहीन थी, अतः लोग मुझे गंभीरता से नहीं लेते थे, और मैंने विश्वास उत्पन्न करना कठिन पाया। वास्तव में कुछ व्यवसायियों ने मेरे साथ ऐसे व्यवहार किया जैसे मैं किसी शोध प्रबंध के लिए सामग्री एकत्रित कर रही हूँ!'

यह आश्चर्यजनक नहीं था, क्योंकि सलोनी युवा, दुबली–पतली तथा अपनी आयु से कम आयु वाली प्रतीत होती हैं। यह पूछने पर कि क्या किसी पुरुष एक्जीक्यूटिव ने कभी कोई टिप्पणी अथवा अनुचित हरकत करने का प्रयास किया है, सलोनी कहती हैंः 'ये आम बात है, अतः इसे मुद्दा नहीं बनाया जाना चाहिए; इसके अलावा इससे सहजतापूर्वक निपटा जा सकता है।'

उद्यमिता को लेकर अपने अनुभव के सम्बन्ध में सलोनी कहती हैंः 'किसी विचार पर उसके कुरेदे जाने से लेकर और बिना किसी मार्गदर्शिका का अनुसरण किए काम करना चुनौती तथा आनंद दोनों से ही भरा हुआ था! साथ ही मैं यात्रा करना पसंद करती हूँ और मैं देसीक्रू जैसा कुछ प्रारंभ करना चाहती थी ताकि मैं दूरस्थ स्थानों की यात्रा कर सकूँ। मेरा अंदाजा है कि ये जोखिम उठाए जाने का मामला है। संयोगवश, एक उद्यमी होने का बहुत अधिक महिमामंडन किया गया है। हमें यह नहीं भूलना चाहिए कि अंत में कोई भी उतना ही अच्छा होता है जितनी कि उसकी टीम। किसी भी स्टार्ट–अप को स्थापित कर रहे उद्यमियों को मेरा सुझाव है कि उन्हें इसका संरक्षण करने की

इच्छाशक्ति तथा अत्यधिक कठोर परिश्रम वाले कार्य के लंबे घंटों का समर्पण अवश्य रखना चाहिए।'

भविष्य

वर्ष 2007 तथा 2012 के बीच भारतीय बीपीओ उद्योग के साथ–साथ देसीक्रू ने भारी प्रगति की है। इस शानदार प्रगति ने देसीक्रू के लिए एक अनोखी समस्या उत्पन्न कर दीः सलोनी ने यह महसूस करना प्रारंभ कर दिया कि देसीक्रू पीछे छूटती जा रही थी। उनका लक्ष्य 1,000 नौकरियाँ उत्पन्न करने का था, किन्तु देसीक्रू इस संख्या का मात्र एक–तिहाई ही हासिल कर सकी थी। सलोनी चिंतित थी कि उनके नेतृत्व के कारण देसीक्रू उस तीव्र गति से विकसित नहीं हो रही थी। वो कहती हैंः 'मुझे लगा कि नेतृत्वकर्ता अलग–अलग प्रकार के होते हैं–कुछ जो बिल्कुल प्रारंभ से निर्माण करना पसंद करते हैं, कुछ जो काम को अगले स्तर तक ले जाना पसंद करते हैं और कुछ जो टूट रही कंपनियों को संभाल लेना पसंद करते हैं। मैं इनमें से पहले प्रकार की हूँ। मैं काम को प्रारंभ करना पसंद करती हूँ।' सलोनी ने अनुभव किया कि देसीक्रू को एक अधिक परिपक्व और अनुभवी नेतृत्व की आवश्यकता है ताकि यह उस गति के साथ प्रगति कर सके जिसकी यह अधिकारी है। उन्होंने बिजनेस स्टार्ट–अप के झंझटों का आनंद उठाया है किन्तु किसी स्थापित व्यवसाय के संचालन की ओर निगाह नहीं डाली है। उन्हें लगता है कि उनके लिए समय आ चुका है कि वो देसीक्रू के प्रबंधन को किसी समुचित प्रकार के नेतृत्वकर्ता को सौंप दें और अपने लिए नए मार्ग खोजें जो उन्हें अधिक उत्साह प्रदान करने वाला हो।

वास्तव में, सलोनी ने देसीक्रू को स्थापित एवं संचालित कर उत्कृष्ट कार्य किया है। उन्होंने एक ऐसी मजबूत प्रबंधन टीम खड़ी कर दी है जिसमें वो अनुभवी और जानकार लोग शामिल हैं जिन्होंने पूरी दुनिया के सर्वश्रेष्ठ विश्वविद्यालयों में से कुछ में अध्ययन करने के बाद टाटा, सीमेंस तथा इन्फोसिस जैसी कंपनियों के साथ–साथ विकास से जुड़े

संगठनों में वरिष्ठ पदों का धारण किया है। कर्मचारियों के स्तर पर भी देसीक्रू के पास आईटीआई डिप्लोमा, डिग्री तथा यहाँ तक कि पोस्टग्रेजुएट शिक्षित लोग भी उपलब्ध हैं। अमेरिका तथा अन्य देशों से आने वाले प्रशिक्षु देसीक्रू के साथ काम करने हेतु आवेदन करते हैं, और फिर उनकी केस–स्टडीज को शीर्ष व्यावसायिक स्कूलों के बीच प्रसारित किया जाता है। ये सभी लोग देसीक्रू में काम करने हेतु इसके मिशन और मूल्यों के कारण आकर्षित हुए हैं। एक शक्तिशाली और समर्पित संगठन बनाए जाने के अलावा सलोनी ने देसीक्रू के द्वारा प्रस्तावित सेवाओं का उन्नयन किया है और अपने ग्राहकों की सूची में विस्तार करते हुए भारत तथा विदेश से अनेक सम्मानित निजी एवं सार्वजनिक संगठनों को शामिल किया है। इसके अलावा, देसीक्रू एक लाभदायक कंपनी बन चुकी है। इन उपलब्धियों के बावजूद सलोनी यह महसूस करना जारी रखे हुए हैं कि देसीक्रू छोड़ने हेतु उनका समय आ चुका है। निश्चित रूप से, वो महसूस करती हैं कि बिजनेस प्रोसेस आउटसोर्सिंग एक पूँजी–प्रधान व्यवसाय था और इसके लिए जेब का गहरा होना आवश्यक था, जबकि इस व्यवसाय में प्रवेश के समय उनके पास बिल्कुल पूँजी नहीं थी; वास्तव में, आवश्यक साधनों के बिना ही एक महत्वाकांक्षी परियोजना का निर्माण करने निकल पड़ी थीं!

वर्ष 2010 के अंत तक, सलोनी ने देसीक्रू के निदेशक मंडल को सूचित कर दिया था कि एक नए सीईओ को नियुक्त करना चाहिए और यह कि देसीक्रू को बढ़ावा देने के लिए पर्याप्त निधिकरण की व्यवस्था करने के बाद वो त्यागपत्र दे देंगी। सलोनी ने निदेशक मंडल में एक इक्विटी फंड निवेशक वेन्टूरईस्ट को शामिल कर लिया, जिसने देसीक्रू में भारी निवेश किया। तब वो देसीक्रू के सीईओ पद से अलग हो गईं, यद्यपि कि एक निदेशक के रूप में वह अभी भी निदेशक मंडल में बनी हुई हैं।

अपने द्वारा बनाई गई कंपनी को छोड़ने के उनके अनुभव के बारे में पूछे जाने पर वो स्पष्ट करती हैं: 'मुझे महसूस हुआ कि मुझे वापस जाना चाहिए और मामले को अलग नजरिए से देखना चाहिए। शायद मैं देसीक्रू को वो सारे इनपुट नहीं दे पा रही थी जो उसकी पूर्ण क्षमता

के दोहन के लिए आवश्यक थे और शायद देसीक्रू के लिए भी यही अच्छा था कि वो व्यवस्था में पेशेवरों के एक नए समूह को शामिल करे। यद्यपि अपनी निकासी मैंने ही की है, तथापि पद छोड़ना सहज नहीं था। पॉल बेसिल, जो लेमेल्सन फाउण्डेशन में विलाग्रो के संस्थापक सीईओ हैं, इस अनुभव के मार्ग में मेरे निजी मार्गदर्शक थे, और उनके सहयोग के बिना मैं सुचारु और सकारात्मक रूप से अपनी निकासी कर पाने में समर्थ नहीं हो सकती थी।'

देसीक्रू के साथ बिताए गए इन सभी वर्षों और 18+ घंटे प्रतिदिन काम करने के बाद सलोनी ने एक वर्ष की छुट्टी ली ताकि वो स्वयं का आनंद ले सकें। अन्य बातों के साथ–साथ उन्होंने नए स्थानों की यात्राएं कीं, स्कूबा डाइविंग सीखी, भोजन पकाना और ध्यान लगाना सीखा। उन्हें *सोशल इनोवेशन इन द डिजिटल कॉन्टेक्स्ट* विषय पर स्वीडन में एक प्रबंधन कार्यक्रम में भाग लेने हेतु एक स्कॉलरशिप भी प्राप्त हो गई। इसका सम्बन्ध मानवाधिकार सम्बन्धी ऐसे मुद्दों से था जिनका समाधान इंटरनेट पर किया जा सकता है। महिलाओं के लिए एक सुरक्षित वातावरण का निर्माण करते हुए वो सेफसिटी को स्थापित करने में संलिप्त हो गईं। सेफसिटी एक ऐसा मंच है जो महिलाओं को प्रोत्साहित करता है कि वे भारत में सार्वजनिक स्थानों पर अपने साथ की गई यौन प्रताड़ना के अनुभवों को साझा करें। सेफसिटी में, डेटा मानचित्र पर संवेदनशील स्थान के रूप में संग्रहित हो जाता है जो विभिन्न स्थानों पर खतरे के स्तरों का संकेत प्रदान करता है। ये मानचित्र लोगों, स्थानीय समुदायों और लोक प्रशासन के लिए उपयोगी हैं। सेफसिटी को फेसबुक 2014 सोशल इनोवेशन अवार्ड में दूसरा स्थान प्राप्त हुआ था और इसे गूगल बिजनेस अवार्ड के लिए नामांकित किया गया था। सेफसिटी कानून प्रवर्तन एजेन्सियों के साथ–साथ सिविल समाज के साथ भी तालमेल स्थापित कर रही है ताकि सार्वजनिक स्थानों को सुरक्षित बनाया जा सके।

सलोनी के पास आगे अपने कार्यजीवन का एक बड़ा हिस्सा उपलब्ध है। वो एक सकारात्मक महिला हैं, और उनके पिछले रेकार्ड से स्पष्ट है कि वो समाज तथा पर्यावरण के लाभ के लिए एक

सकारात्मक परिवर्तन के साथ प्रयास करना जारी रखेंगी। देसीक्रू के निदेशक मंडल में वो बनी हुई हैं और संस्था के रणनीतिक निर्णयन में योगदान करती रहती हैं। आगे, उन्होंने उस राष्ट्रीय ग्रामीण बीपीओ नीति को तैयार करने हेतु समय समर्पित किया है जिसे सूचना प्रौद्योगिकी एवं संचार मंत्रालय के द्वारा हाल ही में प्रस्तुत किया गया है। वो कुछ नवप्रवर्तनकारी संगठनों जैसे सेवामॉब, जो एक अल्प–लागत बीमा प्रदाता है; स्टार्ट–अप! एक सामाजिक उपक्रम प्रारंभकर्ता, तथा ट्रेवेलर किड्स, जो बच्चों की शिक्षा–मनोरंजन कंपनी है, के लिए परामर्शदात्री भी बन गई है।

> *जो कुछ भी दूसरों को समस्या लगती है सलोनी उसे एक अवसर के रूप में देखती हैं। जब दूसरे शिकायत करते हैं कि कुछ करने की आवश्यकता है, सलोनी काम करती हैं–इंतजार नहीं कि दूसरे कुछ काम करें।*

8

बीनालक्ष्मी नेपराम

विधवाओं हेतु एनजीओ

चौबीस दिसम्बर, 2004 को मणिपुर के थौबल जिले की पहाड़ियों में वाबगई लमखाई गाँव में सूरज परवान चढ़ ही रहा था कि तीन हथियारबंद व्यक्ति 27 वर्षीय बुधी मोयरंगथेम की कार बैटरी की मरम्मत की दुकान में घुसे और उसे जबरदस्ती घसीट कर सड़क पर

ले आए। उसने संघर्ष किया तो हमलावरों ने उसे गोली मार दी। मिनटों में यह क्रूर हत्या कर दी गई थी, खुले में और छिपाने के किसी भी प्रयास के बिना। घटनास्थल के पास इस बर्बरतापूर्ण कार्यवाही को एक युवा मणिपुरी शोध छात्रा, बीनालक्ष्मी नेपराम, जो इस क्षेत्र का अध्ययन कर रही थी, अपनी आँखों से देख रही थी। इस भयावह घटना ने उसके जीवन को पूरी तरह से बदल के रख दिया। तब उसने निर्णय कर लिया कि वो ऐसी महिलाओं की सहायता के लिए कार्य करेगी जो उसके अपने गृहराज्य में व्याप्त भीषण हिंसा के कारण विधवा हो चुकी हैं, और उसने दृढ़संकल्प और साहस के साथ इस काम के बारे में तुरंत ही व्यवस्था कर डाली।

सुंदर मणिपुर राज्य भारत के उत्तरपूर्वीय कोने में स्थित है और उत्तर में नगालैंड से, दक्षिण में मिजोरम तथा पश्चिम में असम से घिरा हुआ है, तथा पूर्व में यह ऊपरी म्यांमार के साथ एक अंतर्राष्ट्रीय सीमा को साझा करता है। इसे नदियों से भरी एक धरती में अत्यंत सुंदर प्राकृतिक दृश्यों एवं विदेशी वनस्पतियों से भरापूरा होने का आशीर्वाद प्राप्त है जो कमल, लैवेण्डर एवं नीली झीलों, चाँदी के झरनों तथा अत्यलंकृत वनों से फलफूल रहे हैं। यह निचले हिमालय की धुंधयुक्त नीली–हरी पहाड़ियों से घिरा हुआ है। जैसा कि इसकी उत्कृष्ट हस्तकलाओं के साथ–साथ इसके अनेक रंगारंग त्यौहारों से प्रदर्शित होता है, मणिपुर संस्कृति और परंपराओं के मामले में भी पर्याप्त समृद्ध है।

किन्तु मणिपुर भारत का संघर्षों से सर्वाधिक आक्रान्त क्षेत्र भी है। वर्ष 1949 में प्राचीन मणिपुर राज्य के महाराजा के द्वारा भारतीय संघ में विलय होने के लिए हस्ताक्षर करने के समय से ही इसकी बर्बरतापूर्ण हिंसा का एक लंबा इतिहास मौजूद रहा है। विलय की कार्यवाही ने उग्रवाद की भयावह लहरों को स्वतंत्र छोड़ दिया जिसका परिणाम प्रतिस्पर्धी राजनीतिक माँगों, प्राकृतिक संसाधनों के लिए संघर्ष, अवैध प्रवासन, विस्थापन एवं विभिन्न जातीय समुदायों सहित सरकारी सशस्त्र बलों एवं सुरक्षाकर्मियों के द्वारा बहिष्करण के रूप में प्रकट हुआ है। पिछले पाँच दशकों में 20 हजार से भी अधिक लोग मारे जा चुके हैं, मुख्यतः 19–42 वर्ष आयु के युवा, जिसका परिणाम बंदूक से बच जाने वाली विधवाओं की एक बड़ी संख्या का मौजूद होना है।

द मणिपुर वूमेन गन सर्वाइवर्स नेटवर्क

बीनालक्ष्मी ने द मणिपुर वूमेन गन सर्वाइवर्स नेटवर्क की स्थापना की ताकि बुधी मोयरंगथेम की युवा पत्नी जैसी उन महिलाओं की सहायता की जा सके जो 2004 की क्रिसमस की पूर्वसंध्या पर अपने पतियों पर किए गए बर्बरतापूर्ण हमले के बाद अचानक से विधवा हो चुकी थीं। बीनालक्ष्मी ने 4,500 रुपयों के दान का प्रबंध किया ताकि उसके लिए एक सिलाई मशीन खरीदी जा सके। नेटवर्क के द्वारा किया गया यह सर्वप्रथम कार्य था, और इसने उसकी विधवा, रेबिका, को अपने जीवन के फट चुके अवशेषों को सिलने का सामर्थ्य प्रदान किया।

यह नेटवर्क सशस्त्र हिंसा की शिकार ऐसी महिलाओं की सहायता करता है जिनके जीवन उनके पति, पिता, भाई अथवा पुत्र की हत्या कर दिए जाने के कारण बिखर चुके हैं; इन संघर्षों में सबसे अधिक महिलाएं एवं बच्चे पीड़ित होते हैं क्योंकि उन्हें इसके भावनात्मक तथा सामाजिक–आर्थिक आघातों को सहना पड़ता है। नेटवर्क के द्वारा प्रदान की जाने वाली सहायता बहुआयामी हैः शोक संतप्त महिला की तात्कालिक आवश्यकता भोजन और बच्चों की शिक्षा को जारी रखने की होती है। नेटवर्क इन आवश्यकताओं की पूर्ति करता है और विधवाओं के लिए किसी–न–किसी छोटे व्यवसाय को प्रारंभ करने की व्यवस्था कर सतत् आय की व्यवस्था करने में उनकी सहायता भी करता है। विधवाओं की सहायता अपने बैंक खाते खोलने में की जाती है तथा उन्हें ब्याजमुक्त सूक्ष्म ऋण भी उपलब्ध करवाया जाता है ताकि वे छोटी–मोटी बिक्री अथवा उत्पादन सम्बन्धी गतिविधियों जैसे बुनाई, रेशम के धागे तैयार करना, मशरूम की खेती तथा मुर्गीपालन, सुअरपालन, मछलीपालन आदि को अपना सकें। उदाहरणार्थ, ह्यूड्रोम तान्या, जिसके पिता की हत्या गोली मारकर उस समय कर दी गई थी जब वो मात्र 18 वर्ष की थी, के मामले में नेटवर्क ने 3,000 रुपयों के ऋण की व्यवस्था की जिसके साथ वो सड़कों पर दैनिक आवश्यकता की वस्तुएं बेचने के एक छोटे से काम को प्रारंभ करने में सक्षम हो गई। समय व्यतीत होने के साथ–साथ उसके आत्मविश्वास में वृद्धि हुई और बाद में वो एक छोटी सी दुकान की स्वाभिमानी मालकिन हो गई जिसमें कढ़ाई किए हुए वस्त्र,

अगरबत्तियाँ एवं घरेलू सामग्रियाँ बेची जाने लगीं। फिर मुमताज का भी मामला था, जिसके लेक्चरर पति को अनजान बंदकूधारियों के द्वारा मार डाला गया था। वो बहुत संकट में थी क्योंकि उसे पाँच बच्चों को पालना–पोसना था। नेटवर्क ने उसके लिए 8,000 रुपयों की व्यवस्था की ताकि वो अपनी हैंडलूम की इकाई संचालित कर सके। एक व्यवसायी महिला के रूप में उसकी सफलता ने उसमें आत्मविश्वास भर दिया, और आज वो स्थानीय पंचायत के चुनाव लड़ने की योजना बना रही है ताकि अपने गाँव में सुधार ला सके। ऐसे दर्जनों मामले हैं जिनमें नेटवर्क के द्वारा विधवाओं की सहायता की गई है ताकि वे आय प्रदान करने वाले व्यवसायों को प्रारंभ कर सकें।

चूंकि ये महिलाएं वकीलों की फीस वहन नहीं कर सकतीं अतः यह नेटवर्क उन्हें कानूनी सहायता भी उपलब्ध करवाता है ताकि वे न्याय के लिए अपने मामलों को लड़ सकें। चिकित्सकीय सहायता भी उपलब्ध कराई जाती है, जो उनकी स्वास्थ देखभाल सम्बन्धी आवश्यकताओं को पूरा करने के लिए ऐसे परोपकारी अस्पतालों एवं डॉक्टरों के साथ व्यवस्था कर की जाती है जो निःशुल्क परीक्षण, दाँतों की देखभाल इत्यादि सेवाएं प्रदान करने के इच्छुक हों। पेशेवर मनोवैज्ञानिकों को भी महिलाओं को परामर्श प्रदान करने के लिए नियुक्त किया जाता है ताकि वे सदमें से बाहर आ सकें। द मणिपुर वूमेन गन सर्वाइवर्स नेटवर्क भारत में की गई अपने प्रकार की सर्वप्रथम पहल है। यह नेटवर्क गैर–राजनीतिक है, यद्यपि बीनालक्ष्मी पर प्रायः राजनीतिक रूप से महत्वाकांक्षी होने के गलत–सलत आरोप लगाए जाते रहे हैं। किसी भी स्थिति में, राजनीतिज्ञ इस नेटवर्क जैसे संगठनों से दूर ही रहे है, जो कि सभी सम्बन्धित लोगों के लिए शायद अच्छी बात ही है।

बीनालक्ष्मी की पृष्ठभूमि

बीनालक्ष्मी नागरिक अधिकारों की एक कार्यकर्ता हैं जो सशस्त्र संघर्ष के शिकार लोगों की देखभाल के काम का नेतृत्व करने के साथ–साथ महिलाओं के नेतृत्व वाले निशस्त्रीकरण पर भी कार्यरत् हैं। उन्होंने उग्रवाद, छोटे शस्त्रों के प्रसार तथा शांति बहाली में महिलाओं की

भूमिका पर विस्तारपूर्वक लेखन किया है। वो चार पुस्तकों का लेखन कर चुकी हैं: *पोयटिक फेस्टून* (1990), *आर्म्ड कनफ्लिक्ट्स, नारकोटिक्स एंड स्माल आर्म्स प्रोलिफरेशन इन इंडियाज नार्थईस्ट* (2002), तथा *मेकले* (2004), तथा साथ–साथ उन्होंने *इंडिया एंड आर्म्स ट्रेड ट्रीटी* (2009) का संपादित खंड। संयोगवश, *मेकले* नामक उपन्यास मणिपुर की निजी तौर पर की गई व्यापक सामाजिक–सांस्कृतिक खोज था। इसके पहले, उन्होंने *बार्डरलाइन्स* शीर्षक से एक पत्रिका का प्रकाशन किया था जिसके द्वारा भारत के उत्तरपूर्व में युद्ध तथा विद्रोह तथा इस क्षेत्र में शांति लाने के तरीकों पर निगाह डाली गई थी।

बीनालक्ष्मी को विभिन्न राष्ट्रीय एवं अंतर्राष्ट्रीय संगठनों द्वारा मान्यता प्रदान की जा चुकी है, उन्हें हवाई में एशिया पेशिफिक सेंटर फॉर सेक्योरिटी स्टडीज के दौरान व्याख्यान प्रस्तुत करने के लिए आमंत्रित किया गया था; उन्हें परम पावन दलाई लामा के फाउण्डेशन ऑफ यूनीवर्सल रिस्पॉन्सिबिल्टी संस्था के द्वारा विसकॉम्प शांति पुरस्कार प्रदान किया जा चुका है और उन्हें सीन मॅकब्राइड शांति पुरस्कार, सीएनएन आईबीएन रियल हीरो पुरस्कार एवं इंडियन ऑफ द ईयर पुरस्कार भी प्राप्त हो चुके हैं। उन्हें प्लगशेयर्स और अशोका फेलोशिप भी प्रदान की जा चुकी है। लंदन स्थित एक्शन ऑन आर्म्ड वायलेंस ने बीनालक्ष्मी को सशस्त्र हिंसा में कमी लाए जाने पर काम करने वाले पूरी दुनिया के 100 सर्वाधिक प्रभावशाली लोगों में स्थान प्रदान किया है। अपने अध्ययन को जारी रखते हुए उन्होंने न्यूयार्क में संयुक्त राष्ट्रसंघ के छोटे शस्त्रों एवं हल्के हथियारों पर समीक्षा सम्मेलन में तथा नोवा स्कॉटिया में नोबल पुरस्कार विजेता इंटरनेशनल पगवॉश सोसाइटी की एक सभा में भी भाग लिया।

बीनालक्ष्मी का जन्म 1974 में इम्फाल में हुआ था और अपने पूरे बचपन के दौरान वो नरसंहार, सशस्त्र संघर्ष एवं कर्फ्यू की साक्षी रहीं थीं। इन घटनाओं को मणिपुर में सामान्य जीवन माना जाने लगा था। वास्तव में, जब बीनालक्ष्मी का जन्म इम्फाल के जिला अस्पताल में हो रहा था, उस समय वहाँ कर्फ्यू लगा हुआ था (जो दुनिया में आने से उन्हें नहीं रोक पाया था!)।

बीनालक्ष्मी मणिपुर के एक अनोखे गाँव हीरेन्गोईथाँग में पली–बढ़ीं और उन्होंने इस स्थान और यहाँ के लोगों की स्मृतियों को अपने

उपन्यास *मेकले* में दर्ज किया है। 1984 में हीरेन्गोईथाँग में एक भयानक नरसंहार हुआ था जिसमें कथित रूप से केन्द्रीय रिजर्व पुलिस बल, जिसे आर्म्ड फोर्सेस स्पेशल पावर्स एक्ट द्वारा संरक्षण प्राप्त है, के द्वारा 13 नागरिक मार दिए गए थे। यह घटना स्थानीय लोगों और बीनालक्ष्मी की स्मृति में गहराई तक समाई हुई है। ऐसी घटनाओं ने ही उल्लेखनीय रूप से दर्शनीय *मीइरा पायबिस* कहे जाने वाले विरोध प्रदर्शनों को जन्म दिया जिसके अंतर्गत महिलाओं की भीड़ घरों में बनाई गई मशालें लेकर सड़कों पर निकल पड़ती हैं–एक विस्मय भरा प्रेरक दृश्य! संयोगवश, विरोध प्रदर्शनों के बावजूद, घृणित आर्म्ड फोर्सेस स्पेशन पावर्स एक्ट मणिपुर में अभी भी प्रयोग में लाया जा रहा है। यह एक ऐसा क्रूर कानून है जिसे औपनिवेशिक भारत में अंग्रेज शासकों के द्वारा लागू किया गया था ताकि इसका उपयोग स्वतंत्रता सेनानियों के विरुद्ध किया जा सके। यह सैन्यकर्मियों को किसी भी संख्या में नागरिकों, जिनपर उन्हें शांति भंग करने का संदेह हो, को दंडित करने, यहाँ तक कि जान से मार देने का अधिकार प्रदान करता है।

बीनालक्ष्मी के भाई–बहनों में तीन बहने एवं तीन भाई शामिल हैं। उनके माता–पिता ने पढ़ाई तथा पाठ्येत्तर गतिविधियों के मामले में बच्चों का पालन–पोषण एक प्रेरणादायी तरीके से किया है। बीनालक्ष्मी की माता जी एक प्राणिविज्ञानी हैं। वो एक शैक्षणिक अकादमी के प्रधानाचार्या के पद से सेवानिवृत्त हुई हैं। वो सदैव से एक कामकाजी माँ रहीं हैं, और बचपन के दौरान, बीनालक्ष्मी को आश्चर्य होता था कि वो घर से हर समय गायब क्यों रहती हैं। ऐसा बहुत बाद में हुआ था कि उन्हें एक कामकाजी माँ का महत्व समझ में आया था। उनके पिताजी मणिपुर के एडिशनल डायरेक्टर ऑफ इंडस्ट्रीज थे, हालांकि, निजी तौर पर उनका झुकाव साहित्य और कला की ओर अधिक था। उन्होंने बच्चों को पढ़ने के आनंद से परिचित करवाया था। बीनालक्ष्मी याद करती हैं कि स्टेट सेंट्रल लाइब्रेरी के बच्चों के खंड, जहाँ उनके पिताजी और बच्चे आनंद से भरे कई–कई घंटे पुस्तकों एवं पत्रिकाओं में गुजार दिया करते थे, ही वह स्थान था जहाँ उनमें लेखन की रुचि जाग्रत हुई थी। उनके पिताजी उन्हें फूलों का दर्शन करवाने बगीचों में ले जाया करते थे और उन्होंने

उन्हें फिल्में भी दिखाईं जिनमें से कुछ पूर तरह से उनकी आयु के अनुकूल नहीं थीं! उनके माता–पिता ने अपने बच्चों को मानवीय होने और समाज के लिए सर्वश्रेष्ठ कार्य करने की शिक्षा देकर बड़ा करने हेतु संघर्ष किया था। बाद में बीनालक्ष्मी ने इन आदर्शों के प्रति अपनी प्रतिबद्ध ता के साथ ही अपना जीवन जिया था।

इम्फाल के लिटिल फ्लावर स्कूल में एक स्कूली छात्रा के रूप में बीनालक्ष्मी बहुत शानदार, गंभीर एवं कठोर परिश्रम करने वाली लड़की थीं। उन्होंने प्रतिस्पर्धाओं, वाद–विवाद प्रतियोगिताओं तथा प्रश्नोत्तरियों में अनेकों पुरस्कार अर्जित किए और वो हेड गर्ल भी थीं। 1990 में उन्होंने हाईस्कूल प्रमाणपत्र परीक्षा उत्तीर्ण कर ली और वो पूरे राज्य में दूसरे स्थान पर रहीं जिसमें गणित तथा अंग्रेजी में किया गया प्रदर्शन शानदार था। परिवार ने प्री–यूनिवर्सिटी के अध्ययन हेतु उन्हें पड़ोसी राज्य असम में अत्यंत प्रतिष्ठित एवं विख्यात लेडी किएने कॉलेज, शिलाँग भेजने का निर्णय कर लिया। शिलाँग में, 18 वर्ष की आयु तक, यह स्पष्ट हो चुका था कि बीनालक्ष्मी एक प्रभावशाली महिला के रूप में विकसित होंगी। वो अपने आदर्शों के प्रति समर्पित थीं, जुनूनी थीं, दृढ़संकल्पित और कट्टर रूप से स्वतंत्र थीं किन्तु उन्हें एक दयालु हृदय भी मिला हुआ था। शारीरिक रूप से, वो सुगठित, शक्तिशाली और सुंदर थीं। वो आकर्षक थीं, कुछ कहती हुई आँखें तथा कंधों तक लंबे रेशमी बाल, जो एक शाही गरुण जैसी नाक के साथ उनके अंडाकार चेहरे को आकार प्रदान करते थे। कॉलेज की अनेकों अन्य लड़कियों की तरह शिलाँग में अपना समय उन्होंने बाहर घूमने–फिरने और लड़कों के साथ मेलजोल में खराब नहीं किया। बीनालक्ष्मी को अपने घर और परिवार की कमी बहुत अखर रही थी। इस दुःख से बचने के लिए उन्होंने अपना अधिकांश समय और ऊर्जा अपनी पढ़ाई को समर्पित कर दी और कुछ नोट्स लिखने प्रारंभ कर दिए जो अंततः उनका उपन्यास *मेकले* बन गया। उन्होंने कविता को भी अपना लिया और संगीत बजाना प्रारंभ कर दिया। वो छात्रावास समिति की सदस्य बन गईं और अच्छे भोजन के लिए संघर्ष किया–जुझारू होने का एक संकेत जो बाद के उनके करियर में प्रदर्शित हुआ!

घर से दूर रहने पर उपजे अपने दुःख के बारे में उन्होंने लिखाः

ये बिना किसी सहारे के किसी ढलान पर ढकेल दिए जाने जैसा है और आप जानते हैं कि एकमात्र सहारे के रूप में आपके पास स्वयं के अलावा और कोई नहीं है।

वर्ष 1992 में शिलाँग में प्री–युनिवर्सिटी की पढ़ाई पूरी कर लेने के बाद यह स्पष्ट हो चुका था कि उनके अंदर संमाज के प्रति महत्वपूर्ण योगदान कर सकने की क्षमता विद्यमान है और इसीलिए उन्हें आगे और अधिक अध्ययन करना चाहिए। उनके पिताजी प्रवेश दिलाने हेतु उन्हें दिल्ली विश्वविद्यालय ले आए। उन्हें अत्यधिक माँग वाले मिराँडा हाउस कॉलेज में फिजिक्स ऑनर्स में प्रवेश मिल गया, किन्तु अंततः उन्होंने अपेक्षाकृत कम प्रसिद्ध लेकिन अधिक सुरम्य इंद्रप्रस्थ कॉलेज में इतिहास में प्रवेश ले लिया। उन्होंने अपनी पढ़ाई को बहुत गंभीरता से लिया तथा साथ–साथ पाठ्येत्तर गतिविधियों में भी भाग लेती रहीं। वो हिस्ट्री सोसाईटी की सचिव, और बाद में अध्यक्षा बनीं और अनेक संगोष्ठियों में उन्होंने भली–भांति तैयार किए गए शोधपत्र प्रस्तुत किए।

इंद्रप्रस्थ कॉलेज फॉर वूमेन से इतिहास ऑनर्स में स्नातक पूरा करने के बाद उन्हें दिल्ली विश्वविद्यालय के प्रतिष्ठित हिन्दू कॉलेज में इतिहास में एम.एम. पाठ्यक्रम के लिए प्रवेश मिल गया। उन्हें विश्वविद्यालय के समीप स्थित किराए के कमरे में रहना और अपने जीवनयापन सम्बन्धी खर्चों को पूरा करने के लिए ट्यूशन देकर आय अर्जित करना पड़ रहा था। भीषण गर्म रातों वाली दिल्ली में बीनालक्ष्मी मणिपुर के शांत ठंडे मौसम से वंचित अनुभव कर रहीं थी साथ ही उन्होंने परिवार वालों को भी खो सा दिया था। संपर्क में रहने का अहसास जगाने के लिए वो बाहर आ जातीं और चाँद की ओर देखती रहतीं, जिसे वो जानती थीं कि उनके घर पर भी तथा उनके अपने लोगों पर भी चमक रहा होगा; विशेषतौर पर, वो जानती थी कि उनकी माताजी प्रायः चाँद को निहारा करती हैं। चाँद निहारने की यह छोटी सी रीति घर के साथ जुड़े होने का अहसास प्रदान करती है, हालांकि, वो हजारों मीलों की दूरी पर थीं।

हिन्दू कॉलेज के अपने दिनों के दौरान बीनालक्ष्मी कविता में और अधिक डूब चुकी थीं–उन्होंने कविताएं लिखीं, काव्यपाठ में भाग लिया

और भारत के सर्वाधिक सम्मानित कवियों के साथ अंतःक्रियाएं कीं। उन्होंने अपने नोट्स, जो विगत कुछ वर्षों में लिखे गए थे, को *मेकले* नामक उपन्यास के रूप में व्यवस्थित करने में भी समय लगाया, जिसका पाठ्य उनके काव्यात्मक प्रयासों की सामग्री से और समृद्ध हो चुका था। एक दार्शनिक कविता में वो लिखती हैं:

इतिहास और हमारे वर्तमान जीवन, हमारे वर्तमान जीवन
और इतिहास
क्या ये जुड़े हुए हैं? जैसे–जैसे समय बुनता है हमारा इतिहास;
और इतिहास हमारे वर्तमान जीवनों को बुनता है; हम सब
जुड़ते जाते हैं–
इतिहास और हमारे वर्तमान जीवन, हमारे वर्तमान जीवन
और इतिहास।

दिल्ली में जीवन व्यस्ततापूर्ण और थका देने वाला था। प्रायः इसमें अंधेरा होने के बाद यात्रा करना शामिल होता था जो खतरनाक था। वास्तव में कुछ अवसरों पर, उनके साथ छेड़खानी की गई, जिसके साथ एफआईआर दर्ज करवाने जैसे अप्रसन्नतापूर्ण काम जुड़े हुए थे। इसने बीनालक्ष्मी को महिला अधिकारों से जुड़ी एक कार्यकर्ता बनने हेतु प्रोत्साहित किया और कठोर परिस्थितियों से निपटने के लिए उनमें आत्मविश्वास उत्पन्न कर दिया। उदाहरणार्थ, वो किसी भी छेड़खानी करने वाले को पुलिस के हवाले करने के पहले पीट सकती थीं, कुछ ऐसा जिसे उन्होंने पहले कभी नहीं किया था।

वर्ष 1997 में दिल्ली विश्वविद्यालय से मास्टर्स की डिग्री हासिल कर लेने के बाद बीनालक्ष्मी ने दिल्ली के एक अन्य अत्यधिक सम्मानित अध्ययन केन्द्रः जवाहर लाल नेहरू विश्वविद्यालय (जेएनयू), जिसे 'ऑक्सफोर्ड ऑफ द ईस्ट' के नाम से जाना जाता है, में प्रवेश के लिए आवेदन कर दिया। उन्हें स्कूल ऑफ इंटरनेशनल स्टडीज में एम.फिल. के पाठ्यक्रम में प्रवेश मिल गया। इस विश्वविद्यालय को इसके वामपंथी रुझान के लिए जाना जाता था। बीनालक्ष्मी ने अपने राजनीतिक रुझान रखने वाले सहयोगियों के बीच महान समर्पण पाया और इससे उनके अपने दृष्टिकोण प्रभावित हुए। वो कैम्पस के अंदर छात्रावास में रहती थीं

अतः, वो जेएनयू की जीवनशैली में सहजता से घुलमिल गईं, जो उन्हें बहुत अधिक उद्दीपनकारी प्रतीत हुई। उन्हें शैक्षणिक वातावरण, विशेषतौर पर रात्रि–भोजन के उपरांत होने वाले राजनीतिक परिचर्चाओं से जो बगीचों में चाँद की रोशनी में संपन्न होते थे, से प्यार हो गया था।

इसी बीच, उनके भविष्य को लेकर चिंतित उनके माता–पिता ने सुझाव दिया कि वो सरकारी नौकरी की परीक्षाओं में भाग लें। उन्होंने विवाह करने और पारिवारिक जीवन प्रारंभ करने के सुझाव भी दिए। हालांकि, बीनालक्ष्मी जेएनयू में अपनी पीएच.डी. का आनंद लेती रहीं। अपने शोधकार्य में उन्होंने कठोर परिश्रम किया। दिन के समय वो पुस्तकालयों में पढ़तीं तथा साथ–साथ जानकार लोगों से साक्षात्कार के माध्यम से सबक हासिल करतीं। रात्रि के दौरान, वो अपने शोधकार्य को आगे बढ़ातीं। और देर रात तथा भोर के समय वो स्वयं को अपने रचनात्मक कार्य–अपने उपन्यास, *मेकले* में डुबो देतीं। 2000 में, जब वो 26 वर्ष की थीं, जेएनयू के स्कूल ऑफ इंटरनेशनल स्टडीज के समक्ष उन्होंने 'स्माल वार्स एंड इनसर्जेन्सीज इन साउथ एशिया' विषय पर अपना निबंध प्रस्तुत किया। यह एक ऐसी लड़की के लिए शानदार उपलब्धि थी जिसने सुदूर मणिपुर के एक छोटे से स्कूल में अपनी पढ़ाई प्रारंभ की थी।

जेएनयू में, बीनालक्ष्मी ने मणिपुर में सशस्त्र संघर्ष की स्थिति पर व्यवस्थित रूप से शोधकार्य किया और प्राथमिक आँकड़ों को संग्रहित करने के लिए प्रायः वहाँ की यात्राएं कीं। ऐसी ही एक यात्रा के दौरान वो बुधी मोयरंगथेम की क्रूर हत्या की गवाह बनी थीं। वो कहती हैं: 'उस समय मैंने महसूस किया कि यदि हस्तक्षेप नहीं किया गया तो शोध करने का कोई औचित्य नहीं है। जब आप किसी विषय पर शोध करते हैं तो दो बातें घटित होती हैं–आप और अधिक शोध कर सकते हैं, अधिक लिख सकते हैं और एक दार्शनिक बन सकते हैं अथवा आप इस विषय के सम्बन्ध में कुछ कर सकते हैं। मैंने दूसरे विकल्प को चुना था, जो कि कार्यवाही का रास्ता था।' अध्ययन पूरा करने के बाद, उन्होंने लोगों को मणिपुर, जिसकी सभ्यता दो हजार वर्षों तक फैली हुई थी, के महान अतीत के बारे में शिक्षित करने, और एक ऐसा नए समाज का निर्माण करने का निर्णय कर लिया जो बंदूकों के आतंक से मुक्त हो।

संयुक्त राष्ट्रसंघ के द्वारा किया गया एक अंतर्राष्ट्रीय सर्वेक्षण प्रदर्शित करता है कि भारत में नागरिकों के पास सबसे बड़ी संख्या में छोटे शस्त्र उपलब्ध हैं। छोटे शस्त्रों के लाइसेंस आसानी से दे दिए जाते हैं, और बिना लाइसेंस के शस्त्र रखने की सजा बहुत मामूली है। शस्त्रों की सहज उपलब्धता हिंसा का कारण बनती है और अनेक युवा लोग बंदूको का रास्ता अपना लेते हैं, जो संपूर्ण विनाश–सामाजिक, राजनीतिक तथा आर्थिक–का कारण बन जाता है। संयुक्त राष्ट्रसंघ ने छोटे शस्त्रों के प्रसार के मुद्दे का समाधान करने के लिए अपने एक्शन फॉर स्मॉल आर्म्स एंड लाइट वेपन्स (यूएनपीओए फॉर एसए एंड एलडब्ल्यू) कार्यक्रम को प्रारंभ किया है। इस कार्यक्रम को कई देशों के द्वारा गंभीरतापूर्वक नहीं लिया गया था, किन्तु भारत में, इसे बंदूक संस्कृति के विरुद्ध कार्यवाही करने के एक अवसर प्रदान करने वाले के रूप में देखा गया है। यद्यपि भारत के द्वारा छोटे शस्त्रों के विषय पर संयुक्त राष्ट्रसंघ के समक्ष प्रायः रिपोर्टें प्रस्तुत की जा चुकी हैं, तथापि धरातल पर कोई प्रगति नहीं हो सकी है। इसे ध्यान में रखते हुए बीनालक्ष्मी और मणिपुर गन सर्वाइवर्स नेटवर्क में उनके सहयोगियों ने निर्णय किया है कि वे छोटे शस्त्रों के प्रसार से सम्बन्धित मुद्दों को सम्बोधित करने हेतु सिविल सोसाइटी को एकजुट करेंगे।

द कन्ट्रोल आर्म्स फाउण्डेशन ऑफ इंडिया

वर्ष 2004 में, बीनालक्ष्मी ने भारत की पहली सिविल सोसाइटी–कन्ट्रोल आर्म्स फाउण्डेशन ऑफ इंडिया (सीएएफआई)–की सह–स्थापना की जो निःशस्त्रीकरण को समर्पित है और वो इसकी सर्वप्रथम महासचिव बनीं। सीएएफआई ऐसे छोटे शस्त्रों के प्रसार को रोकने के प्रति प्रतिबद्ध है जिनके द्वारा मणिपुर तथा साथ–साथ उत्तरपूर्व के अन्य राज्यों में हिंसा को बढ़ावा प्राप्त हुआ है। यह महिलाओं के नेतृत्व वाला एक आंदोलन है जो यह सुनिश्चित करता है कि विभाजनकारी राजनीतिक, नागरिक एवं सामाजिक मुद्दों के साथ हिंसा के बजाए सूचित बहस, जो सार्वजनिक जागरूकता उत्पन्न करती है, के माध्यम से निपटा जाए।

सीएएफआई छोटे शस्त्रों के व्यापार पर नियंत्रण की वकालत करती है ताकि अपराधी बंदूके न प्राप्त कर सकें। यह हथियारों की अवैध बिक्री और उनके पुनश्चक्रण के विरुद्ध सुरक्षा अपनाए जाने के साथ–साथ भंडारों पर निगरानी करने की भी वकालत करती है क्योंकि ऐसे हथियार गलत हाथों में जाने, चोरी होने और नकल करने के प्रति संवेदनशील होते हैं। सीएएफआई दृष्टिकोण में परिवर्तन लाए जाने हेतु शोध, वकालत, परिचर्चाओं और जागरूकता कार्यक्रमों के माध्यम से काम करती है। यह निःशस्त्रीकरण अधिकारियों, संसद सदस्यों, विचारकों एवं अन्य गैर–सरकारी संगठनों को भी सशस्त्र हिंसा एवं शस्त्रीकरण से जुड़े मामलों में संलिप्त करती है। सीएएफआई ने बंदूकों के नियंत्रण के विषय पर तीन फिल्में भी बनाई हैं: *गन वार्स एंड ड्रग डेथ्स, गनिंग फॉर कंट्रोल* तथा *द स्टोरी ऑफ द मणिपुरी वूमेन गन सर्वाइवर्स।* संगोष्ठियों और सम्मेलनों के अलावा यह फोटो प्रस्तुतियाँ भी आयोजित करती रहती है।

सीएएफआई राज्य–नियंत्रित सशस्त्र बलों की भूमिका के संवेदनशील क्षेत्र में भी सक्रिय है। यह उन तरीकों पर परिचर्चाओं और अध्ययनों को प्रोत्साहित करती है जिनके अनुसार इन बलों को काम करना चाहिए। यह संयुक्त राष्ट्रसंघ के कानून प्रवर्तनकारी अधिकारियों के द्वारा बल एवं अग्नेयास्त्रों के उपयोग पर बुनियादी सिद्धांतों का समर्थन करती है और इन सिद्धांतों को लागू करने हेतु सुरक्षा बलों के लिए प्रशिक्षणों का आयोजन करती है। सीएएफआई अंतर्राष्ट्रीय संगठनों और विकास एजेन्सियों के कार्यक्रमों के बीच समन्वयन को भी सशक्त करने के लिए भी काम करती है ताकि वे तारतम्य में काम कर सकें। यह छोटे शस्त्रों के नियंत्रण तथा हिंसा में कमी को अंतर्राष्ट्ररीय, बहुराष्ट्रीय तथा क्षेत्रीय आधारों जैसे सार्क, बिमस्टेक इत्यादि में शामिल करवाए जाने का प्रयास भी कर रही है।

द नार्थईस्ट इंडिया वूमेन इनीशिएटिव फॉर पीस

द नार्थईस्ट इंडिया वूमेन इनीशिएटिव फॉर पीस (एनईआईडब्लयूआईपी) एक दूसरा आंदोलन है जिसमें बीनालक्ष्मी ने अग्रणी भूमिका निभाई है। यह संपूर्ण उत्तरपूर्व के महिला समूहों का एक ऐसा नेटवर्क है जो शांति

के लिए काम कर रहे हैं। उत्तरपूर्व क्षेत्र अनेक जनसंख्या समूहों का घर है जो अलग–अलग भाषाएं एवं बोलियाँ बोलते हैं। आजादी तथा नए राज्यों के लिए शोर मचाती और हिंसात्मक माँगों का परिणाम प्रायः सतत् उग्रवाद के रूप में सामने आता रहा है। उत्तरपूर्व के मुकाबले भारत के किसी भी अन्य क्षेत्र के द्वारा विद्रोही संगठनों का इतना बड़ा प्रसार नहीं देखा गया है।

भारत के उत्तरपूर्वीय क्षेत्र में, महिलाओं ने परंपरागत रूप से आर्थिक क्षेत्र में प्रमुख भूमिका निभाई है जैसा कि अनेक स्वयं–सहायता समूहों, सहकारी समितियों, महिला बाजारों इत्यादि के द्वारा प्रदर्शित होता है। हालांकि, शांति निर्माताओं के रूप में महिलाओं के नजरिए और क्षमताओं का उपयोग नहीं किया गया है, और संघर्ष समाधान में उनकी भूमिका नगण्य रही है, भले ही संयुक्त राष्ट्रसंघ सुरक्षा परिषद् के द्वारा संघर्ष समाधान एवं शांति बहाली में महिलाओं के संलिप्तीकरण को सुनिश्चित करने तथा साथ ही साथ महिलाओं के विरुद्ध भेदभाव की समाप्ति के लिए संयुक्त राष्ट्र सम्मेलन में प्रस्ताव पारित किया जा चुका है। द नार्थईस्ट इंडिया वूमेन इनीशिएटिव फॉर पीस इस स्थिति का समाधान करने के प्रयास कर रही है। यह शिक्षाविदों, वकीलों, सामाजिक कार्यकर्ताटों एवं छात्रों सहित समाज के सभी वर्गों से महिलाओं को एकजुट करने के लिए एक मंच प्रदान करने तथा उन्हें एक आवाज दिए जाने के द्वारा महिलाओं को उग्रवाद तथा सामाजिक सुधार जैसे मुद्दों में संलिप्त होने में सहायता प्रदान करती है। यह उत्तरपूर्वीय राज्यों की शांति स्थापित करने, न्याय उपलब्ध कराए जाने तथा राजनीतिक अधिकार प्रदान करने के माध्यम से तथा निर्णयन में भागीदारी के साथ–साथ नीति निर्धारण तथा उनके जीवनों को प्रभवित करने वाली प्रक्रियाओं को लागू करने के माध्यम से महिलाओं को प्रोत्साहित करती है।

द नार्थईस्ट इंडिया वूमेन इनीशिएटिव फॉर पीस का गठन करने का विचार पहली बार 2009 में उत्पन्न हुआ और फिर इसे 2012 में तब एक बड़ा प्रोत्साहन प्राप्त हुआ जब बंगलूरू, पुणे, मुम्बई और दिल्ली जैसे शहरों से भावनात्मक रूप से आहत उत्तरपूर्वीय युवाओं का अचानक ही पलायन प्रारंभ हो गया। इन युवाओं को बारबार यह कहा गया था कि उत्तरपूर्व के लोग बाहरी लोग हैं; उन्हें 'आदिवासी' कहकर

संदर्भित किया जा रहा था और 'चिन्किस' बुलाया जाता था। उस समय, पहचान को लेकर अनेक प्रश्न उठने लगे थे। शीघ्र ही यह स्पष्ट हो गया था कि उत्तरपूर्व के लोगों के बारे में ऐसे नकारात्मक विचारों को तुरंत दूर करने की आवश्यकता है।

बीनालक्ष्मी कहती हैं: 'उत्तरपूर्व में 4.5 करोड़ लोग रहते हैं और हम भारत का अभिन्न अंग हैं। फिर हमें क्यों गलत समझा और पेश किया जा रहा है? द नार्थईस्ट इंडिया वूमेन इनीशिएटिव फॉर पीस में हमने महसूस किया है कि मीडिया को दोषी ठहराया जाना उचित नहीं है। उस समय हमने स्पष्ट किया था कि सरकारी एजेन्सियाँ अपना काम ठीक से काम नहीं कर रही हैं, और वास्तव में वे नहीं कर रही थीं। लोग अधिकांश सबक अपने जीवन के प्रारंभिक वर्षों में प्राप्त करते हैं और इसीलिए हमने निर्णय किया कि हम अपने देश के शिक्षा निकायों से संपर्क करेंगे ताकि यह सुनिश्चित किया जा सके कि उत्तरपूर्व को शैक्षणिक पाठ्यक्रमों और पाठ्यपुस्तकों में समुचित रूप से प्रस्तुत किया जाए। भूतकाल में, भारत की स्कूली पुस्तकों में उत्तरपूर्व को बहुत गलत तरीके से प्रदर्शित किया गया है। (प्रायः उत्तरपूर्व के बारे में जो कुछ उल्लेख किया जाता है वह है असम के चेरापूँजी में सर्वाधिक वर्षा का होना!)।

भविष्य

मणिपुर गन सर्वाइवर्स नेटवर्क पीड़ितों की सहायता करने के अपने काम में गंभीर रूप से असमर्थ हो चुका था क्योंकि मणिपुर की अर्थव्यवस्था दशकों से जारी गृहयुद्ध, जिसने आर्थिक गतिविधियों को ठप कर दिया था, के कारण तबाह हो चुकी थी। अतः, नेटवर्क विधवाओं को आजीविका उपलब्ध कराए जाने के अपने प्रयासों तक ही सिमट कर रह गया था। यह मात्र कुछ परंपरागत पेशों में ही व्यवसाय प्रारंभ करने के अवसर प्रदान कर पाने में सक्षम था। इन परंपरागत पेशों में, हस्तकला में सर्वश्रेष्ठ संभावनाएं थीं क्योंकि बंदूक की गोली से विधवा हुई अनेक महिलाएं पहले से ही इन सामग्रियों से परिचित थीं। हालांकि, मणिपुर में हस्तकला क्षेत्र समस्याओं का सामना कर रहा था। उदाहरण के लिए, इन उत्पादों के बाजार मात्र स्थानीय क्षेत्रों तक ही

सीमित रह गए थे, और स्थानीय ग्राहकों की माँगें तथा भुगतान क्षमता भी बहुत कम थी। मणिपुरी हस्तकला को व्यापक संपर्क उपलब्ध कराए जाने में सक्षम बनाने और युद्ध विधवाओं के लिए बेहतर लाभ अर्जित करने के लिए कुछ समस्याओं के त्वरित समाधान करने की आवश्यकता थीः जैसे–डिजाइन इनपुटों को उपलब्ध कराया जाना था ताकि उत्पादों को आधुनिक रुचियों के अनुरूप बनाया जा सके; आधुनिक उत्पादन तकनीकों, उपकरणों और सामग्रियों के द्वारा गुणवत्ता को उन्नत करना था; प्रमुख बाजारों में शोरूमों के माध्यम से बड़े राष्ट्रीय एवं अंतर्राष्ट्रीय बाजारों तक पहुँच तथा ऐसे ग्राहकों, जो मणिपुर की यात्रा किए बिना सामग्रियाँ खरीदने के इच्छुक होते हैं, के लिए इंटरनेट पर ऑनलाइन प्लेटफार्मों के माध्यम से बिक्री करना।

ऐसे मामलों से निपटने में एक नए प्रकार की विशेषज्ञता संलिप्त थी, जिसका बीनालक्ष्मी के पास कोई पुराना अनुभव अथवा ज्ञान उपलब्ध नहीं था। उनके लिए, यह कार्य पूरी तरह से एक अलग कार्य था, जो उनके भविष्य को उत्तेजक तो बनाता था किन्तु चुनौतीपूर्ण भी। इसकी व्यवस्था वो पेशेवर लोगों के एक दल को नियुक्त करके कर रही हैं जिनके पास आवश्यक विशेषज्ञता उपलब्ध है, जैसे डिजाइनर्स, व्यापारी, विपणनकर्ता, जो विधवाओं की कलाकृति निर्माण इकाईयों के साथ काम करेंगे।

भविष्य बीनालक्ष्मी से यह भी माँग करेगा कि वो उत्तरपूर्व के लोगों के प्रति नकारात्मक दृष्टिकोण एवं भेदभाव से सम्बन्धित समस्याओं के प्रति भी अपने प्रयासों को समर्पित करें। भारत सरकार ने पहले ही उन्हें अपनी उस समिति में एक सदस्य नियुक्त कर दिया है जो उत्तरपूर्व से सम्बन्धित मुद्दों पर विचार करेगी।

उत्तरपूर्व के लोगों के विरुद्ध भेदभाव का मसला हाल ही में जनवरी 2014 में एक बार फिर से उभरा जब अरुणाचल प्रदेश का एक लड़के, नीडो तानिया, को नई दिल्ली के लाजपत नगर इलाके में पीट–पीट कर मार डाला गया। इसके अलावा वह संवेदनहीन तरीका भी चौंकाने वाला था जिसका उपयोग इस प्रकरण से निपटने में जनता तथा स्थानीय कानून प्रवर्तन प्रशासन के द्वारा किया गया था। निश्चित रूप से बीनालक्ष्मी ने विरोध प्रदर्शनों में अग्रणी भूमिका निभाई ताकि इस

शर्मनाक अपराध से निपटने के तरीके का प्रचार किया जा सके। तब जुलाई 2014 में, मणिपुर से एक युवा, आखा सलौनी, की दक्षिण दिल्ली में बिना उकसाए और भेदभाव आधारित नफरत भरे एक हमले में हत्या कर दी गई। मीडिया की रिपोर्टें यह लगातार इंगित करती रहीं कि उत्तरपूर्ववासियों के विरुद्ध भेदभाव रुकने को नहीं आ रहा है।

भेदभाव सम्बन्धी इस विषय पर बीनालक्ष्मी के अंतर्निहित विचार यह हैं कि एक बार लोग किसी व्यक्ति को जान लेते हैं तो उसके लिए संवेदना अनुभव करने लगते हैं; उत्तरपूर्व के लोगों के सम्बन्ध में यही अहसास गायब है, मुख्यतः जानकारी के अभाव के कारण। भारत में स्कूल और कॉलेज उत्तरपूर्व के लोगों के बारे में बहुत ही कम जागरूकता प्रदान करते हैं।

वो कहती हैं: 'उत्तरपूर्वीय राज्यों में रहने वाले हमारे करोड़ों नागरिकों के इतिहास हमारी किताबों से गायब हो चुके हैं। परिणामी अज्ञानता ही उत्तरपूर्वीय लोगों के विरुद्ध भेदभाव के प्रमुख कारणों में से एक है।'

संयोगवश, उत्तरपूर्व के पास लोककथाओं, बलाड्स और लुलाबीस के रूप में मौखिक इतिहास का एक बड़ा खजाना मौजूद है, किन्तु सूचना की इस खान का अध्ययन नहीं किया गया है और न ही व्यवस्थित तरीके से इसे दर्ज किया गया है। हाल ही में, बीनालक्ष्मी से प्रोत्साहित मणिपुर गन सर्वाइवर्स नेटवर्क तथा एनईआईडब्लयूआईपी के एक संयुक्त दल ने भारतीय ऐतिहासिक अनुसंधान परिषद् के साथ मिलकर समस्त उपलब्ध ऐतिहासिक आँकड़ों का दस्तावेजीकरण करना तथा उत्तरपूर्वीय राज्यों के इतिहासों को भारत में शिक्षण की मुख्यधारा में शामिल करना प्रारंभ कर दिया है।

यह सब बातें संकेत देती हैं कि बीनालक्ष्मी के लिए भविष्य मणिपुर के साथ–साथ उत्तरपूर्व के लोगों तथा उसके द्वारा देश के लोगों के जीवन के उत्थान में योगदान दिए जाने के अवसरों से भरा रहने वाला है, जिसे कि उनकी कार्यों, समर्पित दृढ़ता और कठोर परिश्रम सहित उनके अनूठे स्वभाव के मिश्रण के साथ फलीभूत किया जाएगा।

9

उर्वशी बुटालिया

नारीवादी प्रकाशन

उर्वशी बुटालिया भारत में नारीवादी प्रकाशन की अग्रणी होने के साथ–साथ महिलाओं के मुद्दों से सम्बन्धित एक प्रमुख कार्यकर्ता एवं लेखिका भी हैं। वो पश्चिमी पाकिस्तान से आए सिख शरणार्थियों के एक परिवार से सम्बन्धित हैं जिसने बँटवारे के समय लाहौर छोड़

दिया था और अम्बाला में बसने के लिए भारत आ गया था। उस समय अम्बाला भारत के पंजाब राज्य का हिस्सा था जहाँ उर्वशी का जन्म 1952 में हुआ। उनके पिताजी एक पत्रकार थे, और उनकी माताजी एक शिक्षिका जो, संयोगवश, दहेज विरोधी आंदोलनों जैसे नारीवादी मुद्दों के समर्थन में भी संलिप्त रहा करती थीं। वास्तव में, उर्वशी के लिए उनकी माताजी अपने अधिकारों के लिए संघर्ष करने वाली महिलाओं का एक उदाहरण बन चुकी थीं।

उर्वशी ने अपनी स्कूल और कॉलेज की पढ़ाई दिल्ली में की और उन्होंने मिराँडा हाउस से अपना स्नातक पूरा किया। बाद में, उन्होंने दिल्ली विश्वविद्यालय से अंग्रेजी साहित्य में अपनी मास्टर्स की डिग्री हासिल की और लंदन के स्कूल ऑफ ओरिएंटल एंड अफ्रीकन स्टडीज से दक्षिण एशियाई अध्ययन में मास्टर्स की एक और डिग्री हासिल कर ली। उनके प्रारंभिक कार्यों में नई दिल्ली स्थित ऑक्सफोर्ड यूनिवर्सिटी प्रेस तथा बाद में ऑक्सफोर्ड के साथ–साथ लंदन में एक प्रकाशन कंपनी जेड बुक्स के साथ काम करना शामिल रहा।

उर्वशी जब दिल्ली में पढ़ाई कर रही थीं तब वह समय भारत में भारी राजनीतिक और सामाजिक उथल–पुथल से भरा हुआ था। वो छात्र कार्यकर्ता समूहों के साथ सघनता से संलिप्त हो गईं। ऐसा मिराँडा हाउस की प्रतिभाशाली और जागरूक स्नातक छात्राओं के साथ अंतःक्रिया करते हुए ही घटित हुआ कि वो महिलाओं से सम्बन्धित मुद्दों में रुचि लेने लगीं, कुछ ऐसा जो उनके लिए आजीवन प्रतिबद्धता बनने वाला था।

यद्यपि उन्होंने साहित्य के अपने अध्ययन का आनंद उठाया था, तथापि उर्वशी को यह कुछ कुंठाग्रस्त सा प्रतीत हुआ कि दिल्ली विश्वविद्यालय के उन दिनों के पाठ्यक्रम अभी तक औपनिवेशिक विचारधारा से ही प्रभावित बने हुए थे। साहित्य अध्ययन करने का बुनियादी अर्थ था अंग्रेजी साहित्य का अध्ययन करना। मात्र कुछ ही वैकल्पिक प्रश्नपत्र ऐसे होते थे जो किसी अन्य साहित्य पर निगाह डालते थे। इस बात ने उन्हें शिक्षिका न बनने हेतु संतुष्ट कर लिया, जो शायद उनके लिए करने योग्य काम रहा हो सकता था। वो किसी

दूसरे देश के साहित्य पर ध्यान केन्द्रित करने के बजाए कुछ ऐसा करने की इच्छुक थीं जो भारत में उनके जीवन के धरातल से जुड़ी सच्चाईयों से अधिक सम्बन्ध रखता हो।

यही वह कारण भी था जिसने उन्हें प्रकाशन को एक करियर के रूप में अपनाने पर गंभीर विचार करने हेतु बाध्य किया। चूंकि वो भारत में महिलाओं के सम्बन्ध में ज्ञान के भंडार का निर्माण करने की इच्छुक थीं, अतः उर्वशी ने अपने घर में ही एक छोटा सा प्रिंटिग प्रेस स्थापित करने का सपना भी देख डाला, जहाँ वो नारीवादी पाठ्य सामग्री और प्रजातंत्रवादी राजनीतिक पत्रिकाओं की छपाई कर सकती हों। यह सपना पूरा नहीं हो सका, किन्तु यह पूरी तरह से मरा भी नहीं था। यह एक ऐसे विचार का बीज बन चुका था जो उनके शेष जीवन को आकार प्रदान करने वाला था। अप्रत्याशित रूप से, उन्हें कुछ ऐसा काम मिल गया जिसमें प्रकाशन जुड़ा हुआ था; ऐसा तब हुआ जब एक मित्र, जो ऑक्सफोर्ड युनिवर्सिटी प्रेस (ओयूपी) में कार्यरत् था, ने सुझाव दिया कि वो वहाँ स्वतंत्र रूप से कुछ कार्य करें। उर्वशी ने सुझाव अपना लिया और काम का भरपूर आनंद उठाया। उन्हें ऐसा प्रतीत हुआ कि उन्हें अपनी मंजिल मिल गई है जिसने इस बात की पुनः पुष्टि कर दी थी कि प्रकाशन ही उनके लिए समुचित रोजगार होगा। जैसा कि हुआ भी, ओयूपी ने उर्वशी को प्रोडक्शन मैनेजेर की सहायिका की नौकरी का प्रस्ताव दे दिया।

उर्वशी एक ऐसी नेतृत्वकर्ता भी हैं जो संगठनों को निर्माण करने तथा लोगों के साथ काम करने में आनंद प्राप्त करती हैं। वो समाज के सभी स्तरों के लोगों के साथ सहजतापूर्वक संवाद कर लेती हैं। किन्तु उन्हें लगता है कि नेतृत्व प्राकृतिक रूप से नहीं प्राप्त होता। अनेक अन्य क्षमताओं के समान ही इसे भी सीखा और पोषित करना होता है। उर्वशी के अनुसार, कई वर्षों तक नारीवादी आंदोलन के साथ उनकी संलिप्तता ही है जिसने उन्हें एक समतावादी और समावेशी कार्य वातावरण का सृजन करने के महत्व के सम्बन्ध में बहुत कुछ सिखाया है। नारीवादी समूह रणनीतियों के लिए उनके प्रशिक्षण के आधार थे जो बाद में उनकी प्रबंधन शैली का भाग बन गए। उन्होंने

सभी दृष्टिकोणों को निष्पक्ष रूप से सुने जाने, यहाँ तक कि विरोधी विचारों की स्थिति में भी शांति एवं संतुलन बनाए रखने, तथा जहाँ कहीं भी आवश्यकता हो निष्पक्षतापूर्वक श्रेय दिए जाने और सारा श्रेय अपने नाम न कर लेने के बारे में भी सीखा। उनके लिए, एक अच्छा नेतृत्वकर्ता वो होता है जो कठोर परिश्रम करता है और उतना ही अच्छा होता है जितना की दल उसे बनाता है। अपने समय के मामले में उर्वशी उदार हैं, जरूरतमंद महिलाओं को परामर्श और सहयोग प्रदान करने में भले ही वो उनके साथ पेशेवर तौर पर न जुड़ी हों किन्तु किसी भी जरूरतमंद महिला को आवश्यकता से अधिक अतिरिक्त सहायता प्रदान कर वो प्रायः अपेक्षित सीमाओं से आगे निकल जाती हैं, जैसे कि विभिन्न सरकारी अनुमतियाँ एवं पंजीकरण प्राप्त करने हेतु कागजी कार्यवाहियाँ पूरी करवाने और यहाँ तक कि बैंक खाता खोलने और पहचान सम्बन्धी दस्तावेज प्राप्त करने में भी। मुख्य रूप से ऐसा उर्वशी की नेतृत्व शैली के कारण है कि उनका कार्यालय सामान्यतः एक ऐसा खुशनुमा स्थान बना रहता है जहाँ हर किसी को अपनेपन और स्वामित्व की भावना का अनुभव होता है।

जब वो ऑक्सफोर्ड युनिवर्सिटी प्रेस के साथ कार्यरत् थीं, तब उर्वशी नारीवादी आंदोलन के साथ और अधिक सघनता से संलिप्त हो गईं। उस समय दहेज–विरोधी एवं बलात्कार–विरोधी अभियान गति पकड़ रहे थे, और इनमें संलिप्त कार्यकर्ता महिलाओं के विरुद्ध ऐसी संरचनात्मक और व्यवस्थित हिंसा की जड़ों को समझने की आवश्यकता का अनुभव कर रहे थे। इन विषयों पर सामग्री प्राप्त करना सहज नहीं था, और वास्तव में इन विषयों पर अधिक शोध भी नहीं किए गए थे। इससे चिन्तित उर्वशी कहती हैं: 'मैंने ओयूपी में अपने बॉस लोगों से बातें की और उनसे कहा, हम महिलाओं के द्वारा लिखी महिलाओं पर कुछ किताबें क्यों नहीं तैयार करते? वो जरा भी इच्छुक नहीं दिखे। फिर मैंने सोचा, ठीक है, यदि वो नहीं करेंगे तो मैं स्वयं करूँगी यह जल्दबाजी भरी एक प्रारंभिक प्रतिक्रिया थी; लेकिन फिर मेरे दिमाग में यह विचार आकार ग्रहण करने लगा और मैंने इसे कार्यान्वित करने की दिशा में काम करना प्रारंभ कर दिया।'

इस विचार को ठोस आकार प्राप्त करने में कुछ वर्षों का समय लग गया। 1978 में, उर्वशी ने दिल्ली विश्वविद्यालय के एक कॉलेज, जहाँ उन्हें प्रकाशन में एक पेशेवर पाठ्यक्रम में शिक्षा प्रदान करनी थी, में काम करने के लिए ओयूपी को छोड़ दिया। इस समय तक, उन्होंने एक नारीवादी प्रकाशनगृह स्थापित करने का निर्णय कर लिया था जो, उन्हें आशा थी, महिलाओं के आंदोलन में उठाए जाने वाले मुद्दों और प्रश्नों के प्रति प्रतिक्रिया देगा और महिलाओं से सम्बन्धित ऐसी जानकारी के संग्रह को एकसाथ संग्रहित करने का प्रयास करेगा जो आंदोलन में कार्यकर्ताओं की सहायता कर सकती हों। उन्हें आशा थी कि ऐसा एक प्रकाशनगृह आर्थिक रूप से आत्मनिर्भर और व्यावसायिक रूप से लाभदायक होगा। यह एक कठिन लक्ष्य था, क्योंकि उस समय, नारीवादी विषयों में अध्ययन की साझा आम रुचि बहुत अधिक प्रचलित नहीं थी, और सामान्यतः इस क्षेत्र को संदेह के साथ देखा जाता था और कभी प्रारंभ न होने वाला माना जाता था।

उर्वशी ने कुछ वर्षों तक शिक्षा प्रदान की और फिर इंग्लैंड चली गईं जहाँ दो वर्षों तक उन्होंने जेड बुक्स के साथ काम किया, जिसमें उन्होंने उस समय तीसरी दुनिया कहे जाने वाले क्षेत्र से महिलाओं द्वारा एवं महिलाओं से सम्बन्धित किताबों की सूची तैयार करने में उनकी सहायता की।

नारीवादी प्रकाशन का शुभांरभ

वर्ष 1984 में उर्वशी भारत लौट आईं, उन्होंने काली फॉर वूमेन–भारत के सर्वप्रथम विशुद्ध नारीवादी प्रकाशनगृह की स्थापना रितु मोहन के साथ साझेदारी में की जो ऐसे समान विचारों और मूल्यों की एक प्रकाशक हैं। उर्वशी और रितु महिलाओं की आवाज सुने जाने के जुनून द्वारा प्रेरित थीं। वे महिलाओं के मुद्दों की समझ को गहराई प्रदान करने में सहायता प्रदान करने, समकालीन वाद–विवादों की ऐतिहासिक एवं सांस्कृतिक पृष्ठभूमियों पर सामग्री उपलब्ध कराने तथा अंतर्राष्ट्रीय तौर पर नारीवादी आंदोलनों से संपर्क स्थापित करने में सहायता प्रदान

करने की इच्छुक थीं। उन्हें ज्ञात था कि शुरु में, नारीवादी किताबों का स्वागत संभवतः बहुत उत्साहपूर्वक नहीं किया जाएगा–विषय नया था, इसका बाजार उत्पन्न करना था–अतः काली में, उन्होंने संपादकीय एवं प्रकाशन सम्बन्धी परामर्शदायी कार्य भी ले लिए जिससे उन्हें कुछ धनोपार्जन हो जाता था जिसे प्रकाशन में लगाया जा सकता था।

उर्वशी और रितु ने काली फॉर वूमेन को प्रारंभ करने में कुछ शुरुआती निवेश किए थे। कुछ शुरुआती किताबों के लिए उन्होंने दानकर्ता एजेन्सियों से अनुदान की माँग की और अपने परामर्शदायी कार्य से अर्जित आमदनी से इनकी पूर्ति की, जबकि स्वयं के लिए कुछ भी नहीं रखा। कुछ वर्षों में ही काली फॉर वूमेन हानि–लाभ रहित स्थित में आ चुकी थी और अब दान पर निर्भर नहीं रह गई थी। यहाँ तक कि अतृप्त बैंकिंग मानकों के अनुसार भी यह एक व्यावसायिक सफलता की कहानी थी!

अपनी समर्पित टीमों के सहयोग के साथ दो दशकों से अधिक समय में उर्वशी और रितु ने काली फॉर वूमेन को राष्ट्रीय एवं अंतर्राष्ट्रीय तौर पर मान्यताप्राप्त प्रकाशन गृह के रूप में स्थापित कर लिया था। इसके द्वारा महिलाओं को रचनात्मक, शैक्षणिक, सामाजिक तथा राजनीतिक लेखन के लिए मंच प्रदान किया गया और इसने कुछ अग्रणी कार्यों का प्रकाशन किया जैसे राधा कुमार की *द हिस्ट्री ऑफ डूइंग* तथा वंदना शिवा की *स्टेइंग एलाइव* के साथ–साथ *रिकास्टिंग वूमेन : एसेज इन कोलोनियल हिस्ट्री* जो कुमकुम साँगरी एवं सुदेश वैद द्वारा रचित है।

तभी एक झटका लगा था। महिलाओं के लिए एक साथ काम करते हुए और काली फॉर वूमेन को खड़ा करते हुए दो दशकों का समय व्यतीत हो जाने के बाद उर्वशी और रितु ने कंपनी के बँटवारे निर्णय कर लिया। उन्हें लगा था कि प्रबंधन की अलग–अलग शैलियों के कारण उनके बीच उत्पन्न तनाव के कारण रास्ते अलग कर लेना नारीवादी प्रकाशन के विकास में सहायक होगा। उन्होंने महिलाओं के लिए प्रकाशित काली को बंद कर दिया और इसके स्थान पर दो अलग–अलग एवं स्वतंत्र प्रकाशन गृहों की स्थापना कर ली। उर्वशी ने 'जुबान' की स्थापना की जबकि रितु ने वूमेन अनलिमिटेड की। दोनों

ही प्रकाशनगृहों के पास महिलाओ के लिए काली फॉर वूमेन जैसा ही एजेंडा था। उर्वशी ने सामान्य रुचियों वाली किताबों, अनुवादों और बच्चों की किताबों के साथ–साथ निःशक्त पाठकों एवं ई–किताबों जैसी विशिष्टताओं को शामिल कर जुबान को अलग रूप दे दिया था। जुबान नारीवादी हित के क्षेत्रों में उच्च–दृश्यता सम्बन्धी परियोजनाओं की व्यवस्था करने में भी संलिप्त हो गई थी।

वर्षों बाद, 2011 में, उर्वशी और रितु दोनों को ही भारत सरकार द्वारा भारतीय प्रकाशन में उनके योगदानों के लिए सम्मानित किया गया और पद्मश्री प्रदान किया गया।

प्रमुख चुनौती

जुबान की टीम के द्वारा काम प्रारंभ करते समय आई प्रमुख चुनौती का सम्बन्ध व्यावसायिक अर्थशास्त्र से था। यह प्रकाशन उद्योग में बढ़ती हुई प्रतिस्पर्धा का परिणाम था। महिलाओं के लिए काली फॉर वूमेन एक सुपरिचित ब्राँड बन चुकी थी, अतः जुबान के पास पूरा करने के लिए एक कठिन मानदंड पहले से ही मौजूद था। दो नए नारीवादी प्रकाशनगृहों के आगमन ने इन चिंताओं में वृद्धि कर दी थी कि क्या इन दोनों के लिए बाजार में पर्याप्त गुंजाइश है? इसके अतिरिक्त, शताब्दी के परिवर्तन के समय, भारत में प्रकाशकों की संख्या में एक उछाल सा आ गया था जिसमें अनेक ब्रिटिश और अमेरिकी संपर्क भी शामिल थे। इनमें से अनेक प्रकाशकों ने काली फॉर वूमेन की सफलता को देख रखा था और इसीलिए वे नारीवादी क्षेत्र में प्रवेश करने लगे थे, इस प्रकार प्रतिस्पर्धा तीव्र हो चुकी थी। इन सारी बातों ने जुबान जैसे छोटे प्रकाशकों की अर्थव्यवस्था को प्रभावित किया था जिन्हें प्रिंटिंग के साथ–साथ लेखकों, संपादकों और अन्य सेवा प्रदाताओं को दिए जाने वाले शुल्कों और वेतनों जैसे आगतों और सेवाओं की उच्च दरों के भुगतान की बराबरी करनी होती थी। इन सेवा प्रदाताओं में से अधिकांश प्रतिष्ठित और मुख्यधारा वाले प्रकाशकों के साथ काम करना पसंद कर रहे थे, और ऐसा जुबान जैसी युवा कंपनियों से उनके द्वारा

माँग करने वाले शुल्कों से प्रतिबिंबित हो रहा था। अन्य चुनौतियों की उत्पत्ति उन तरीकों के कारण हुई जिसपर भारत का प्रकाशन उद्योग आधारित है। यह एक ऐसी व्यवस्था पर आधारित है जिसमें प्रकाशन प्रक्रिया के विभिन्न चरणों पर उधार दिए जाने की आवश्यकता होती है, जिसके परिणामस्वरूप नकदी प्रवाह का गंभीर संकट उत्पन्न हो जाता है, जो नई छोटी संस्थाओं को प्रवेश करने और सफल होने को बहुत कठिन बना देती हैं।

जुबान, तथा वास्तव में अन्य छोटे स्वतंत्र प्रकाशकों के लिए एक अन्य बड़ी चुनौती थी वितरण का प्रबंधन करना। सौदेबाजी की शक्ति, जो एक लंबी सूची तथा इसके परिचारक व्यावसायिक 'प्रहार' से हासिल होती है, के बिना भुगतानों पर नियंत्रण करना तथा छूट की सौदेबाजी करना कठिन कार्य था। यह सुनिश्चित करना कि किताबों और लेखकों को बुकस्टोरों और मीडिया में उनकी योग्यतानुसार दर्शनीयता प्राप्त हो सके, जुबान के लिए सदैव ही एक महत्वपूर्ण बनी रही है, विशेषतौर पर जबकि यह नए लेखकों को आकर्षित करने और अपने साथ बनाए रखने का एक महत्वपूर्ण तरीका था। हालांकि, जुबान की छोटी सी टीम के पास बड़ी संख्या में बुकस्टोरों के खातों के रखरखाव करने हेतु कर्मचारियों का अभाव था।

जुबान की स्थापना के समय उर्वशी ने कहा था: 'मैं छोटे नारीवादी प्रकाशन गृहों को एक व्यावसायिक बाजार में सही सलामत जीवित बचते और अपने मिशन के साथ विकसित होते देखना चाहती हूँ।' मिशन से जुड़ा यह बयान उन मानकों, तथा साथ–ही–साथ उन संगठनात्मक लक्ष्यों को निर्धारित करता है जिसे हासिल करने के प्रयास जुबान ने किए हैं।

सम्बन्धित गतिविधियाँ

जुबान को स्थापित करने के अलावा, उर्वशी ने महिलाओं के अधिकारों और हितों से सम्बन्धित विषयों के एक व्यापक वर्णक्रम पर एक आधुनिक एवं उदार नजरिए के साथ व्यापक लेखन किया है, और वे अभी भी

लेखन जारी रखे हुए हैं। उदाहरणार्थ, लिव–इन्स सम्बन्धी अधिकारों के बारे में, विपरीतलिंगियों के बारे में, अविवाहित निराश्रित माताओं के बारे में और अनेक अन्य विषयों जैसे विधवाओं को बलिदान करने तथा बलात्कार इत्यादि। प्रायः उनके लेखन में मौखिक इतिहास से प्राप्त सामग्रियों को प्रयुक्त किया गया है। उन्होंने अनेक किताबें लिखी है और वो *द अदर साइड ऑफ साइलेंस* की लेखिका हैं। यह गत दशक में लिखी गई एक अत्यधिक प्रभावशाली किताब है जिसका सम्बन्ध दक्षिण एशिया से है। वर्ष 2001 में इसे ओरल हिस्ट्री बुक एसोसिएशन अवार्ड प्राप्त हुआ तथा साथ ही 2003 में निक्केई एशिया अवार्ड फॉर कल्चर भी प्राप्त हुआ। *द अदर साइड ऑफ साइलेंस* भारत के विभाजन के सम्बन्ध में एक महत्वपूर्ण किताब बन चुकी है, जिसका उपयोग अभी भी भारतीय विश्वविद्यालयों में साहित्यिक पाठ्यक्रमों में किया जा रहा है।

भारत का विभाजन ने इतिहास में किए जा चुके सबसे बड़े मानवीय हिंसात्मक हमलों में से एक है। 1947 में, करोड़ों लोग विस्थापित हुए थे और कुछ महीनों के अंदर अनगिनत लोग मारे गए थे। महिलाओं के अपहरण और बलात्कार किए गए थे और बच्चे गायब हो गए थे। इसके बावजूद इस घटना के मानवीय पहलुओं के सम्बन्ध में बहुत कम लिखा गया था। *द अदर साइड ऑफ साइलेंस* में उर्वशी ने इस खाईं को पाटने का प्रयास किया है। यह किताब विभाजन में जीवित बच गए लोगों के साथ 10 वर्षों की अवधि के दौरान किए गए 70 से अधिक साक्षात्कारों के साथ–साथ पत्रों, डायरियों एवं उस अवधि की स्मृतियों के अध्ययन का परिणाम थी। यह विशेषतौर पर इस बात पर ध्यान केन्द्रित करती है कि कैसे महिलाएं, बच्चे और साधारण लोग इस उथल–पुथल से प्रभावित हुए थे। यह कुछ महत्वपूर्ण प्रश्न खड़े करती है जैसेः विभाजन क्या हासिल करने हेतु किया गया था, और वास्तव में इससे क्या हासिल हो सका? इस विभाजन से जुड़ी हिंसा का समुदायों, जातियों और लिंगों के साथ क्या लेना–देना था? अकथनीय आतंक के बावजूद कैसे जीवित बचे लोगों ने जीना जारी रखा? उर्वशी स्पष्ट करती हैं कि विभाजन, किसी भी प्रलय की भांति, पूर्णतः 'जीवंत इतिहास' है, जो हमारी वर्तमान घटनाओं को अभी भी प्रभावित कर रहा है।

विभाजन से जुड़ी कुछ विशिष्ट घटनाएं क्यों और कैसे शांति के कफन में लिपट गईं, यह समझने के लिए उन्होंने अपने स्वयं के तथा विभाजन–पीड़ित अन्य परिवारों के अनुभवों एवं इतिहास पर निगाह डाली है। इससे स्पष्ट हुआ कि विभाजन से प्रभावित लोगों की आवाजें अभी भी थमीं नहीं हैं और उसकी कड़ुवाहट अभी भी शेष है। उर्वशी ने अपनी किताब आंशिक रूप से इस विश्वास में लिखी है कि अपनी कहानियों को याद करने और सुनाए जाने मात्र से प्रभावित लोगों में घाव भरने और भूल जाने की प्रक्रिया प्रारंभ हो सकती है। यह किताब संवेदनशील है तथा मौन के पीछे के दर्दनाक सत्य को सुनने की उनकी पिपासा का चलता–फिरता वृत्तांत है।

प्रकाशन के अतिरिक्त, जुबान में उर्वशी और उनकी टीम महिलाओं से सम्बन्धित विभिन्न परियोजनाओं पर भी काम करती हैं। इनमें से अनेक कार्य सुविख्यात अंतर्राष्ट्रीय विकास एजेन्सियों के साथ सहयोग में संपन्न किए जाते हैं। वर्तमान समय में जिन परियोजनाओं पर कार्य जारी हैं उनमें से एक है संपूर्ण दक्षिण–एशिया में संपन्न की जाने वाली शोध परियोजना जिसे *सेक्शुअल वायलेंस एंड इंप्यूनिटी* का नाम दिया गया है, जिसमें भारत, पाकिस्तान, बाँग्लादेश, श्रीलंका तथा नेपाल में अनेक लोगों तथा समूहों के द्वारा बड़ी संख्या में शोधपत्रों को तैयार करना संलिप्त है। इस परियोजना का वित्तपोषण कनेडियन इंटरनेशनल डेवलपमेंट रिसर्च सेंटर के द्वारा किया गया है। एक अन्य महत्वपूर्ण परियोजना है 'कल्चर्स ऑफ पीस', जो लेखन, संगीत, फिल्म, रंगमंच तथा मीडिया के माध्यम से भारत के उत्तरपूर्व की विविधतापूर्ण संस्कृतियों को प्रदर्शित करती है। इस परियोजना को हेनरिक बॉल फाउण्डेशन के साथ सहयोग में आयोजित किया गया है। जुबान हेनरिक बॉल फाउण्डेशन के साथ मिलकर अन्य विषयों पर भी काम कर चुकी है, जिनमें से एक है विभाजन पर प्रस्तुत व्याख्यानों की एक शृंखला जिसका शीर्षक थाः *पार्टीशन : द लॉग शैडो,* जिसे इसी नाम की एक किताब में संकलित किया गया है। फोर्ड फाउण्डेशन के द्वारा वित्तपोषित एक पहले की परियोजना के द्वारा महिला आंदोलन के दृश्य इतिहास पर पोस्टरों के द्वारा मानचित्रीकरण पर ध्यान केन्द्रित किया गया है।

'पोस्टर वूमेन' कही जाने वाली इस परियोजना के माध्यम से ज़ुबान ने 1,500 से भी अधिक ऐसे अनूठे पोस्टरों का संकलन एक साथ प्रस्तुत किया है जिन्हें भारत के विभिन्न भागों के महिला समूहों के द्वारा तैयार किया गया है। द पोस्टर वूमेन संग्रहालय एक चित्ताकर्षक नुमाइश है जो भारत में नारीवाद के इतिहास को प्रदर्शित करती है और अब ऑनलाइन देखी जा सकती है। इसका परिणाम अनेक बड़ी प्रदर्शनियों, दो किताबों, पोस्टकार्डों और सम्बन्धित विपणन सामग्रियों के रूप में प्राप्त हुआ। ज़ुबान ने एक ऐसे अध्ययन का भी नेतृत्व किया जिसके द्वारा संपूर्ण विश्व में महिलाओं के संग्रहालय की खोज की गई थी। यह कार्य फोर्ड फाउण्डेशन के सहयोग से किया गया था।

हालांकि, ज़ुबान की प्रमुख गतिविधि प्रकाशन बनी हुई है, और इसकी टीम विशेषतौर पर ऐसी किताबें प्रकाशित करने को प्राथमिकता देती है जिन्हें ऐसे नए निम्नपदस्थ लेखिकाओं के द्वारा लिखा गया हो जिनके पास कोई औपचारिक शिक्षा अथवा प्रशिक्षण न हो। प्रायः, ऐसे लेखिकाएं गरीब परिवारों से होती हैं जो मलिन बस्तियों की निवासी होती हैं और जिन्हें सीमित शैक्षणिक अवसर प्राप्त हुए होते हैं। जीवन के बारे में उनकी कहानियाँ कठिन परिस्थितियों से जुड़ी होती हैं और उनका लेखन शिक्षित, अंग्रेजीभाषी, शहरी, उच्च–मध्यम–वर्गीय महिलाओं के लेखन से बिल्कुल भिन्न होता है। निम्नपदस्थ लेखिकाओं के लेखनों का प्रकाशन प्रायः ही लेखकों और पाठकों के जीवनों में सकारात्मक परिवर्तन ले आता है, जो कि, किसी भी सूरत में, ज़ुबान के मिशन का एक प्रमुख उद्देश्य था।

इस प्रकार के निम्नपदस्थ प्रकाशन का एक उदाहरण था बेबी हलदर नामक एक घरेलू नौकरानी की स्मृतियों का प्रकाशन। बेबी का बचपन कठिनाई भरा रहा था; उसकी माँ ने परिवार को छोड़ दिया था और बेबी के नन्हें से भाई को लेकर दूर चली गई थी। अपनी पत्नी के चले जाने के बाद बच्चों का सँभाल पाने में असमर्थ बेबी के पिता ने पहले उसकी बड़ी बहन की शादी की और फिर बेबी की जो उस समय 12 वर्ष से थोड़ी ही अधिक थी। उसका पति उससे 14 वर्ष बड़ा था। 13 वर्ष की होते–होते बेबी माँ बन चुकी थी; उसे एक कठिन और

हिंसापूर्ण वैवाहिक जीवन जीना पड़ा था, और अंततः एक दिन, और अधिक सहन न कर पाने के कारण उसने अपने तीन बच्चों के साथ घर छोड़ दिया और दिल्ली आ गई। दिल्ली में, बहुत कठिनाईयों के बाद, और बहुत धोखे खाने के बाद अंततः से एक सेवानिवृत्त प्रोफेसर के घर में नौकरी मिल गई। प्रोफेसर प्रबोध कुमार न केवल एक शिक्षाविद् थे बल्कि भारत के सुविख्यात हिन्दी कहानी लेखकों में से एक मुंशी प्रेमचन्द के पौत्र भी थे। प्रोफेसर ने पाया कि उनके घर की सफाई करते समय बेबी का ध्यान उनकी किताबों पर बहुत अधिक रहता है, और एक दिन, उन्होंने उससे पूछ लिया कि क्या उसे पढ़ना आता है। तब उन्होंने उसे किताबें उधार देकर और यह सुनिश्चित करते हुए कि उसके पास उन्हें पढ़ने का समय उपलब्ध हो, प्रोत्साहित करना प्रारंभ कर दिया। इस प्रकार, बेबी ने स्वयं को एक बार फिर से शिक्षित करना प्रारंभ कर दिया। एक दिन, प्रोफेसर ने उसे एक नोटबुक और पेन दिया और उससे अपने जीवन के बारे में लिखने को कहा। जो किताब उसने लिखी थी उसका शीर्षक था *आलो अंधारी* (अंधकार से प्रकाश की ओर) और अंग्रेजी भाषा में इसे जुबान के द्वारा प्रकाशित किया गया तथा यह हाशिए पर पड़ी महिलाओं के द्वारा लिखित अन्य समरूपी किताबों के लिए एक अग्रणी नमूना सिद्ध हुई।

ऐसा प्रोफेसर कुमार के घर पर एक नौकरानी के तौर पर काम करने के दौरान ही हुआ था कि बेबी ने गंभीर लेखन प्रारंभ कर दिया। वो देर रात में लिखा करती, अपने काम निपटाने के बाद और कभी–कभी तो झाड़ू–पोंछा और धुलाई–सफाई के झंझटों के बीच भी। उसके लेखन का अनुवाद प्रोफेसर कुमार के द्वारा हिन्दी में किया गया और प्रकाशित करवाया गया। उर्वशी का सामना हिन्दी संस्करण से हुआ और उन्होंने तुरंत ही लेखिका और प्रकाशकों से अधिकारों के लिए संपर्क किया। उन्होंने अनुबंध किए, किताब को अंग्रेजी में अनुवाद करवाया और *ए लाइफ लेस आर्डनरी* शीर्षक से इसका प्रकाशन कर दिया। इस किताब के प्रकाशन ने बेबी हलदर के जीवन को ही बदल दिया। वो दूसरे घरेलू कामगारों के लिए एक आदर्श बन चुकी थी। उसने देश के अनेक भागों के साथ–साथ विदेशों में

भी अपने जीवन और लेखन के सम्बन्ध में वार्ताएं प्रस्तुत कीं। बाद में उसने तीन और किताबें लिखीं। प्रत्येक किताब को लिखने में उसे एक वर्ष का समय लगा क्योंकि उसने घरेलू नौकरानी के काम और बच्चों की देखभाल के साथ–साथ ही किताब लिखने के काम का चयन किया था। उसने बताया था कि यह उसके लिए अनिवार्य था क्योंकि इसी से उसे अपने लेखन के लिए प्रेरणा और सामग्री प्राप्त होती है। उसकी किताबों के अनुवाद फ्रेंच, जर्मन और जापानी भाषाओं में हो चुके हैं। जुबान के साथ, और पहले काली में, उर्वशी की टीम ने हमेशा ही हाशिए पर पड़ी महिलाओं की आवाजों का समर्थन प्रदान करने के विशिष्ट प्रयास किए हैं। 1989 में, काली के द्वारा एक किताब प्रकाशित की गई थी जिसका शीर्षक था *शरीर की जानकारी।* यह किताब राजस्थान के गाँवों की 75 महिलाओं के द्वारा लिखी गई थी। यह महिला शरीर से सम्बन्धित थी। उन महिलाओं के पास इसे प्रकाशित करवाने के साधन उपलब्ध नहीं थे।

उर्वशी कहती हैं: 'जब ये महिलाएं इस किताब के साथ हमसे मिलीं तो उन्होंने मात्र एक शर्त रखी: यह कि किताब को लाभ कमाने के लिए नहीं बेचा जाएगा। हमने 2,000 प्रतियों के साथ इसका प्रकाशन प्रारंभ किया, लेकिन प्रिंटर के पास से किताबों के आने के पहले ही महिलाओं ने गाँवों में इसका प्रचार कर दिया था और 1,800 प्रतियाँ बेंच भी दी थीं। कुछ वर्षों के समय में इसकी 70,000 से अधिक प्रतियाँ बिक चुकी है!'

जुबान के लिए एक अन्य महत्वपूर्ण पुस्तक है *क्या आपको कुनन पोशपोरा याद है,* जिसे पाँच कश्मीरी नवयुवतियों, जो सभी 20 वर्ष के आसपास आयु की थीं, के एक समूह के द्वारा लिखा गया था; यह कश्मीर के दो गाँवों कुनन और पोशपोरा में 1991 में सामूहिक बलात्कार के इतिहास को उजागर करती है। अपने इतिहास को उजागर करने और इस मामले को पुनः खुलवाए जाने की इच्छुक महिलाओं ने इस किताब की रचना की है। उन्होंने जुबान से न केवल यह पूछने के लिए संपर्क किया कि वो इस किताब को छापना पसंद करेंगे बल्कि यह आसाधारण निवेदन भी किया: उन्होंने कहा कि यद्यपि उनके पास संपूर्ण

सामग्री उपलब्ध है फिर भी वे वास्तव में नहीं जानतीं कि एक किताब के रूप में इसे कैसे संकलित किया जाए और वे जुबान से यही सीखना चाहती थीं। तब जुबान ने उन्हें दिल्ली आमंत्रित किया और दो दिनों की एक लेखन कार्यशाला आयोजित की जिसमें जुबान की टीम के द्वारा इन नवयुवतियों को ऐसे मामलों के लेखन की तकनीकें सिखाई गईं। फिर वे कश्मीर वापस गईं और एक पूर्ण पांडुलिपि तैयार की, जिसका प्रकाशन शीघ्र ही जुबान के द्वारा किया जाने वाला है।

यही प्रकाशन का वह स्वरूप था जो हमेशा से उर्वशी के लिए महत्वपूर्ण रहा था क्योंकि यह उन्हीं बातों का प्रतिनिधित्व करता था जिन्हें उन्होंने जीवन में अपने खुद के मिशन के रूप में महत्वपूर्ण माना था। इसने उर्वशी की समान विचारों वाली टीम को भी प्रेरित किया था।

उर्वशी भारतीय एवं अंतर्राष्ट्रीय महिला आंदोलनों में भी बहुत सक्रिय रहीं हैं। उन्होंने ऐसे समूहों के साथ काम किया है जो महिलाओं के विरुद्ध हिंसा, दहेज और बलात्कार पर कानूनों में परिवर्तन लाए जाने में संलिप्त रह चुके हैं। आजकर वो एक नई किताब जिसका शीर्षक हैः *मोना : ए सार्ट ऑफ लाईफ/ए लाईफ ऑफ सार्ट्स,* पर काम कर रही हैं, जो एक हिंजड़े के जीवन पर आधारित है।

महत्वाकांक्षी उद्यमियों के लिए उर्वशी की सलाह

प्रायः भारत में लड़कियों को अपना दिमाग इस्तेमाल करने के लिए प्रोत्साहित करने के बजाए यह बताया जाता है कि उनके लिए क्या अच्छा होगा। परंतु नवयुवतियों के लिए यह महत्वपूर्ण हैं कि सपने देखने, वो वास्तव में क्या करना चाहती हैं इसपर विचार करने, स्वयं में विश्वास करने और अपनी कल्पनाओं को स्वतंत्र उड़ान भरने देने के लिए सक्षम बनें। आप जो कुछ भी करना चाहती हैं उसमें एक मजबूत विश्वास ही उसे हासिल करने की दिशा में पहला कदम होता है। और यदि आप किसी काम को शुरु करने में सफल हो जाती हैं, तो याद रखिए कि उपक्रम आपसे अधिक महत्वपूर्ण होता है और साथ ही यह कि यह आपके बाद भी जारी रखे जाने का अधिकारी भी होता है।

भविष्य

प्रकाशनों की गुणवत्ता तथा विविधता के अर्थों में जुबान की टीम की सफलता और उनके प्रभाव के साथ–साथ इसकी परियोजनाओं की सफलता तथा उद्योग में इसकी समग्र ख्याति ने उर्वशी को इसकी गतिविधियों में भारी वृद्धि करने हेतु आत्मविश्वास प्रदान किया है। जिस विस्तार कार्यक्रम पर जुबान की टीम विचार कर रही है उसमें गतिविधियों का विविधीकरण भी शामिल है; उदाहरण के लिए, एक छोटे प्रकाशनगृह होने से उत्पन्न होने वाली वित्तीय समस्याओं पर नियंत्रण पाने के लिए जुबान अब प्रकाशन से सम्बन्धित परामर्श सेवाएं प्रदान करने जैसे क्षेत्र में प्रवेश करेगी और इस प्रकार से बेहतर नकदी प्रवाह हासिल कर सकेगी। यह ऐसी सेवाएं प्रदान करेगी जिनकी अनेक संगठनों का तात्कालिक आवश्यकता है, जैसे संगठनों को लिंग संवेदीकरण, कार्यस्थल पर यौन उत्पीड़न की रोकथाम इत्यादि मुद्दों पर परामर्श प्रदान करना। ऐसी सेवाएं प्रदान करने से उस विस्तृत पेशेवर नेटवर्क का इष्टतम उपयोग भी किया जा सकेगा जिसे वर्षों के कार्य में जुबान द्वारा विकसित किया गया है।

यहाँ एक मुख्य मुद्दा है कि कार्यक्रम के विस्तार एवं विविधीकरण के लिए भारी मात्रा में बाहरी वित्तपोषण की आवश्यकता होगी। जुबान को बुनियादी तौर पर एक गैर–लाभार्जक न्यास के रूप में स्थापित किया गया था। इस न्यास के साथ–साथ, हाल ही में जुबान ने जुबान पब्लिशर्स प्राइवेट लिमिटेड के नाम से एक लाभार्जक व्यावसायिक कंपनी का भी गठन कर लिया है जिसका स्वामित्व जुबान के वरिष्ठ कर्मचारियों के पास है। न्यास के विपरीत, यह लाभार्जक कंपनी बाहरी व्यावसायिक निवेशों की माँग और प्राप्ति करने की अधिकारी होगी जिसका उपयोग इसके विकास कार्यक्रम के वित्तपोषण के लिए किया जाएगा।

अब जुबान ऐसे साझेदार (अथवा साझेदारों) की तलाश कर ही है जो इसकी भविष्य की प्रगति का वित्तपोषण करने हेतु निवेश कर सकते हों। आदर्श तौर पर, इसे ऐसे साझेदार की तलाश है जिसका दर्शन

इसके अपने दर्शन से मेल खाता हो तथा जो इसकी वर्तमान प्रबंधन शैली एवं संरचना के अनुकूल हो। इसके प्रकाशन के स्वरूप तथा इसके संगठन के प्रकार को ध्यान में रखते हुए, विशेषतौर पर जिसमें जुबान आज विद्यमान है, उसे एक ऐसे निवेशक होने की आवश्यकता होगी जो बुनियादी तौर पर सामाजिक प्रभाव, विशेषतौर पर अपने वित्तीय लाभों के बजाए महिलाओं के जीवन को प्रभावित करने मे रुचि रखता हो।

जुबान संगठनात्मक रूप से ठोस और आर्थिक रूप से लाभदायक होने के साथ–साथ महिलाओं के हितों को बढ़ावा दिए जाने के एक अनूठे और शक्तिशाली केन्द्र बनने की दहलीज पर खड़ी है। इस अवस्था में यह महत्वपूर्ण है कि उर्वशी किसी ऐसे समुचित साझेदार से सहयोग प्राप्त कर सके जो इसके कार्य में सहयोग कर सकता हो।

10

मनीषा गुप्ता

सामाजिक उद्यमिता

मनीषा गुप्ता, एक निर्भीक और प्रेरक महिला उद्यमी, स्टार्टअप (StartUp) नामक संगठन की संस्थापिका एवं प्रबंध निदेशक हैं। यह संगठन उभरते हुए सामाजिक उद्यमियों की परियोजनाओं को पोषण सम्बन्धी सहायता प्रदान करने के प्रति समर्पित है। यह ऐसे

उपक्रमों को प्रारंभ करने और संवर्द्धित करने हेतु विकास एवं कार्यान्वयन सम्बन्धी सहयोग प्रदान करता है जो विशेषतौर पर समाज के हाशिए पर पड़े वर्गों के लिए स्थाई सामाजिक परिवर्तन उत्पन्न करते हैं। मनीषा अपने उपक्रम के पीछे के विचार को स्पष्ट करती हैं: 'स्टार्टअप एक सामाजिक विकास उपक्रम है। हम सामाजिक उद्यमियों के साथ गहन साझेदारी में प्रारंभिक चरण से लेकर उस चरण तक काम करते हैं जब तक उनका उपक्रम आत्मनिर्भर न हो जाए। हम प्रबंधन सम्बन्धी ऐसा सहयोग प्रदान करते हैं जिसकी आवश्यकता किसी भी उद्यम को स्थिति–स्थापक बनने एवं एक रणनीतिक दिशानिर्देशन प्राप्त करने के लिए प्रक्रिया और प्रणाली प्रेरित बनने के लिए होती है ताकि यह अनेकानेक परीक्षणों एवं त्रुटियों के बिना और महँगी गल्तियों से बचते हुए प्रगति कर सके। इस प्रकार से हम किसी भी उद्यम में सीमित साझेदार बन जाते हैं।'

शुरुआती आयु में ही मनीषा के मस्तिष्क ने उनके जीवन के मिशन से सम्बन्धित विचारों को आकार प्रदान करना प्रारंभ कर दिया था। जब वो कोलकाता के स्कूल में पढ़ने वाली एक छोटी सी लड़की थीं, उन्होंने अपने आसपास घटित होती अनुचित बातों पर ध्यान दिया, विशेषतौर पर लड़कियों के साथ करने वाले व्यवहार के मामले में। वो कहती हैं: 'मैं एक बड़े परिवार में बड़ी हुई और मैंने देखा कि लड़कियों पर अनेक प्रकार के प्रतिबंध लगाए जाते थे, जबकि लड़कों के पास अधिक आजादी होती थी। सामान्यतः लड़कियों को लड़कों से कमतर समझा जाता था और उन्हें कम सुविधाएं प्रदान की जाती थीं। यह पक्षपात इतना अधिक प्रचलित था कि लड़के और लड़कियाँ दोनों ने ही इसे सामान्य और स्वाभाविक नियम के रूप में स्वीकार कर लिया था। मैंने हमारे समाज की ऐसी अन्य घटनाओं को भी देखा जो न्यायोचित आचरण के मेरे विचारों से मेल नहीं खाती थीं; इनमें अन्य जातियों, अन्य समुदायों और अन्य धर्मों के लोगों के साथ हमारा भेदभावपूर्ण व्यवहार शामिल था जो कभी–कभी उन लोगों तक भी फैल जाता था जिनकी चमड़ी का रंग हमसे अलग हो! इन प्रथाओं ने मुझे यह आश्चर्य करने पर मजबूर कर दिया कि स्थितियों में सुधार कैसे लाया जा सकता है।'

कई वर्षों के बाद 1991 से 1994 के बीच सेंट झेवियर्स कॉलेज में मानव विज्ञान की एक स्नातक छात्रा के रूप में उन्होंने अपने विचारों को एक सुसंगत लक्ष्य और मिशन में रूपांतरित करने हेतु अवधारणात्मक पृष्ठभूमि तथा शब्दावली को हासिल कर लिया था।

अपने छात्र जीवन के दिनों में मनीषा ने समाचारपत्रों और पत्रिकाओं के लिए एक स्वतंत्र पत्रकार के रूप में लेखन प्रारंभ कर दिया। इस लेखन ने उन्हें अपने विचारों को सुलझाने और स्वयं को व्यक्त करने की योग्यता विकसित करने में सहायता प्रदान कर दी।

पृष्ठभूमि

मनीषा का सम्बन्ध गुप्ता वंश से है, जो उस व्यापारी बिरादरी का एक हिस्सा है जो इस सदी के प्रारंभ में वाराणसी से कोलकाता आ गई थी और यहाँ भारतीय मिठाई के एक अत्यंत सफल व्यापार को स्थापित कर लिया था। कोलकाता में मिठाई का व्यापार बहुत अच्छा चल रहा था और शीघ्र ही बहरीन, काठमाँडू और यहाँ तक कि लंदन में प्रतिष्ठानों को शामिल करने के लिए इसका विस्तार कर लिया गया। व्यापार की सफलता ने परिवार को प्रभावशाली लोगों, जैसे बिड़ला परिवार, जो उस समय कोलकाता में मारवाड़ी व्यापार के अगुवा माने जाते थे, आदि के साथ संपर्क विकसित करने में सक्षम बना दिया था। इन संपर्कों का परिणाम अनेपक्षित लाभों के रूप में प्राप्त हुआ जिसने गुप्ता व्यापार को और अधिक लाभान्वित किया। मनीषा ऐसे वातावरण में बड़ी हुई जहाँ उद्यमितापूर्ण व्यावसायिक विचारों पर निरंतर चर्चाएं और बहस होती रहती थीं; अतः उनके जीन्स में ही उद्यमिता की प्रवृत्ति अंतर्निहित थी, और शुरुआती बालपन से ही उनका परिचय व्यवसायी संस्कृति एवं वातावरण से हो चुका था।

अपने विचारों और विश्वासों के मामले में गुप्ता परिवार अत्यधिक पारंपरिक और पुराने रीति–रिवाजों वाला था। यह शक्तिशाली रूप से पितृसत्तात्मक था, और वरिष्ठ पुरुष सदस्यों के द्वारा दिए गए आदेशों का पालन बिना किसी प्रश्न अथवा तर्क के करना होता था। समस्त

पारिवारिक मामलों, जिनमें परिवार के सदस्यों की शिक्षा, शादी और करियर सम्बन्धी पसंद जुड़ी होती थीं, के निर्णय बड़ों के द्वारा एक संगठित, नियंत्रित और आदेशात्मक तरीके से किए जाते थे। परिवार के बड़ों के द्वारा निर्धारित मार्ग का अनुसरण करने के लिए भारी दबाव होता था। यदि कोई भी स्वीकृत मार्ग से अलग जाने का प्रयास करता तो उसे सहन नहीं किया जाता था। ऐसे रूढ़िवादी परिवार में बड़े होने ने मनीषा की इससे बाहर निकलने और स्वयं की एक पहचान उत्पन्न करने की इच्छा को असाधारण तरीके से कमजोर करने के बजाए मजबूत बनाने का काम किया।

मनीषा के पिताजी अपने शेष परिवार से कुछ अलग प्रकार के व्यक्ति थे। विदेशों में भारतीय कन्फेक्शनरी स्टोर्स की विश्वस्तरीय श्रृंखला स्थापित करने के अपने सपने को पूरा करने हेतु उन्होंने अनेक यात्राएं की हुई थीं। अपने विचारों में वो काफी उदारवादी थे और रूढ़िगत विचारों के थोड़े बहुत विरोधी भी थे। उन्होंने युवा मनीषा को रंगमंच, नृत्य और किताबों से परिचित करवाया और परिवार से पड़ने वाले परंपरागत पारिवारिक दबावों से कुछ हद तक उनकी रक्षा भी की। किन्तु दुर्भाग्यवश, यह सुरक्षा बहुत लंबे समय तक कायम नहीं रह सकी थी।

मनीषा का सहज अस्तित्व उस समय बिखर गया था, और उन्हें एक बड़ा आघात लगा था जब एक दिन 33 वर्ष की आयु में ही एक सड़क दुर्घटना में उनके पिताजी का निधन हो गया। उस समय मनीषा 11 वर्ष की थीं और अपने खुद के मन को विकसित कर रही थीं। एक पिता को खो देने के दुख के अलावा मनीषा को एक पारंपरिक वातावरण में उनके उदारवादी विचारों से हासिल संरक्षण को खो देने का नुकसान भी उठाना पड़ा था।

एक अन्य घटना, जिसने मनीषा को लगभग उसी समय बहुत प्रभावित किया वह थीः लड़कियों का वह स्कूल जिसमें वो पढ़ रही थीं, और जिसे परंपरागत मूल्यों के लिए कोलकाता की पुरातात्विक अकादमी के रूप में जाना जाता था और इसीलिए उनके परिवार के द्वारा 'सुरक्षित' समझा गया था, में एक नई प्रधानाचार्य सुश्री शोभना वर्गीज का आगमन हुआ था जिन्होंने तुरंत ही स्कूल की संस्कृति को परिवर्तित करना प्रारंभ कर दिया। उदाहरणार्थ, लड़कियों को कढ़ाई और विशिष्ट हिन्दू बहू के घरेलू

कामकाज की शिक्षा के स्थान पर स्कूल ने आधुनिकतम कौशलों जैसे सार्वजनिक व्याख्यान देना, रंगमंच, शार्टहैंड, टाइपिंग इत्यादि की शिक्षा प्रदान करने पर जोर देना प्रारंभ कर दिया। स्कूल में ऐसे परिवर्तनों के लिए दिए जा रहे जोर ने मनीषा के मन में एक सहानुभूति भरा स्वर पैदा कर दिया था और वो समाज में महिलाओं की भूमिका के सम्बन्ध में संघर्ष करने और पुरातन विश्वासों को मानने से इंकार करने के लिए और अधिक प्रोत्साहित हो उठीं। परंपराओं और आधुनिकता के बीच का यह संघर्ष मनीषा के पूरे बचपन और युवावस्था के दौरान बार–बार सिर उठाता रहा, विशेषतौर पर जब उनके काम और जीवनशैली से जुड़े मामलों पर विचार किया जा रहा हो।

यह टकराव उस समय केन्द्र में आ गया जब मनीषा की शादी का विवादास्पद प्रश्न उठाया गया। उनके दादा–दादी ने घोषणा कर दी कि आगरा में एक अच्छा लड़का मिल चुका है जो शीघ्र ही 'लड़की देखने' आने वाला है। मनीषा ने किसी व्यवस्थित विवाह के सम्बन्ध में की जा रही अपेक्षाओं के विरुद्ध जोरदार तरीके से अपना पक्ष रखा और अपने परिवार से अपने अनुकूल लड़का ढूँढने से बाज आने के लिए कह दिया। मनीषा के रुख पर परिवार की प्रतिक्रिया त्वरित और गंभीर थी। उन्हें एक कमरे में बंद कर दिया गया और बाहरी दुनिया के सारे दरवाजे बंद कर दिए गए। उन्हें मारा–पीटा भी गया। खानदान को परिवार की किसी भी लड़की से परिवार के द्वारा लाए गए शादी के प्रस्ताव के प्रति न कहने का सामना पहले कभी भी नहीं करना पड़ा था और फिर वो भी एक उच्चतर शिक्षा और करियर के साथ एक अलग ही जीवन की माँग करने के साथ। हल्के में कहा जाए तो सब गुस्से में थे।

इसी समय, परिवार के कुछ प्रभावशाली मित्र, जिनमें बिड़ला–नियंत्रित लड़कियों के स्कूल की कुछ शिक्षिकाएं भी शामिल थीं, ने हस्तक्षेप किया और मनीषा के दादाजी को उन्हें घर से बाहर निकलने देने और 9 से 5 बजे की समयसीमा के अंदर काम करने देने के लिए मना लिया। उस परेशानी भरे समय के बारे में मनीषा ने महत्वपूर्ण बात कहीः 'उस कैद का अनुभव करने के बाद जब मैं बाहर निकली तो मैंने एक ठोस निजी संकल्प कर लिया था। यह था कि किसी भी परिस्थिति में, कोई भी

व्यक्ति, कोई भी आगे से मेरे निर्णयों और कदमों का निर्धारण नहीं करेगा। मैं अपना जीवन स्वयं बनाऊँगी और मैं इसकी जिम्मेदारी लेती हूँ।'

यह जीवन को परिवर्तित कर देने वाला एक संकल्प था जिसने मनीषा का कदम सामाजिक परिवर्तन के मार्ग पर ठोस रूप से स्थापित कर दिया था, विशेषतौर पर महिलाओं के अधिकारों से सम्बन्धित मुद्दों पर काम करने के मामले में।

अपने परिवार के साथ परेशानी भरे शक्तिपरीक्षणों के बाद अपने युवा जीवन में पहली बार मनीषा ने जीवन की समस्याओं से निपटने की चुनौतियों और संघर्ष का अनुभव हासिल किया। इसी समय पर, जब स्टार्टअप को स्थापित किया जा रहा था, उन्हें नीचरेन डाइशोनिन बौद्ध धर्म के प्रति बढ़ते हुए विश्वास से कुछ सांत्वना और शक्ति हासिल हुई। उन्होंने इस अध्ययन को गंभीरता से लिया और सामुदायिक प्रार्थना सभाओं एवं भजन सहित सम्बन्धित आयोजनों में भाग लिया। यह गतिशील ध्यान एवं बौद्ध धर्म के अभ्यास का एक स्वरूप होता है और इसने उन्हें अपनी जीवनशक्ति का निर्माण करने, अपने ऊर्जा के स्तर को ऊँचा उठाने तथा तथा अपने आध्यात्मिक जीवन को शक्तिशाली बनाने के लिए स्वयं को सशक्त करने योग्य बना दिया। इस अभ्यास से वो समझ चुकी थीं कि किसी का भी बाहरी वातावरण उसके अंदर के प्राणी का प्रतिबिंब होता है। अतः, यदि वे किसी वस्तु अथवा व्यक्ति को पसंद नहीं करतीं तो उन्हें अपने दृष्टिकोण और धारणा को परिवर्तित करने की आवश्यकता है, और समस्या अपने आप सुलझ जाएगी।

बौद्ध धर्म के इन अभ्यासों ने मनीषा की आंतरिक शक्ति को विकसित कर दिया। धीरे–धीरे वो अपनी स्वतंत्रता को दृढ़तापूर्वक व्यक्त करने लगीं। उन्होंने एक स्वतंत्र पत्रकार के रूप में लिखना प्रारंभ कर दिया। पत्रकारिता, विशेषतौर पर महिलाओं के लिए एक काम के रूप में, के प्रति अपने परिवार के विरोध के बारे में जानते हुए मनीषा नामपंक्ति को न प्रदर्शित करने और ऐसे प्रकाशनों पर ध्यान केन्द्रित कर अपनी पहचान छिपाए रखने के प्रति सतर्क थीं जिन्हें वो जानती थीं कि उनका परिवार नहीं पढ़ेगा।

जिस समय उन्होंने विश्वविद्यालय छोड़ा, मनीषा ने अपने जीवन को भारतीय समाज, विशेषतौर पर महिलाओं और समाज के वंचित वर्गों के

लिए सामाजिक परिवर्तन लाए जाने के प्रति प्रतिबद्ध करने का निर्णय कर लिया था। तब उन्होंने ऐसे संस्थानों की खोज आरंभ की जो उनके लिए अपने उद्देश्य हासिल करने में सहायक हो सकते थे। वो याद करती हैं, 'एक युवा के रूप में समानता और समावेशन के मुद्दों के सम्बन्ध में अनेक प्रश्नों के साथ मैंने ऐसे संगठनों की खोज प्रारंभ की जो मेरे मिशन को हासिल करने में मेरी सहायता कर सकते हों। संयोगवश प्राप्त एक संपर्क मुझे 'अशोकाः इनोवटर्स फॉर द पब्लिक' के दरवाजे तक ले गया जो सामाजिक उद्यमिता को बढ़ावा देने को काम करने वाला एक वैश्विक संगठन है। यह 1994 का समय था। तब तक मैं सामाजिक उद्यमी शब्द को नहीं समझ सकी थी। मुझे नहीं पता था कि इसका अर्थ क्या होता है। परंतु मैंने अपार संभावनाओं और ऊर्जा को महसूस किया।'

उस समय अशोका इंडिया का आफिस मध्यवर्ती कोलकाता में एक बड़े से गोदाम के एक छोटे से कोने में स्थित था। वहाँ, एक ऐसे आफिस, जिसमें मुश्किल से चार लोग बैठ सकते थे, में मनीषा की मुलाकात सुस्मिता घोष से हुई, जो उस समय भारत में प्रतिनिधि थीं और बाद में अशोका की अंतर्राष्ट्रीय अध्यक्षा बनीं। मनीषा याद करती हैं, 'सुस्मिता ने जिन अवधारणाओं के बारे में बातें कीं वो मेरे राडार से पूरी तरह से बाहर थीं। परंतु सामाजिक उद्यमिता की उनकी शालीन प्रतिभा और अवधारणाओं की समझ इतनी अधिक शक्तिशाली थी कि मैं उनसे दूर नहीं जा सकी।' मनीषा अशोकाः इनोवटर्स फॉर द पब्लिक और विशेषतौर पर इसकी प्रमुख सुस्मिता घोष से प्रभावित हो चुकी थीं।

वर्ष 1994 में स्नातक पूर्ण करने के बाद मनीषा अशोका से जुड़ गईं। वहाँ उन्होंने नौ वर्षों तक भारत में विभिन्न पदों के साथ–साथ राष्ट्र प्रतिनिधि एवं अशोका के युवा सामाजिक उद्यमी कार्यक्रमों पर अंतर्राष्ट्रीय निदेशिका के पद भी काम किया। उन्होंने देश में सामाजिक उद्यमिता के सहयोगपूर्ण समुदाय का निर्माण करने के लिए नई पहलों को विकसित किया और भारत में अशोका की मार्केटिंग, संचार एवं ब्रॉंड निर्माण का शुभारंभ किया। उन्होंने अशोका इंडिया की घरेलू पत्रिका द *चेंजमेकर्स* का संपादन किया जो बाद में इंटरनेट पर www.changemakers.net में रूपांतरित हो गई।

अशोका के साथ काम करते हुए ही मनीषा ने उन विभिन्न तरीकों को नोट किया जिनके द्वारा सामाजिक परिवर्तन के प्रति प्रतिबद्ध कोई महिला उद्यमी भारतीय समाज में सकारात्मक परिवर्तन ला सकती थी, और अशोका में अपना कार्यकाल पूरा करने के समय तक स्टार्टअप को स्थापित करने का विचार उनके मस्तिष्क में जड़े जमाना प्रारंभ कर चुका था। किन्तु वो जानती थीं कि इस स्टार्टअप को जारी रखने के लिए उनके पास आवश्यक अनुभव और कौशल का अभाव है। उदाहरण के लिए, उनके पास सामाजिक कल्याण उपक्रम के मामले में किसी जमीनी–स्तर वाले इलाके में जाकर निजी तौर पर कार्य करने का अनुभव नहीं था। अतः, अशोका में 10 वर्षों तक एक वरिष्ठ कार्यकारी के रूप में कार्य कर चुकने के बाद मनीषा ने एक प्रशिक्षु के रूप में काम पर वापस जाने का निर्णय लिया ताकि वो अपने लक्ष्यों से सम्बन्धित अनुभवों को हासिल कर सकें। विविधतापूर्ण अनुभव हासिल करने हेतु उन्होंने चार अलग–अलग समाज कल्याण उपक्रमों के साथ प्रशिक्षण प्राप्त किया।

समाज कल्याण उपक्रम कैसे कार्य करते हैं इसकी गहन समझ से लैस मनीषा ने 2007 में स्टार्टअप का शुभारंभ किया। दो वर्षों तक चले परीक्षण–संचालन के बाद उन्होंने 2009 में औपचारिक तौर पर उपक्रम की स्थापना कर दी। प्रारंभिक वर्ष संघर्षों से भरे थे, किन्तु मनीषा सामाजिक परिवर्तन के उस महती मिशन के प्रति प्रतिबद्ध बनी रहीं जिसे उनके उपक्रम द्वारा उत्पन्न करना तय किया गया था। उनका विश्वास था कि ऐसे प्रारंभिक सेवाओं के लिए सामाजिक उपक्रमों से माँगें मौजूद हैं जो उन्हें मजबूती प्रदान करेंगी, प्रक्रिया पर ध्यानकेन्द्रित करेंगी और उन्हें अपने पैरों पर खड़ा होने में सक्षम बनाएगीं। स्टार्टअप जैसे संगठनों से प्राप्त होने वाला सहयोग उन्हें निवेशकों और प्रतिभाओं को आकर्षित कर पाने की योग्यता प्रदान करेगा।

संयोगवश, ऐसा उनके अशोका के साथ काम करने के दौरान ही हुआ था कि मनीषा को वह व्यक्ति मिल गया जिससे वो शादी करना चाहती थीं–शुभो सेनगुप्ता, जो एक उदारवादी बंगाली परिवार से उभरते हुए युवा प्रतिभावान डिजिटल मीडिया परामर्शदाता थे। शादी की उनकी योजना की घोषणा ने परिवार में एक बड़े शक्तिपरीक्षण की

स्थिति उत्पन्न कर दी थी। उन्हें उनके दादा–दादी के द्वारा बुलाया गया और बुजुर्गों से परामर्श किए बिना ऐसा निर्णय करने के दुःस्साहस के लिए डाँटा–फटकारा गया। उनसे कह दिया गया कि यदि वे शुभो से शादी करती हैं तो उन्हें परिवार से बहिष्कृत कर दिया जाएगा और उन्हें अपनी जिम्मेदारी खुद उठानी होगी। परिवार न तो उनकी सहायता करेगा और न ही उन्हें मान्यता देगा।

मनीषा ने महसूस किया कि उन्हें अपनी गरिमा और आत्मसम्मान बनाए रखने एवं सोचने की स्वतंत्रता तथा अपना भाग्य स्वयं बनाने के लिए एक कठोर निर्णय करना होगा। उन्होंने शुभो से शादी कर ली और घर–परिवार को छोड़ दिया।

जब वो पारिवारिक घर से बाहर निकल आईं तो वे बंगाली बुद्धि जीवियों के एक प्रगतिशील परिवार–अपने ससुराल के परिवेश में प्रविष्ट हुईं। उनके पति का परिवार उनके पंखों के नीचे की हवा बन गया और उन्हें अपना रास्ता खुद बनाने की आजादी और उसके लिए सम्मान प्रदान किया।

स्टार्टअप की परियोजनाएं

स्टार्टअप की कल्पना सामाजिक उद्यमियों के लिए एक देवदूत रूपी निवेशक, पोषक एवं परामर्शदाता के रूप में की गई थी। एक निवेशक के रूप में, स्टार्टअप ने साझेदार संगठनों से वित्त की व्यवस्था की तथा साथ–साथ सामाजिक उपक्रमों को स्थापित करने और उन्हें बड़ा करने में अपने समय एवं विशेषज्ञता का निवेश किया। एक पोषक के रूप में, स्टार्टअप ने ऐसे व्यावहारिक व्यावसायिक मॉडलों को सहयोगात्मक सेवाएं प्रदान कीं जो वित्तीय स्थिरता के साथ सामाजिक प्रभाव को संतुलित करते थे। एक परामर्शदाता के रूप में, स्टार्टअप ने परिपक्व सामाजिक उपक्रमों के साथ काम किया ताकि उनके विकास और प्रभाव में वृद्धि की जा सके ताकि सामाजिक कल्याण सम्बन्धी गतिविधियों को प्रोत्साहित करने की उनकी क्षमताओं को और सशक्त किया जा सके। संक्षेप में, स्टार्टअप ने ऐसे उपक्रमों को प्रारंभ करने, सशक्त बनाने और उनका आकार बढ़ाने में सहायता प्रदान की जो सामाजिक विकास–विशेषतौर

पर हाशिए पर पड़े समुदायों में और विशेषतया महिलाओं से जुड़े मामलों में—का आधार बन सकते थे।

स्टार्टअप का कार्य सामान्यतौर पर इसमें ग्राहकों, पोषण प्राप्तकर्ताओं, निवेशकों, शुभचिन्तकों तथा समान विचार रखने वाले निकायों सहित अन्य संगठनों को सहयोगपूर्ण व्यवस्थाओं में संलिप्त करते हुए विभिन्न क्षेत्रों में और विभिन्न तरीकों से संपन्न किया गया है। इन व्यवस्थाओं के परिणामों के कुछ उदाहरण स्टार्टअप के काम की व्यापकता एवं परिधि को प्रदर्शित करते हैं:

- इसने गरीब शहरी समुदायों की महिलाओं को ड्राइवर बनने के प्रशिक्षण में सहायता प्रदान की। इन महिलाओं को महिलाओं के कैब तथा 'शोफर्स–ऑन–कॉल' सेवाओं में रोजगार उपलब्ध करवाया गया जो दिल्ली में कामकाजी महिलाओं के लिए सुरक्षित और भरोसमंद परिवहन समाधान प्रस्तावित करती हैं।
- इसने दक्षिणी राजस्थान में एक ऐसे संगठन को सहयोग प्रदान किया जो ऐसी योजनाओं के द्वारा मौसमी प्रवासी श्रमिकों की देखभाल करता था जो उन्हें ऋण प्रदान करती थीं, बचतों को बढ़ावा देती थीं, सामाजिक सुरक्षा दिलवाती थीं और सूक्ष्म–निवेश परियोजनाओं को प्रोत्साहित करती थीं।
- इसने चार अग्रणी सामाजिक उद्यमियों के साथ मिलकर अन्वेषा की सह–स्थापना की। यह जमीनी स्तर वाली महिला उद्यमियों का एक पेशेवर संघ है जो अपने सदस्यों को नीति–निर्माताओं, व्यवसाय संघों एवं वित्तीय संस्थानों के साथ संवाद करने में समर्थ बनाता है। यह भारत की विकास गाथा में महिला उद्यमियों को केन्द्रीय मंच प्रदान करता है।
- स्वयं शिक्षण प्रयोग के साथ सहयोग में इसने ग्रामीण महिला व्यवसायियों के लिए 'सेंटर फॉर एक्सेलेंस' का गठन किया है। इसके द्वारा प्रशिक्षण, व्यापारिक सुविधाएं, विपणन संपर्क, शोध एवं प्रारंभिक निधिकरण (विशेषतौर पर हरित एवं स्वच्छ परियोजनाओं के लिए) आदि प्रदान किए गए हैं।

- यह ऑल इंडिया आर्टिसन एंड क्राफ्ट वर्कर्स वेलफेयर एसोसिएशन–जो एक प्रशिक्षक, समर्थक और पारिस्थितिकीतंत्र निर्माता है, को सहायता प्रदान करता है। इसका क्राफ्टमार्क प्रमाणन कार्यक्रम हस्तकला–आधारित लघु–एवं–मध्यम आकार वाले उपक्रमों (एसएमई) को मान्यता प्रदान कर अतिआवश्यक सहायता प्रदान करता है।
- राष्ट्रीय कौशल विकास निगम के सहयोग से यह अरुणिम (एआरयूएनआईएम), जो उपक्रम विकास निवेश, उत्पाद की डिजाइन, एक साझा ब्रॉंड तथा वित्त एवं बाजार तक पहुँच प्रदान करता है, के माध्यम से निःशक्त उत्पादक समूहों की सहायता करता है।
- यह मौसमी प्रवासी श्रमिकों के लिए सस्ती प्राथमिक स्वास्थ्य देखभाल क्लिनिकों के एक नेटवर्क–अमृत क्लिनिक्स, को सहायता प्रदान करता है। यह देश की सर्वाधिक बहिष्कृत, अनौपचारिक श्रमिकबल को सेवा प्रदान करता है।
- यह बाम्बे कनेक्ट के साथ सहबद्ध है, जो ऐसे व्यक्तियों के लिए एक सहयोगपूर्ण कार्यस्थल है जिनके मन में अच्छे कामों के लिए विचार और जुनून मौजूद हैं। यह विकास के लिए एक ऊर्जावान एवं बड़े–बड़े लोगों से संपर्क का वातावरण तथा नेटवर्किंग के अवसरों को उपलब्ध कराता है।
- यह हरियाणा में हाईस्कूल के छात्रों के लिए फेलोशिप प्रारंभ करने हेतु जेसीबी, जो एक अग्रणी हैवी इंजीनियरिंग कंपनी है, के कॉरपोरेट सामाजिक दायित्व विभाग की सहायता करता है। यह युवाओं को अपने जीवन को परिवर्तित करने और अपने समुदायों में आदर्श मॉडल बनने में सहायता प्रदान करता है।
- यह ऐसे छात्रों और युवा पेशेवर लोगों के लिए एक अल्प–कालिक फेलोशिप कार्यक्रम संचालित करता है जो भारतीय सामाजिक उद्यमियों के साथ काम करने के इच्छुक हों। इसने अग्रणी अमेरिकी एवं यूरोपीय शिक्षण संस्थानों के फेलो जनों की मेजबानी की है।

- इसने संपूर्ण उत्तर–प्रदेश में कस्तूरबा गाँधी बालिका विद्यालयों का एक प्रक्रिया मूल्यांकन संपन्न किया है। इस हस्तक्षेप के सम्बन्ध में ग्राहक का कहना है: 'उन्होंने हमारे कार्यक्रम की एक ठोस समझ को विकसित किया और एक दीर्घकालिक रणनीति तैयार की। गुणवत्ता और मूल्य संवर्द्धन को सुनिश्चित करने में यह टीम निःशेष है और लंबी दूरी तय करती है।'
- इसने जुबलिएंट भारतीय फाउण्डेशन एवं श्वाब फाउण्डेशन फॉर सोशल एंटरप्रिन्योरशिप की ओर से सोशल एंटरप्रिन्योर ऑफ द ईयर पुरस्कार के लिए कार्यान्वयन साझेदार के रूप में सेवा प्रदान की है।
- इसने अंतर्राष्ट्रीय संगठनों जैसे फोर्ड फाउण्डेशन के इंटरनेशनल फेलोशिप कार्यक्रम, प्रदान, इंटरनेशनल सेंटर फॉर रिसर्च ऑन वूमेन एंड चेरी ब्लेयर फाउण्डेशन आदि के प्रभाव आकलन, निगरानी एवं मूल्यांकन को भी संपन्न किया है।
- इसने चाइल्डलाइन इंडिया फाउण्डेशन के साथ सहयोग में देश के सर्वप्रथम बाल संरक्षण मानकों को विकसित करने में केन्द्रीय भूमिका निभाई है।

इन सभी पहलों के बीच, मनीषा पहली पहल को सर्वाधिक महत्वपूर्ण मानती हैं, जिसमें गरीब परिवार की महिलाओं को ड्राइवर बनने का प्रशिक्षण दिया जाना शामिल था, जिसे हाजिरजवाबी में वूमेन ऑन व्हील्स कहा जाता है। वूमेन ऑन व्हील्स कार्यक्रम शहरी समुदायों के गरीब वर्गों से आने वाली महिलाओं को पेशेवर ड्राइवर बनने और लाभदायक रोजगार हासिल करने के योग्य बनाता है। यह कार्यक्रम महिलाओं के अधिकारों के बारे में उनकी जागरूकता में वृद्धि करता है और उन्हें आत्मनिर्भर और आत्मविश्वास से परिपूर्ण ऐसी व्यक्ति बनाने में सहायता प्रदान करता है जो सूचित पसंद अपनाए जाने और जीवन में निर्णय लेने में सक्षम हों।

इस परियोजना, जो स्टार्टअप के मिशन तथा मूल्यों का बेहतरीन प्रदर्शन करती है, का विस्तृत वर्णन अगले पैराग्राफों में किया जा रहा है।

वूमेन ऑन व्हील्स

इस परियोजना में, स्टार्टअप ने आजाद फाउण्डेशन के साथ भागीदारी की जो एक ऐसा गैर–सरकारी संगठन है जो संसाधनों में कमजोर शहरी समुदायों की महिलाओं को पेशेवर एवं व्यावसायिक ड्राइवर बनने के लिए प्रशिक्षित करता है। प्रशिक्षण के बाद इन प्रशिक्षित महिला ड्राइवरों को इसकी रणनीतिक साझेदार 'सखा' के माध्यम से रोजगार उपलब्ध करवाया जाता है जो शहरी महिलाओं को सुरक्षित एवं भरोसेमंद परिवहन समाधान उपलब्ध कराने वाला एक सामाजिक व्यावसायिक उपक्रम है। यह परिवारों, कॉरपोरेट घरानों तथा गैर–लाभार्थी क्षेत्र में पेशेवर महिला ड्राइवरों की नियुक्ति करवाता है। यह महिलाओं की एक कैब–सेवा तथा 'शोफर–ऑन–कॉल' सेवा का संचालन भी करता है। सखा के कार्यक्रमों को महिलाओं के द्वारा महिलाओं के लिए डिजाइन किया गया है और यह सम्मान एवं गरिमा के साथ उन्हें शानदार आजीविका उपलब्ध कराती है, जिसमें भविष्य निधि, ओवरटाइम तथा सवैतनिक अवकाश आदि भी शामिल हैं। एकसाथ मिलकर, स्टार्टअप, आजाद फाउण्डेशन एवं सखा ने वास्तव में 'महिलाओं को व्हील्स' पर ला दिया है।

इस परियोजना पर, मनीषा ने आजाद की निदेशिका मीनू वडेरा के साथ निकट रहते हुए काम किया है जिनके विचार एवं मूल्य मनीषा से काफी मिलते–जुलते हैं। स्टार्टअप पहले वूमेन ऑन व्हील्स परियोजना की 'बड़ी तस्वीर' की परिकल्पना करने में संलिप्त रही थी।

मनीषा और उनकी टीम ने शहरी परिवहन उद्योग का गहराईपूर्वक अध्ययन किया। इसमें उद्योग के नेतृत्वकर्ताओं और शहरी परिवहन पारिस्थितिकीतंत्र के प्रमुख खिलाड़ियों के साथ अंतःक्रियाएं करना शामिल था। उन्होंने सूचना प्रौद्योगिकी, बीपीओ, मीडिया एवं हेल्थकेयर जैसे प्रमुख ग्राहक क्षेत्रों के बीच बाजार की संभावनाओं पर शोध कर माँग का एक गहन आकलन संपन्न किया। उन्होंने स्वयं को प्रमुख टीम नेतृत्वकर्ताओं एवं कार्यकारी विशेषज्ञों की पहचान एवं भर्ती करने में भी संलिप्त कर लिया। इस त्वरित सहयोग के अलावा, स्टार्टअप ने आजाद

और सखा के साथ–साथ उनके वित्तीय मॉडलों और संगठनात्मक ढाँचों के लिए रणनीतिक एवं परिचालनात्मक योजनाओं को भी तैयार कर डाला। एकसाथ मिलकर, मनीषा एवं मीनू वडेरा ने वित्तपोषण सम्बन्धी प्रस्तावों को विकसित किया और निवेशकों के समक्ष संयुक्त मैदान तैयार कर दिया।

वूमेन ऑन व्हील्स कार्यक्रम की शुरुआत 2008 में दिल्ली में हुई। तब से यह प्रगति करता रहा है और आज गुरुग्राम, जयपुर एवं कोलकाता में भी पाँव जमा चुका है।

वूमेन ऑन व्हील्स कार्यक्रम के प्रभावों को *न केवल संख्याओं में बल्कि और अधिक महत्वपूर्ण रूप से इसे उस परिवर्तन की गहराई में* समझे जाने की आवश्यकता है जो इसके द्वारा प्रशिक्षित महिलाओं और उनके परिवारों एवं समुदायों में लाए जा चुके हैं।

वूमेन ऑन व्हील्स की प्रशिक्षुओं के द्वारा हासिल किए गए रूपांतरण और सशक्तीकरण अपरिवर्तनीय हैं। यह कार्यक्रम महिलाओं को अपने अंदर छिपी शक्ति की पहचान की सामर्थ्य प्रदान करता है, और एक बार इसके साथ जुड़ जाने पर पीछे हटने की आवश्यकता नहीं रह जाती। इसके अलावा, कार्यक्रम के लाभ उनके बच्चों–विशेषतौर पर बालिका संतानों तक पहुँचते हैं, जो एक अंतर–पीढ़ी प्रभाव जैसे दूरगामी परिणाम प्रदान करते हैं।

कार्यक्रम को पूरा करने वाली महिलाओं की एक बड़ी संख्या अपने परिवारों के लिए प्रमुख आजीविका अर्जक बन जाती हैं। वे न केवल आर्थिक रूप से आत्मनिर्भर हो जाती हैं बल्कि अपने निर्णय खुद लिए जाने में भी सक्षम हो जाती हैं। अनेक प्रशिक्षु अपनी पढ़ाई जारी रखने का निर्णय कर लेती हैं और अपने बच्चों तथा परिवार के अन्य सदस्यों की शिक्षा में सहयोग प्रदान करने में समर्थ हो जाती हैं। अन्य अपने माता–पिताओं तथा परिवार के सदस्यों को उपचार के लिए ले जाने, डॉक्टरों के साथ विचार–विमर्श करने और देखभाल सुनिश्चित कर उनके स्वास्थ्य की देखभाल करने का उत्तरदायित्व ग्रहण कर लेती हैं। कुछ प्रशिक्षु अपने खुद के नाम की संपत्ति में निवेश करने और इस प्रकार अपने भविष्य को सुरक्षित करने में सक्षम हो चुकी हैं।

कार्यक्रम को अपनाने वाली तथा पहले से व्यावसायिक ड्राइवर का कार्य कर रहीं महिलाएं अन्य महिलाओं को भी गैरपरंपरागत पेशों को अपनाने और स्वायत्त एवं आर्थिक रूप से आत्मनिर्भर बनने हेतु प्रेरित करती हैं।

वूमेन ऑन व्हील्स कार्यक्रम के प्रभाव का एक ऐसे तरीके से सजीव चित्रण करने, जो मानवीय कोण को उजागर करता हो, के लिए हम नीचे इस कार्यक्रम से लाभान्वित होने वाली अनेक लड़कियों में से तीन की कहानियों के सार को प्रस्तुत कर रहे हैं। ये हैं शांति, राजकुमार एवं चाँदनी।

शांति

आज, शांति सखा के साथ एक व्यावसायिक ड्राइवर है। शांत और आत्मविश्वास से भरी हुई, वो अपने ग्राहकों में विश्वास प्रेरित करती है और अपनी तीन बेटियों के लिए आदर्श है जिन्हें वो एकल माँ के रूप में पाल कर बड़ा कर रही है। शांति के पति ने उसे और उसकी बेटियों को कुछ वर्षों पहले छोड़ दिया था। ऐसा होने पर शांति ने राहत महसूस की थी क्योंकि एक हिंसक पति के साथ रहने के बजाए बिना पति के रहना ज्यादा अच्छा था। शांति और उसकी बेटियों ने कई वर्षों तक लगभग रोजाना ही उसके अप्रत्याशित क्रोध का कष्ट उठाया था।

जब पति ने शांति को छोड़ा, उस समय वह मात्र 10वीं तक ही शिक्षित थी; तब उसने नौकरी पाने के कठोर प्रयास किए, कोई भी नौकरी, जो उसे और उसके परिवार को जीवित रहने में मदद कर सकती हो। हालांकि, जो नौकरियाँ उसे मिल रहीं थी वे गड़बड़, बिना किसी गारंटी के, बिना अवकाश के और काम के लंबे घंटों के साथ बहुत ही कम वेतन वाली थीं जो शांति के लिए परिवार चलाने को बहुत मुश्किल बनाने वाली थीं।

शांति ने आजाद में प्रवेश इसलिए लिया ताकि वो कार चलाना सीख सके, किन्तु उसे वहाँ बहुत कुछ सीखने की गुंजाइश मिल गई। विशेषतौर पर, लैंगिक कक्षाओं के माध्यम से उसे अपने अनुभवों को

व्यक्त करने का अवसर प्राप्त हुआ और उसने महसूस किया कि जीवन में उसके पास कई विकल्प उपलब्ध हैं। परामर्श सत्रों के द्वारा वह यह समझ चुकी थी कि अपनी निजी चुनौतियों से किस प्रकार निपटा जाना है।

अंततः, अपने कठोर परिश्रम और आजाद से मिले सहयोग से उसने पेशेवर दक्षता अर्जित कर ली और फिर एक ड्राइवर के रूप में नौकरी प्राप्त कर ली। उसे एक नेत्रहीन महिला के द्वारा नौकरी दी गई और एक व्यावसायिक ड्राइवर के रूप में सखा के साथ जुड़ने के पहले उसने उनके साथ एक वर्ष से भी अधिक समय तक काम किया।

राजकुमारी

राजकुमारी उत्तरी दिल्ली में जहाँगीरपुरी की रहने वाली 22 वर्षीया महिला है। राजकुमारी ने एक पुलिस आफिसर बनने का सपना देखा था किन्तु उसे 8वीं कक्षा के बाद ही अपने परिवार की आर्थिक कठिनाईयों के चलते पढ़ाई छोड़ देनी पड़ी थी। उसकी बड़ी बहन की शादी 14 वर्ष की उम्र में ही कर दी गई थी और उसे एक हिंसापूर्ण वैवाहिक सम्बन्ध का सामना करना पड़ा था जिससे राजकुमारी भी प्रभावित हुई थी। घर के कठिन आर्थिक हालात के कारण राजकुमारी ने अपनी उसे बहन के साथ मिलकर घरेलू नौकरानी का काम करने लगी जो तबतक अपनी हिंसापूर्ण शादी तोड़ चुकी थी।

जहाँगीरपुरी में पहुँच और अभिप्रेरक कार्यक्रम के दौरान राजकुमारी की बहन ने आजाद के एक पर्चे को उठा लिया और इसे राजकुमारी को दिया। अंततः, दोनों बहनों का नामांकन कार्यक्रम में हो गया। राजकुमारी प्रारंभ में शर्मीली और संकोची थी किन्तु धीरे–धीरे उसने खुलना और अपने, अपने सपनों और अपने भय के बारे में बोलना प्रारंभ कर दिया। आज वो कहती है कि वो किसी भी प्रकार से हिंसा को नहीं सहन करेगी। इस वर्ष मई में राजकुमारी ने सखा की परीक्षा उत्तीर्ण कर ली है और अब वो एक विशिष्ट आवश्यकता वाली महिला (निःशक्त) के यहाँ नौकरी करने के लिए तैयार हो रही है।

चाँदनी

चार वर्ष की आयु में अपने माता–पिता के साथ चाँदनी अपना गाँव छोड़ नई दिल्ली आ गई थी। चाँदनी ने 10वीं तक पढ़ाई की। अब वो गोविन्दपुरी में नवजीवन कैम्प में रहती है। महिलाओं के एक सामुदायिक केन्द्र में उसने कढ़ाई और सिलाई सीखी है। वहाँ उसे आजाद के बारे में पता लगा और उसने इसका नुक्कड़ नाटक भी देखा था। उसी समय उसने महसूस किया कि कुछ नया और अलग करना संभव था। उसके तुरंत बाद, उसने आजाद फाउण्डेशन में पंजीकरण करवा लिया।

पाठ्यक्रम कठोर परिश्रमयुक्त किन्तु उत्साहजनक भी था। सराय काले खाँ स्थित मारुती इंस्टीट्यूट ऑफ ड्राइविंग ट्रेनिंग एंड रिसर्च में जाना गर्व का विषय हुआ करता था। वहाँ लड़कियों को अलग–अलग कारों पर प्रकट अनुभव प्राप्त होता था, वो सिमूलेटर्स का उपयोग करती थीं, और उन्हें सड़क पर व्यावहारिक प्रशिक्षण भी प्रदान किया जाता था। दिल्ली पुलिस के द्वारा उन्हें आत्मरक्षा में भी प्रशिक्षित किया गया था, और संवाद कक्षाओं में भाग लेकर उन्होंने पारस्परिक व्यवहार कौशलों में भी सुधार कर लिया था। उन्हें सामाजिक रूप से प्रासंगिक अनेक अन्य विषयों, जैसे महिलाओं के अधिकार एवं सशक्तीकरण के साथ–साथ यौन एवं प्रजनन सम्बन्धी स्वास्थ्य देखभाल से भी परिचित करवाया गया था।

चाँदनी कहती है: 'अब मेरे पास साहस और आत्मविश्वास मौजूद है। मुझे याद है आजाद में प्रवेश लेने के पहले मैं कितनी कायर थी। पहले, मैं बस में चढ़ने से भी डर जाती थी, किन्तु आज मेरे दिन की शुरुआत प्रातः 6:30 पर हो जाती है और मैं रात्रि 10:30 पर घर वापस आती हूँ। मुझे गाड़ी चलाना और आत्मनिर्भर होना पसंद है। अपनी आमदनी खुद कमाना अब मेरा जुनून है। मैं लगभग एक वर्ष से काम कर रही हूँ, और मैं हर महीने 4,500 रुपए कमा लेती हूँ। यदि मैं अपने तय समय से अतिरिक्त काम करती हूँ तो ओवरटाइम कमा लेती हूँ, और कभी–कभी देरी हो जाने पर मेरे नियोक्ता मुझे कैब से घर जाने के पैसे भी दे देते हैं। इतना अधिक कमाने से मैं रोमांचित हूँ।

मैंने एक रिकरिंग डिपॉजिट प्रारंभ कर दिया है और इस वर्ष 12वीं की परीक्षा भी दी है। अब मुझे विश्वास है कि मैं जहाँ कहीं भी रहूँ, यहाँ तक कि सर्वाधिक तनावपूर्ण परिस्थितियों से भी मैं बाहर निकल सकती हूँ!'

> 'एक प्रशिक्षित ड्राइवर होने में सबसे अच्छी बात है किसी पुरुष के बराबर देखा जाना। ड्राइविंग को पुरुषों के काम के रूप में देखा जाता है और इसे करने हेतु महिलाओं पर विश्वास नहीं किया जाता। किसी भी लड़की के लिए यह करना बहादुरी का काम है। हम सड़क के बीच में पहिए बदलते हैं, जैसे कि पुरुष करते हैं, और हम परवाह नहीं करते कि हमें कौन देख रहा है।'
>
> —सरोज, एक सखा ड्राइवर

मनीषाः व्यक्तिगत विवरण

रूपरंग

मनीषा उन भाग्यवान महिलाओं में से एक हैं जिनकी उम्र का अनुमान लगाना सदैव कठिन रहता है। उनका जीवंत व्यवहार, फुर्तीली चालढाल और खूबसूरत आकार उन्हें चिरयुवा सा दिखाता है। उनके केश छोटे हैं जो अर्थपूर्ण बाल रूप वाले मासूम चेहरे को ऐसी ईमानदार अभिव्यक्ति प्रदान करते हैं जो सहजता से एक त्वरित मुस्कान और फिर हँसी में परवर्तित हो जाती है।

अनुभव

मनीषा के पास भारत में सामाजिक उद्यमिता के क्षेत्र में 20 वर्षों का अनुभव है। उन्होंने अनेक सामाजिक उद्यमों और उनके संगठनों में परामर्शदाता के रूप में सेवा प्रदान की है और अंतर्राष्ट्रीय वित्त एजेन्सियों को परामर्श प्रदान किया है। उनकी विशेषज्ञता वाले क्षेत्र हैं:

- आजीविका, स्वास्थ तथा शिक्षा के क्षेत्र में उच्च–प्रभावयुक्त सामाजिक उपक्रमों को प्रारंभ करना और उन्हें ऊँचा उठाना;
- रणनीति, वित्तीय मॉडल तैयार करना तथा व्यावसायिक योजना विकसित करना;
- क्रियान्वयन प्रणालियों एवं प्रक्रियाओं पर व्यावहारिक और कार्यस्थल आधारित प्रशिक्षण प्रदान करना;
- ज्ञान सृजन, प्रभाव आकलन एवं मॉडलों तथा अभ्यासों का दस्तावेजीकरण।

प्रकाशन

वर्ष 2005 से ही मनीषा विभिन्न भारतीय एवं अंतर्राष्ट्रीय सामाजिक परिवर्तन संगठनों के लिए अनेक देशव्यापी शोधकार्यों एवं प्रभाव आकलन सम्बन्धी परियोजनाओं में संलिप्त रही हैं और उन्होंने उनके मॉडलों की रूपरेखाओं का दस्तावेजीकरण किया है।

- *हेल्पलाइन 1098 :* 10 इयर्स ऑफ चाइल्डलाइन इन इंडिया, द चाइल्डलाइन इंडिया फाउण्डेशन, 2006–2007। (यह किताब सरकार के साथ काम करने और अच्छे तरीकों की वकालत करने के साथ–साथ चाइल्डलाइन मॉडल की रूपरेखा तथा इसकी रणनीतियों का दस्तावेजीकरण करती है।)
- *द कास्ट डिवाइड :* द पॉलटिक्स ऑफ दलित डिसएम्पावरमेंट, 10 इयर्स ऑफ ग्रॉट्स टू आर्गेनाइजेशंस एड्रेसिंग दलित रिफार्म इन न्यू देल्ही, 2008–एन असेसमेंट ऑफ द फोर्ड फाउण्डेशन। दलित अधिकार समूहों को भारत की अनुदान प्रदान करने की रणनीति तथा भारत में दलित अधिकार क्षेत्र के भूपरिदृश्य का एक आकलन है।
- *ओपनिंग डोर्स :* बिल्डिंग सोशल जस्टिस लीडरशिप एंड इक्विटी, 10 इयर्स ऑफ द फोर्ड फाउण्डेशंस इंटरनेशनल फेलाशिप प्रोग्राम इन इंडिया, 2012। (यह अध्ययन भारत के सर्वाधिक

गरीब समुदायों के साथ काम करने हेतु प्रशिक्षित पेशेवर लोगों की यात्राओं और प्रभावों की खोज करता है। यह विशेषतौर पर गरीबी को समझने में भारत के युवाओं को संलिप्त करने सम्बन्धी सिद्धांतों, रणनीतियों और चुनौतियों को दर्ज करता है।)

- *वूमेन इंटरप्रेन्योर्स इन इंडिया एंड इन्फॉर्मेशन कम्यूनिकेशंस टेक्नोलॉजी (आईसीटी) :* कीज टू एन इकोनॉमिक फ्यूचर, इंटरनेशनल सेंटर फॉर रिसर्च ऑन वूमेन, 2011–2012–एक शोध कार्य जिसके द्वारा यह ध्यान केन्द्रित किया गया कि कैसे सूचना एवं संचार प्रौद्योगिकी भारत में लघु एवं मध्यम इकाई वाली महिला उद्यमियों को प्रोत्साहित कर सकती है।

स्टार्टअप को स्थापित करने में आईं चुनौतियाँ

स्टार्टअप को गठित करने के दौरान सामना की गई प्रमुख चुनौतियों का वर्णन मनीषा अपने ही शब्दों में करती हैं:

शून्य बैलेंस वाले एक बैंक खाते के साथ रहना : जब मैंने स्टार्टअप में पूर्णकालिक कार्य करने का निर्णय लिया, मेरे पास बचत के नाम पर बहुत छोटी सी राशि थी! इसके पहले, मैंने गैर–लाभार्जक क्षेत्र के लिए लगभग 15 वर्षों तक काम किया था और ऐसा वेतन प्राप्त किया करती थी जो मामूली किन्तु मेरी जरुरतों को पूरा करने हेतु पर्याप्त हुआ करता था। स्टार्टअप के साथ पूर्णकालिक तौर पर संलिप्त होने के मेरे निर्णय से होने वाला मेरा पहला जाती नुकसान मेरी आर्थिक स्थिति और उत्साह का था, जो मेरे आर्थिक रूप से आत्मनिर्भर होने से जुड़ा हुआ था। नियमित आय की हानि से कहीं अधिक मुझे आर्थिक रूप से अपने पति पर निर्भर होने के विचार से निपटना था। यह बहुत ही कठिन था क्योंकि मैं 18 वर्ष की आयु से ही काम करती और आमदनी अर्जित करती रही हूँ! निश्चित रूप से मेरे पति उदार थे, किन्तु अपने खर्चे, जैसे फोन के बिल, इंटरनेट के बिल और किताबों (सर्वाधिक

महत्वपूर्ण) की खरीद आदि मैं स्वयं पूरे करने के हठ पर अड़ी हुई थी। अतः, मैंने अपनी छोटी–छोटी बचतों की राशि निकालना प्रारंभ किया और इसके पहले कि मैं जान पाती, मेरा बैंक बैलेंस शून्य हो चुका था।

एक वर्ष से भी अधिक समय तक मेरा निजी बैंक खाता 2,500 से 5,000 के बीच ही राशि के बीच झूलता रहा। शून्य आमदनी के दिनों में मैं अपने दाँतों को भींचा करती थी और हर दिन स्वयं को परिवर्तन सम्बन्धी अपने व्यापक मिशन तथा अपेक्षाकृत उन महत्वपूर्ण दीर्घकालिक गैर–भौतिक लाभों के बारे में स्मरण करवाती रहती थी जो देश की सामाजिक उद्यमिता क्षेत्र का एक हिस्सा होने से प्राप्त होने वाले थे। आशावादी बने रहने के लिए हर दिन मैं संघर्ष कर रही थी। एक वर्ष के बाद मेरी आर्थिक स्थिति कुछ बेहतर हुई, और मैंने स्वयं को 15,000 रुपए वेतन देना प्रारंभ कर दिया। इन 15,000 रुपयों का मूल्य अतुलनीय था। इस अवधि ने मुझे पैसों और संसाधनों का इस प्रकार से सम्मान करना सिखा दिया था जिसके प्रभाव शक्तिशाली थे।

आज जब मैं पीछे देखती हूँ तो मुझे अहसास होता है कि कोई भी उद्यमिता के संकटों से तब तक नहीं बच सकता जबतक (क) वह किसी दीर्घकालिक मिशन के प्रति प्रतिबद्ध न हो, और (ख) वह किसी ऐसे मिशन से न जुड़ा हो जो धनार्जन से कहीं बड़ा हो।

साझेदारी की टूटन से निपटना : दो वर्षों तक स्टार्टअप के लिए पोषण की विधि का परीक्षण करने के बाद मैंने दो ऐसे साझेदारों को साथ ले लिया जिन्हं सह–संस्थापक का पद प्रदान किया गया था। इनमें से एक मुम्बई तथा दूसरे मुम्बई निवासी थे। दोनों ही कॉरपोरेट क्षेत्र से थे तथा एक बड़ी, अंतर्राष्ट्रीय परामर्शदात्री संस्था के प्रगतिचक्र का हिस्सा रह चुके थे। वे अपने साथ स्टार्टअप में बहुत सारा तकनीकी और प्रबंधकीय कौशल लेकर आए थे।

नींव स्थापित करने और बुनियादी प्रबंध सही करने तथा साथ ही साथ सहसंस्थापक व्यवस्था का निर्माण करने की एक संतोषजनक अवधि के उपरांत दो वर्षों में यह साझेदारी टूट गई। दोनों ही साझेदारों ने स्टार्टअप त्याग दिया! उस समय मुझे यह सूनामी सा लगा था–यह बर्बरतापूर्ण था और अचानक हुआ था और बिना किसी पूर्वचेतावनी के

प्रकट हुआ था। साझेदारों ने सिफारिश की थी कि मैं स्टार्टअप को बंद कर दूँ! किन्तु मेरे लिया यह अविचारणीय था। मैंने स्वयं को उद्यमिता के मार्ग पर इसलिए नहीं डाला था कि मैं उपक्रम को ही बंद कर दूँ। उस समय स्टार्टअप की आयु दो वर्ष की थी और इसके पास अपना खुद का दिमाग और लय थी। हम इसे बंद नहीं कर सकते थे। अतः मैंने आगे आने और स्टार्टअप को फिर से खड़ा करने का निर्णय लिया। इस मामले को बंद करने में लगभग एक वर्ष का समय लग गया। इस अनुभव ने मुझे कुछ महत्वपूर्ण सीखें प्रदान की थीं। ये थीं:

- आप अपने साथ अपने सर्वश्रेष्ठ मित्रों और नजदीकी रिश्तेदारों को व्यावसायिक साझेदार के रूप में शामिल कर सकते हैं। परंतु यह सुनिश्चित कर लीजिए कि एक वकील नियुक्त किया जाए और सभी साझेदारों के साथ निष्कासन की शर्तों के स्पष्ट अनुबंध कर लिए जाएं। इसे एक प्राथमिकता प्रदान कीजिए।
- सभी साझेदारों के बीच भूमिकाओं, जवाबदेहियों और शासन आदि का सुमचित विभाजन कीजिए। सुनिश्चित कीजिए कि साझेदारों के पास राजस्व के स्पष्ट लक्ष्य हों और उनके आर्थिक पारितोषिकों को उनके द्वारा लाए जाने वाले व्यवसाय के साथ सम्बद्ध किया गया हो।
- स्वयं से पूछिए–क्या मैं साझेदारों को इसलिए शामिल कर रहा हूँ क्योंकि मैं अपनी यात्रा में साथ देने के लिए जुनूनी उद्यमियों को साथ शामिल करना चाहता हूँ? अथवा क्या मैं ऐसे कुशल पेशेवर लोगों, जिन्हें मैं सह–संस्थापक बुलाऊँगा, को इसलिए शामिल कर रहा हूँ क्योंकि मेरे पास अभी उन्हें देने हेतु पैसा उपलब्ध नहीं है? इनमें से दूसरा विकल्प आपदा को न्यौता है।
- समय लीजिए और उन लोगों को संभावित साझेदार के रूप में पहचानने के लिए बहस कीजिए जो आपके मिशन से जुड़े हैं। सुनिश्चित कीजिए कि प्रारंभिक चरणों में समस्त साझेदार एक ही शहर और एक ही कार्यालय से कार्य करें। आमने–सामने का समय महत्वपूर्ण होता है। एक साझा मिशन का निर्माण करने में नजदीकी लंबा साथ निभाती है।

यह सीखना कि कार्य एवं जीवन के बीच संतुलन एक मिथक है : मेरी बेटी आन्या का जन्म 2004 में हुआ और वो पाँच वर्ष की थी जब मैंने स्टार्टअप को स्थापित करना प्रारंभ किया था! शीघ्र ही मैंने यह सीख लिया था कि कार्य और जीवन के बीच का संतुलन मेरे जीवन में अधिक महत्वपूर्ण नहीं रहने वाला है। और मैं उस समय प्रसन्नता और राहत का अनुभव कर रही थी जब मुझे सफलता प्राप्त होने लगी थी। एक बार जब मैंने कार्य और जीवन के बीच संतुलन बनाए रखने को स्वयं से हटाकर अपेक्षाओं को त्याग दिया तो मेरा तनाव कम हो गया, मैं कम चिंतित और कम चिड़चिड़ी हो गई। मैंने अपनी बेटी के पालनपोषण का आनंद लेना और स्टार्ट अप का गठन करने का अबाध आनंद प्राप्त किया। मुझे अपनी दोनों ही भूमिकाओं, एक माँ और एक उद्यमी के रूप में जुनून प्राप्त हो चुका था, और इसीलिए, कार्य एवं जीवन के बीच संतुलन के प्रश्न ने मुझे परेशान नहीं किया क्योंकि एक माँ और एक उद्यमी होना मेरे जीवन की धुरी है, और जीवन अपने आपमें कभी भी संतुलित नहीं रहता।

उन समस्त महिला उद्यमियों, जो अपने उद्यमितापूर्ण उपक्रम का गठन करने के अलावा परिवार की देखभाल की भी उत्तरदायी होती हैं, की भांति ही मनीषा भी प्रायः अपने समय को लेकर दोनों के आह्वाहनों के बीच फँसा हुआ महसूस करती थीं। वो कहती हैं: 'मैं महसूस करती हूँ कि अपनी बेटी, अपने पति, अपनी माँ और अपने ससुराल वालों का ध्यान रखना मेरा कर्तव्य है। मेरे लिए, सौभाग्यवश मेरा परिवार सहयोगपूर्ण है और इस मोर्चे पर मुझे किसी प्रकार का तनाव नहीं झेलना पड़ा है। मेरे पति मेरे काम में संलिप्त न होकर पूरी तरह संतुष्ट हैं। उन्होंने मेरी आर्थिक जरुरतों के लिए एक बैंकर के रूप में कार्य करने की भूमिका को खुशी–खुशी अपना लिया है और आवश्यकता पड़ने पर भावनात्मक सहयोग प्रदान करते रहते हैं। वास्तव में, मनीषा शुभो को स्टार्टअप के मामलों में बहुत अधिक संलिप्त करना भी नहीं चाहतीं–उनकी नीति थी कि उनके परिवार और उनके काम के बीच एक स्पष्ट अंतर बना रहे। जब वो घर पर रहती हैं तो वो अपने पारिवारिक जीवन का आनंद उठाना पसंद करती हैं और काम की चिंताओं को घर लाना पसंद नहीं करती हैं।

मेरी बेटी नोएडा के एक आधुनिक प्रगतिवादी स्कूल में पढ़ रही है। अपनी पढ़ाई और स्कूल की गतिविधियों में वो अच्छा प्रदर्शन कर रही है। वो एक दृढ़ इच्छाशक्ति और स्वतंत्र मस्तिष्क वाली लड़की है जो मेरे ध्यान के आकर्षित करने पर आश्रित नहीं है। मनीषा के काम में प्रायः दूर–दराज वाले स्थानों की यात्रा करना शामिल होता है (जिससे वो प्यार करती हैं!), किन्तु जब वो अपनी पैंकिंग प्रारंभ करती हैं तो उन्हें आन्या को छोड़ने का दर्द और दोषी होने का अनुभव होता है।'

मनीषा की सास एक उदार बंगाली बुद्धिजीवी महिला हैं। वो एक खगोलविज्ञानी हैं और कोलकाता में रहती हैं। प्रायः वो दिल्ली मनीषा के पास आती–जाती रहती हैं। उनके ससुर का निधन हो चुका है। अतः मनीषा बहुत अधिक तनाव पैदा किए बिना और अपने काम से दूर हटे बिना ही अपने पारिवारिक कर्तव्यों का निर्वहन कर लेती हैं।

मनीषा ने दूसरी संतान को जन्म न देने का निर्णय किया है। वो कहती हैं: 'मैं आवश्यकता पड़ने पर एक माँ तथा पूर्णकालिक उद्यमी हूँ। और इसका अर्थ है कि मुझे दो लोगों का काम करना पड़ता है, और खुद के लिए भी समय निकालना होता है। कई मामलों को एक साथ संभालने में, मैंने सीखा है कि भले ही मैं अपने व्यापार पर ध्यान केन्द्रित कर रही हूँ, मुझे मेरे व्यक्तित्व की निरंतरता पर भी अवश्य ही ध्यान केन्द्रित रखना चाहिए, और अपनी ऊर्जा, लचीलेपन तथा जीवनशक्ति के भंडार का सतत् निर्माण करते रहना चाहिए।'

महिलाओं के द्वारा लिंग आधारित चुनौतियों का सामना करने के मामले में मनीषा कहती हैं कि वो जानती हैं कि महिलाओं को धन एकत्रित करने, प्रतिभाओं को नौकरी पर रखने तथा अपने स्टार्टअप के लिए आपूर्ति/विपणन श्रृंखलाओं का निर्माण करने में कठिनाई का अनुभव करना पड़ता है। ये चुनौतियाँ मुख्यतः इन आशंकाओं के कारण उत्पन्न होती हैं कि एक महिला उद्यमी पारिवारिक कारणोंवश अपने उपक्रम को बंद कर सकती है। यह एक गंभीर समस्या प्रस्तुत करता है। हालांकि, अशोका के साथ किए गए काम के नौ वर्षों के दौरान

मनीषा इन समस्याओं की प्रकृति भली–भांति परिचित हो चुकी हैं और इन समस्याओं को दरकिनार करने के लिए अपनी जानकारियों और अनुभव का उपयोग करती हैं। उदाहरण के लिए, वो पैसा एकत्रित करने, लोगों को नौकरी पर रखने, अथवा व्यावसायिक संपर्क स्थापित करने के लिए बाजार जाने से बचती हैं। वो आंतरिक रूप से उपार्जित निधियों अथवा निजी संपर्कों से संग्रहीत धनराशि एकत्रित करने को प्राथमिकता देती हैं और कर्मचारियों की खोज एवं भर्ती का काम वो अनौपचारिक माध्यमों का उपयोग करने के द्वारा करती हैं।

भविष्य

मनीषा स्टार्टअप का भविष्य वंचित समुदायों से आने वाले युवा सामाजिक उद्यमियों को उनके नेटवर्क का विस्तार करने में विशेषतौर पर सहयोग प्रदान करने के रूप में देखती हैं। इसके लिए और अधिक संख्या में प्रारंभिक सुविधाओं को स्थापित करना शामिल होगा जो बदले में सक्षम एवं समानुभूति रखने वाले व्यावसायिक प्रशिक्षकों एवं परामर्शदाताओं की एक नई पीढ़ी को जन्म देंगे। मनीषा अपने इस विश्वास के अनुसार ही कार्य करेंगी कि किसी के मिशन की सफलता की कुंजी मिशन में दृढ़विश्वास, अबाध कठोर परिश्रम और लचीलेपन के साथ–साथ स्वयं को सहयोगी परामर्शदाताओं, सलाहकारों तथा अन्य उद्यमियों से घिरा रखने में निहित होती है।

मनीषा कहती हैंः 'खोज की मेरी यात्रा और विकसित होने में मैंने ऐसे संगठनों के साथ संलिप्त होना प्रारंभ किया जो महिला अधिकारों के मुद्दों पर कार्य कर रहे थे। आज स्टार्टअप के साथ मैंने एक समानतापूर्ण समाज के लिए काम करने की अपनी भूख शांत कर ली प्रतीत होती है। मेरे लिए, विभिन्न बिन्दु परस्पर जुड़ने प्रारंभ हो चुके हैं क्योंकि जब मैं पीछे देखती हूँ तो हमारे द्वारा किया गया अधिकांश कार्य या तो महिला उद्यमियों के साथ महिला अधिकारों को सम्बोधित करते हुए किया गया है अथवा उन सामाजिक उद्यमियों के साथ जिनका

ध्यान यह सुनिश्चित करने पर केन्द्रित है कि सर्वाधिक अल्पसेवित समुदायों से आने वाली महिलाओं को भारती की गाथा में शामिल किया जाए। यह मेरे लिए पारितोषिक से परिपूर्ण रहा है।

कई वर्षों पूर्व, जब मैंने स्टार्टअप के साथ अपना कार्य प्रारंभ किया था, अनेक बड़े परामर्शदाताओं ने मुझसे ''जो फल पहुंच में हैं उन्हें तोड़ने'' के लिए कहा था। परंतु बीज तो अभी बोया ही गया था, पेड़ अभी दिखाई ही नहीं दिया था और मैं मुश्किल से किसी फल के आकार, रंग और स्वाद की कल्पना कर पा रही थी। वर्षों के समय में, और अच्छे मौसम में, हमने फल की भरपूर फसल तैयार की है–जो सबकी सब पहुंच में है; हमें कठोर परिश्रम करने पड़े हैं और उन मौसमों के आने का लंबे इंतजार करने पड़े हैं, और फिर फसल कटाई ने अपनी बुद्धिमत्ता प्रदान की है–कि सबसे पहले, दावा करने हेतु फल कभी भी हमारे नहीं थे!'

उपसंहार

इस पुस्तक में शामिल 10 उद्यमी महिलाएं विभिन्न प्रकार की गतिविधियों से जुड़ी रही हैं। वे अलग–अलग आयु–समूहों, शैक्षणिक एवं पारिवारिक पृष्ठभूमियों और सामाजिक स्तरों से सम्बन्धित हैं। इसके बावजूद उनकी प्रेरक कहानियाँ एक ऐसे तरीके से कुछ साझा तथ्यों को प्रदर्शित करती हैं जिनके अनुसार उन्हें अपने उपक्रमों को स्थापित करने में पूर्वाग्रहों एवं सामाजिक–सांस्कृतिक चुनौतियों पर विजय प्राप्त करनी पड़ी है।

उल्लेखनीय रूप से, इनमें से किसी भी महिला उद्यमी ने यह नहीं कहा है कि एक महिला होना अपने उपक्रम को प्रारंभ करने में उनके लिए बाधक सिद्ध हुआ है। वास्तव में, उनमें से कई ने महिला होने के लाभों का उल्लेख किया है और पुरुषों के पुराने पड़ चुके उस दृष्टिकोण का मजाक बनाया है जो महिलाओं द्वारा उपक्रम प्रारंभ करने के विचार की प्रशंसक नहीं हैं। इन महिला उद्यमियों में से अनेक की चिंता समाज को कुछ वापस करने की थी। वास्तव में, प्रायः इन महिलाओं के द्वारा चुनी गई परियोजनाएं ऐसी थीं जिनमें ऐसी विशेषताएं सम्मिलित हुआ करती थी जिनका उद्देश्य ही समाज को लाभ पहुँचाने का था। इन परियोजनाओं के कार्यान्वयन ने कल्याण में, विशेषतौर पर समाज के वंचित वर्गों के कल्याण के लिए योगदान दिए हैं।

सभी महिलाओं ने जोखिम उठाने के साहस और क्षमता का प्रदर्शन किया है। उनमें से कई ने अपना पूरा जीवन स्टार्ट–अप को बचाने में समर्पित कर दिया है। हालांकि, इन जोखिमों का सावधानीपूर्वक अध्ययन

किया गया था और दुस्साहसपूर्ण होने के बावजूद इन्हें पर्याप्त शोधकार्य के बाद ही उठाया गया था।

भारत में एक लोकप्रिय धारणा प्रचलित है कि परिवार लड़कियों को घरेलू मामलों की देखभाल करने के बजाए किसी भी उपक्रम को प्रारंभ करने से निरुत्साहित करते हैं। इस धारणा को इस पुस्तक में वर्णित अनुभवों द्वारा समर्थन नहीं प्राप्त होता, जो इंगित करते हैं कि परिवारों के द्वारा उन लड़कियों को समर्थन प्रदान किए जाते हैं जो रचनात्मक उपक्रम प्रारंभ करने के लिए कदम उठाती हैं: माता–पिताओं ने अपनी बेटियों को अपने सपने पूरे करने की सलाहें दी हैं, पतियों ने सम्मानपूर्वक अपनी पत्नियों के व्यस्ततापूर्ण कार्यसमय के साथ समायोजन किए हैं और ससुराल पक्ष के लोग सहयोगपूर्ण रहे हैं और उन्होंने अनेकों प्रकार से सहयोग भी प्रदान किया है जैसे माँ की अनुपस्थिति में बच्चों की देखभाल करना आदि। दिलचस्प तरीके से, विवाह के सम्बन्ध में बहुत कम ही महिला उद्यमियों ने देरी से विवाह किए अथवा किए ही नहीं, और यह एक ऐसा सत्य है जो उल्लेखनीय है।

परियोजना के प्रति संपूर्ण प्रतिबद्धता के साथ कठोर परिश्रम करने की योग्यता, वह भी प्रायः कई–कई घंटो तक, एक दूसरी विशेषता है जो इन उद्यमियों के अनुभवों से बार–बार प्रकट होती रही है। ये सभी अपने कार्य के प्रति गहरे जोश से भरी हुई थीं। इसका यह अर्थ नहीं था कि उन्होंने नीरस काम और कठिन परिश्रम नहीं किए। वास्तव में, इन सबने अपने काम में आनंद प्राप्त किया है। यदि उन्हें अपने काम में आनंद न मिला होता तो संभव है कि वे सफलता के लिए आवश्यक प्रयास करने में सक्षम न बन पातीं।

इन महिलाओं की कार्य सम्बन्धी आदतों में निरंतर सीखते रहना बार–बार सामने आता रहा है, जो पेशेवर विशेषज्ञों, प्रशिक्षकों एवं मार्गदर्शकों के साथ–साथ संगोष्ठियों, व्याख्यानों एवं प्रशिक्षण कार्यक्रमों, जहाँ वे संगत एवं उपयोगी सूचनाएं प्राप्त कर सकती थीं, में भाग लिए जाने, तथा सहायता एवं मार्गदर्शन की माँग करने में उनमें कतई हिचकिचाहट न होने के द्वारा प्रदर्शित किया गया है। वे सभी अपने–अपने कार्यक्षेत्रों से जुड़ी पेशेवर किताबों और पत्रिकाओं की उत्साही पाठक हैं। इसके अलावा, उन्होंने अपने–अपने क्षेत्रों के नेतृत्वकर्ताओं के साथ

नेटवर्क स्थापित किए हैं ताकि वे कार्य करने के बेहतर तरीकों को सीख सकें। इन लोगों ने अधिगम और शिक्षण को एक सतत् प्रक्रिया के रूप में स्वीकार किया है।

उपक्रम प्रारंभ करने वाली ये महिलाएं इस बात को लेकर पूरी तरह स्पष्ट थीं कि वे जीवन में क्या हासिल करना चाहती हैं। यह उल्लेखनीय है, क्योंकि भारत में लड़कियों को स्वयं की अलग पहचान बनाने के लिए प्रोत्साहित करने के बजाए प्रायः यह बताया जाता है कि उनके लिए क्या अच्छा होगा। इसका परिणाम स्पष्ट उद्देश्यों का निर्धारण करने में कठिनाई के रूप में प्रकट होता है।

प्रायः ही उद्यमी यह विचार करना भूल जाते हैं कि उनके द्वारा छोड़ दिए जाने पर उनके उपक्रम का क्या हाल होगा। इसीलिए, अनेक अच्छी परियोजनाएं उनके संस्थापकों के निष्कासन के बाद ठप हो जाती हैं। दूरदृष्टि संपन्न उद्यमी जानते हैं कि एक समय ऐसा आएगा जब वो परियोजना के साथ बने नहीं रह सकेंगे और इसीलिए वे प्रारंभ में ही ऐसी व्यवस्थाएं करने की योजना बना लेते हैं ताकि उनके उपक्रम उनके बाद भी कायम रहें और प्रगति करते रहें।

इनमें से कई महिलाओं ने अपनी अंतरआत्मा की आवाज और अपने मन की भावनाओं पर गंभीर ध्यान दिया है। उन्होंने अपने शुभचिन्तकों के परामर्शों पर भी विचार किया है लेकिन अंततः पर्याप्त तर्कसंगत विचारण के बाद अपने निर्णय स्वयं ही लिए है।

महिला उद्यमियों ने अपने उपक्रमों की सफलता के मापन के लिए अलग–अलग मापदंडों का उपयोग किया है। दिलचस्प बात यह है कि उनमें से अधिकांश ने आकार अथवा लाभदेयता को महत्वपूर्ण मानदंड नहीं माना है। उनके द्वारा महत्वपूर्ण माने गए कारकों में समाज का उत्थान करने सम्बन्धी परियोजनाओं के साथ–साथ पर्यावरण पर इसके द्वारा पड़ने वाले प्रभावों को भी शामिल किया गया है। उपक्रम के द्वारा मूल रूप से उल्लिखित मिशन का निष्ठापूर्वक अनुसरण करना भी महत्वपूर्ण माना गया है।

अवसरों की खोज करने के लिए उभरते हुये सामाजिक–आर्थिक परिदृश्य का सूक्ष्म परीक्षण करने की योग्यता ने इन महिलाओं को ऐसे क्षेत्रों की पहचान करने का सामर्थ्य प्रदान किया है जिसमें वो प्रभाव

उत्पन्न कर सकती थीं। उनमें से कई ने माँग–आपूर्ति की खाई की खोज करने हेतु शोधकार्यों का उपयोग किया। किसी विशिष्ट गतिविधि में कदम रखने के पहले उद्यमियों ने यह सुनिश्चित किया कि वे इस गतिविधि में काम करने के एक बेहतर तरीके अथवा कुछ ऐसे इनपुटों को लागू कर सकें जो संचालन सम्बन्धी कार्यकुशलता में सुधार लाने वाले हों ताकि उनका प्रवेश सकारात्मक परिणाम दे सके और उस क्षेत्र में उनके प्रवेश को स्पष्ट तौर पर उचित ठहरा सके।

यह पुस्तक उन महत्वाकांक्षी युवा महिला उद्यमियों के लिए सीखने के अवसर प्रदान करती है जो अपने करियर तथा परिवारिक जीवन के बीच एक संतुलन स्थापित करने और प्रेरक आदर्शों से मार्गदर्शन प्राप्त करने के सम्बन्ध में चिन्तित हैं। यह उद्यमिता के शिक्षकों तथा नीति निर्धारण तथा ऐसे संस्थानों के संचालन में संलिप्त लोगों को भी आकर्षित करेगी जो महिला उद्यमियों को सहयोग प्रदान करते हैं। समान रूप से यह अन्य विकासशील देशों के उन पाठकों के लिए भी रुचिकर होगी जिनके देश में हमारे देश की तरह ही पूर्वाग्रह एवं सामाजिक–सांस्कृतिक चुनौतियाँ विद्यमान हैं।

लेखक परिचय

अविनाश किरपाल ने 1962 में ऑक्सफोर्ड विश्वविद्यालय से स्नातक किया था और फिर वे टाटा प्रशासनिक सेवाओं में विभिन्न पदों पर लगभग 30 वर्षों तक कार्यरत् रहे जिनमें नई दिल्ली में टाटा समूह के पब्लिक अफेयर्स ऑफिसर, टाटा एक्सपोर्ट्स के लिए कॉरपोरेट प्लानिंग मैनेजर तथा टाटा इंटरनेशनल के वाइस–प्रेसीडेंट जैसे पद भी शामिल रहे हैं। बाद में, वो मॉन्ट्रियाल में वर्ल्ड फेडरेशन ऑफ ट्रेडिंग एसोसिएशन के महासचिव बन गए।

विगत 10 वर्षों के दौरान वो नई दिल्ली के इंटरनेशनल मैनेजमेंट इंस्टीट्यूट (आईएमआई) में प्रोग्राम्स फॉर डेवलपमेंट ऑफ स्मॉल एंड मीडियम साइज्ड एंटरप्राइज के परामर्शदाता तथा आईएमआई की त्रैमासिक पत्रिका *इंटरफेस* के संपादक भी रहे हैं। आईएमआई में, उन्होंने विश्व बैंक, इंटरनेशनल फाइनेंस कारपोरेशन, संयुक्त राष्ट्रसंघ विकास कार्यक्रम, इंटरनेशनल ट्रेड सेंटर एवं अंतर्राष्ट्रीय श्रम संगठन आदि के लिए लघु उद्यम विकास के क्षेत्र में अंतर्राष्ट्रीय परामर्श सम्बन्धी अनेक कार्य संपन्न किए हैं।

उनकी रचनाओं में *द एसएमई एंड द एक्सपोर्ट डेवलपमेंट कंपनी* नामक पुस्तक शामिल है जिसका प्रकाशन इंटरनेशनल ट्रेड सेंटर, जेनेवा के द्वारा किया गया है तथा इसका फ्रेंच एवं स्पेनिश भाषाओं में अनुवाद भी किया जा चुका है, जिनके वो सह–लेखक रहे हैं तथा साथ ही उनके लेख प्रबंधन पत्रिकाओं एवं अन्य पत्रिकाओं में भी प्रकाशित होते रहते हैं।

उनकी रुचियों में यात्रा करना शामिल है। काम और विश्राम के लिए वे 60 से भी अधिक देशों की यात्राएं कर चुके हैं तथा साथ ही उन्हें पुरानी फिल्में देखना भी बहुत पसंद है।